TABLE

DES

MÉMOIRES SECRETS

DE

BACHAUMONT

TIRÉ A DEUX CENTS EXEMPLAIRES NUMÉROTÉS

TOUS SUR PAPIER DE HOLLANDE

TABLE ALPHABÉTIQUE

DES

AUTEURS ET PERSONNAGES

CITÉS DANS LES

MÉMOIRES SECRETS

pour servir

A L'HISTOIRE DE LA RÉPUBLIQUE DES
LETTRES EN FRANCE

Rédigés par **BACHAUMONT**, etc.

BRUXELLES

A. MERTENS ET FILS, IMPRIMEURS-ÉDITEURS

ET A PARIS

LIBRAIRIE DES AUTEURS, RUE DE LA BOURSE, 10

1866

AVERTISSEMENT

Les *Mémoires secrets* pour servir à l'histoire de la république des lettres en France, depuis 1762 jusqu'à 1787, ont été rédigés, comme on sait, du moins les quatre premiers volumes et la moitié du cinquième, par Petit de Bachaumont; ils furent continués après sa mort, survenue en 1771, par plusieurs auteurs et obtinrent assez de succès pour devoir être réimprimés, bien qu'ils comprissent trente-six volumes.

Les recherches, dans un ouvrage aussi considérable, sont difficiles, et, bien que la lecture suivie n'en manque pas d'agrément, on comprend qu'il est bien peu de personnes qui aient eu le loisir et la patience de la faire tout entière. L'utilité de ces *Mémoires*, indispensables dans toute bibliothèque un peu complète, était donc bien réduite de ce qu'elle eût été s'ils avaient été pourvus d'une table alphabétique de tous les noms propres qui y sont cités. Cet inconvénient était si généralement reconnu que le ministère de l'instruction publique, en France, était sur le point de commander ce travail et de le faire imprimer à l'imprimerie impériale, lorsque l'on apprit que M. Warée, libraire parisien distingué, frappé, lui aussi, de cet inconvénient, rédigeait, de son côté, soigneusement cette table. Plus tard, M. Warée la céda au présent éditeur, qui la fit revoir avec soin et remanier en plusieurs parties. Les indications qu'elle contient peuvent servir également pour les deux éditions différentes du Bachaumont, parce qu'elles ne se rapportent pas aux pages des volumes, mais aux dates, ce qui ne permet aucune ambiguïté.

J. G.

TABLE ALPHABÉTIQUE DES AUTEURS

ET DES PERSONNAGES

CITÉS DANS LA

CORRESPONDANCE SECRÈTE

A

Abbadie (président d'). XXXI. 1786, mars 21. — XXXII. juin 2, juillet 11, 31. — XXXIV. 1787, mars 30.

Abbatucci, gentilhomme corse. XXXIII. 1786, décembre 10. — XXXIV. 1787, janvier 20.

Abeille (L. P.), économiste. XIX (addition). 1769, juillet 22.

Aché (vicomte d'). XXV. 1784, février 17.

Achmet-Beeder, écumeur de mer. XXXVI. 1787, octobre 31, novembre 2.

Adamoli (Pierre), naturaliste. VI. 1773, mars 22.

Adelaïde de France (Mme), tante de Louis XVI. — IV. 1769, septembre 20, 21. — VI. 1772, avril 7, août 11, septembre 7. — XXVII (addition). 1773, décembre 22. — 1774, janvier 3. — XX. 1782, janvier 4. — XXI novembre 1. — XXII. 1783, mai 23. — XXV. 1784, janvier, 15. — XXXI. 1786, avril 3. — XXXIV. 1787, avril 5.

Adeline, actrice aux Français. XIV. 1779, décembre 31. — XXIII. 1783, septembre 12. — XXVIII. 1785, janvier 19. — XXXI. 1786, avril 12. — XXXII. juillet 2, 25. — XXXIV. 1787, mars 3. — XXXVI, novembre 21.

Ader, avocat. VIII. 1775, octobre 26. — XIV. 1779, septembre 18. — XXI. 1782, septembre 25, octobre 1. — XXIX. 1785, mai 8. — XXXII. 1786, mai 10, juillet 19.

Adorn, physicien. XXVI. 1784, mai 26.

Aëris, littérateur. XVI (addition). 1763, octobre 4.

Agay (d'), intendant de Picardie. XXI. 1782, octobre 21.

Agenois (comte d'), fils du duc d'Aiguillon. XXXIV. 1787, mars 11.

Agincourt (d'), voy. *Seroux*.

Aguillon (d'), colonel au corps royal du génie. XXV. 1784, février 23.

Aigremont (milord d'), I. 1772, septembre 5.

Aiguillon (Arm. de Wignerod, duc d'), gouvrneur de Bretagne, ministre de Louis XV. II. 1764, octobre 15, décembre 16. — III. 1768, mars 2. — XIX (addition), septembre 25. — IV. 1769, janvier 15, 22, février 9. — V. 1770, mars 12, juin 17, 21, juillet 3, 12, 24, août 10. — XIX (addition), octobre 8, décembre 30. 1771, janvier 11, avril 13. — XIX (addition), juin 28, août 1, 15, septembre 14. — VI, novembre 2. — VI. 1772, février 13, avril 19. — XXIV, avril 26, mai 31, juin 12, octobre 25. 1773, avril 18. — VII, septembre 2, 16. — VII. 1774, février 12, 19, avril 30, juillet 18, septembre 26, 28, octobre 17, novembre 9. — XXIV. 1774, mars 4, juin 8. — VII. 1775 février 19, 22, mars 27. — VIII, avril 21, 29, mai 18, juin 6, 8, août 24, septembre 9, 10, 19. — IX. 1776, avril 8, octobre 13, novembre 15. — Addition XXIV, février 3, mars 9. — XXV. 1784, mars 22, avril 12. — XXXII. 1786, août 4, 7, 20, 26, septembre 3. — XXXIII, septembre 7, 11, octobre 30. — XXXIV. 1787, janvier 11, 25, 26, février 3, 11, 17, 25, mars 4, 11, avril 1.

Aiguillon (duchesse d'). VI. 1772, juin 16. — VIII. 1775, juin 13.

Alary (abbé). I. 1763, janvier 6. — V. 1770, décembre 18.

Alban, directeur de la manufacture de gaz. XXVI. 1784, octobre 19. — XXIX. 1785, mai 29.

Alban (comte d'). xxvi. 1784, juillet 18.

Albaret (comte d'). xxiii. 1783, août 23.

Albert, lieutenant de police. viii. 1775 (xxx, addition, mai 5), 10, 12, 15, juin 6, 16. — xxxi (addition) septembre 25, octobre 14, novembre 12. — xxx. 1785, décembre 29.

Albertas (marquis d'). xxxii. 1786, août 29.

Albissi (d'). xxxii. 1786, mai 9.

Albouy, charpentier. xxiii. 1783, novembre 7.

Alembert (J. Le Rond d'). i. 1762, juin 26, août 25, octobre 23, novembre 5. 1763, janvier 20, 31, février 15, 26, mars 9, août 25, septembre 21. — ii. 1764, octobre 13, novembre 3. 1765, mai 24, juin 10, août 20, octobre 27. 1766, janvier 4. — iii, mai 23, août 25. — xviii. 1768 (addition), juin 7. — iv 12, octobre 12, décembre 6. — xix. 1770 (addition), septembre 5. — v. 1771, mars 2, août 26, septembre 29. — vi. 1772, avril 12, décembre 29. — xxvii. 1774 (addition), août 5. — vii. 1775, mars 7. — xxx (addition), avril 29, mai 21. — xxxi (addition), août 26. — viii. septembre 12, octobre 23, novembre 17. — ix. 1776, janvier 1, mars 3, mai 31, juin 21, novembre 28, 29, décembre 25. — x. 1777, décembre 29. — xii. 1778, août 25, octobre 18, novembre 29, décembre 16. — xiii. 1779 (lettre 1, sur la peinture). — xiv. avril 6, 28, mai 22, juin 2, août 24, 29, novembre 12. — xvi. 1780, novembre 11. — xvii. 1781, juin 18. — xviii, août 27, septembre 20, novembre 16. — xx. 1782, février 22, mai 19. — xxi, août 25, octobre 23. — xxii. 1783, janvier 20. — xxiii, août 25, octobre 15, 28, 30, novembre 5, 6, 12. — xxv. 1784, février 26, avril 24. — xxxiii. 1786, septembre 27.

Aleyrac (d'), militaire et compositeur de musique. xx. 1782, mars 8. — xxii. 1783, mars 16, 24. — xxv 1784, mai 9. — xxix. 1785, août 21. — xxxii. 1786, mai 16, août 4. — xxxv. 1787, mai 6, juillet 19.

Aliamet, graveur. xiii. 1767, septembre 13 (Lettre iii sur la peinture). — xxxvi. 1787, août 25 (Lettre iii).

Aligre (marquis d'), premier président du parlement de Paris. I. 1762, août 24. —IV. 1768, novembre 24. — XIX (addition). 1770, mai 14.— x. 1777, janvier 5. — XI. 1778, avril 26. — xv. 1780, mars 27, avril 16, mai 21. — XVII. 1781, avril 26. —XXII. 1783, avril 17, 18. — xxv. 1784, février 2, 11, mars 23, mai 10. — XXIX. 1785, mai 9. — XXXII. 1786, août 7, 10, 13. — XXXIII. octobre 5, 7, décembre 8. — XXXIV. 1787, février 21 (n° 70), avril 9.— xxxv, mai 29, août 7. — XXXVI, septembre 14, 18, 22, octobre 12, novembre 5, 24, décembre 9, 29.

Allard (Mlle), danseuse à l'Opéra. I. 1762, janvier 8, février 18, mai 9, (XXVI, addition 4). — II. 1766, janvier 18. — III. 1767, août 16. — XVIII (addition), août 20. XXIX. (addition), 1770, décembre 12. — XXIV (addition). 1771, mars 24. — VI. 1772, septembre 24, octobre 21. — XXIV. 1773, juillet 17. — VIII. 1775, décembre 31. — IX. 1776, janvier 13, 22, août 9, novembre 20. — xv. 1780, juin 2. — XVII. 1781, mai 9.

Allegrain (Christ-Gab.), sculpteur. XI. 1777, août 25 (3e Lettre sur le Salon). —XIII. 1767, septembre 20 (Lettre 3 sur la peinture). 1769, septembre 28 (Lettre 3).

Allemand, musicien. XXI. 1782, septembre 11.

Alléon-Desgouttes, avocat. IX. 1776, mars 27.

Alliot, fermier général. V. 1770, mars 19.

Almeyrac (d'), chanoine. x. 1777, mai 3.

Alvarada (dom Pedro d'). VI. 1771, octobre 18, 23.

Amaduzzi (l'abbé), professeur de grec au collège de la Sapience à Rome. xxxv. 1787, août 22.

Amand (J. F.), peintre et graveur. XIII. 1769 (Lettre II sur la peinture).

Amantini, musicien. XIV. 1779, avril 6.

Amblimont (comte et comtesse d'). XX. 1782, février 22. — xxv. 1784, février 17.

Ambrun (d'), maître des requêtes. XXXIII. 1786, décembre 10.

Ameilhon (abbé), antiquaire, membre de l'académie des

inscriptions. III. 1766, juin 29. — IV. 1768, avril 12, novembre 15. — XXXIV. 1787, avril 17.

Amelot (famille). XXX (addition). 1770, mai 17. — XII. 1778, octobre 21. — XIV. 1779, octobre 14. — XV. 1780, août 25. — XX. 1782, mai 3, 5, juin 3. — XXII. 1783, janvier 8, 10, mars 26, mai 22. — XXIII. novembre 19, 21. — XXIV. décembre 10. — XXXIV. 1787, janvier 23. — XXXV. juillet 1.

Aménaïde, courtisane. IX. 1776, novembre 12. — XIV. 1779, décembre 31.

Amezaga (marquis d'). XXII. 1783, mars 26. — XXV. 1784, mars 18.

Amiot, jésuite. XXIII. 1783, août 12, 18.

Ançon (d'), jésuite. XXV. 1784, avril 13.

Andieu de Clermont, peintre de fleurs. XXII. 1783, février 4.

Andlau (comtesse d'), fille d'Helvetius. XXIII. 1783, juillet 12. — XXV. 1784, janvier 15. — XXVI. août 9, 27.

Andouillé, chirugien II. 1765, juin 16.

André le (père), jésuite. III. 1768, octobre 6.

Andrieux (F. G. J. S.), membre de l'Institut. XXXII. 1786, juin 1. — XXXVI. 1787, décembre 15.

Andry, médecin. XV. 1780, janvier 4.

Anfossy (signor), compositeur de musique XII. 1778, novembre 16. — XIV. 1779, octobre 1. — XVIII. 1781, septembre 21. — XX. 1782, mai 12.

Angeviller (comte d'), directeur général des bâtiments de la couronne. VII. 1774, septembre 6. — XV. 1775 (Lettres sur le salon). — IX. 1776, septembre 13. — X. 1777, juin 8, juillet 24, août 2, 5, octobre 15. — XI. 1777 (Lettres 1 et 3 sur le salon). — XIII. 1779, septembre 22 (Lettre 3). — XV. 1780, mai 25. — XXI. 1782, septembre 7. — XXIII. 1783, novembre 12, 24. — XXXIV. 1787, mars 16, 18, avril 3. — XXXV. mai 28. — XXXVI. novembre 29.

Anglefort (comte de la Porte d'), lieutenant-colonel d'artillerie. XXIII. 1783, juillet 27. — XXV. 1784, janvier 22, 25. — XXVI. août 24.

Anglure (marquise d'). xxxv. 1787, juillet 18, 21.

Angoulême (duc d'). xviii. 1781, décembre 22. — xxv. 1784, avril 20. — xxxiii. 1786, décembre 29.

Angran, conseiller au parlement. x. 1777, mars 8. — xxii. 1783, janvier 31.

Angrand d'Allerey, lieutenant civil. xxi. 1782, décembre 1. — xxxiv. 1787, février 21 (n° 144). — xxxv. mai 29.

Anjorant (président). xix. 1770 (addition), mai 17.

Anquetil-Duperron, orientaliste. i. 1763, novembre 15. — vi. 1772, juillet 30. — xxvi. 1784, novembre 12. — xxxiii. 1786, novembre 14.

Anseaume, auteur dramatique. i. 1763, janvier 4. — iii. 1766, juillet 23. — iv. 1769, septembre 27. — xxi. (addit.), 1771, septembre 28.—xxiv. 1772, août 23, septembre 3 (addit.). — vii. 1775, juillet 3. — xiv. 1779, avril 17. — xxvi. 1784, juillet 20.

Ansquer de Ponçol (abbé), ex-jésuite. xxii. 1783, février 11.

Antelmy, professeur à l'école militaire. ii. 1764, décembre 22.

Anthou, mécanicien. xxii. 1783, avril 17, 25, mai 6. — xxiii. juin 12.

Antinori, architecte. xxiii. 1783, octobre 1.

Antoine, architecte. xviii. 1781, octobre 10. — xxii. 1783, juin 6. — xxiii. novembre 1. — xxxvi. 1787, octobre 4, novembre 10, décembre 17.

Antoine, sculpteur en bâtiments. xxvi. 1784, octobre 10.

Antoine Jacob (dit le médecin flamand). xxiv (addition). 1772, juin 18, août 4.

Antoni, musicien. xiv. 1779, avril 6.

Anville (J. B. Bourguignon d'), géographe, membre de l'académie des inscript. et belles-lettres. ii. 1764, novembre 13. — xx. 1782, février 5. — xxi, novembre 13. — xxii. 1783, avril 29.

Anville (duchesse d'). x. 1777, janvier 25.

Apchon, (archevêque d'Auch). xvii. 1781, mai 31.

Aquin de Château-Lyon (P. L. D'), littérateur. i. 1762, février 8. — xvi (addition), mars 29. — vi. 1773, février, 1.

Araignon, avocat. III. 1766, mars 6. 1767, mars 11.

Aranda (comte d'), ambassadeur d'Espagne. XXVII (addition). 1774, avril 1, août 3, octobre 1. — XXIX. novembre 21 (addition). — VIII. 1775, juillet 1. — XX. 1782, mai 22. — XXI. août 28. — XXV. 1784, mai 18.

Arange, graveur. XII. 1777, septembre 22 (Lettre 3 sur la peinture).

Arantières (d'), médecin à Langres. XXVIII. 1785, janvier 24.

Ararey (d') XXV. 1784, janvier 15.

Arbaud de Jonques (d'). XXV. 1784, janvier 24.

Archangely de Pistoie, assassin de Winckelman. IV. 1768, juillet 16.

Arçon (d'), général, membre de l'Institut. XXII. 1783, février 18.

Arcq (chevalier d'), bâtard du comte de Toulouse. I. 1763, novembre 5. — II. 1764, mai 26. — V. 1770. juillet 24. — VI. 1772, mars 27. — XXIV (addition), juillet 26, août 27. — VIII. 1775, mai 28. — XXV. 1784, février 14, mai 1. — XXVII, décembre 1, 12. — XXVIII. 1785, janvier 21, avril 22. — XXIX, mai 8, 12. — XXX, décembre 29.

Arcy (comte d'), mathématicien, membre de l'Académie. XXVII (addition). 1774, avril 18. — X. 1777, mai 12. — XIV. 1779, novembre 25.

Arcy (d'), musicien. XXI. 1771 (addition), octobre 31.

Aremberg (prince d'). VIII. 1775, septembre 17.

Argand, lampiste. XXIX. 1785, septembre 1.

Argenson (marquis d'). Voyez *Paulmy*.

Argens (Boyer, marquis d'), littérateur. I. 1763, mars 15. — II. 1764, novembre 25, décembre 26. — IV. 1769, mai 16.

Argental (comte d'). II. 1764, novembre 26. — XII. 1778, octobre 12. — XIII. 1779, janvier 19. — V. 1779, novembre 19. — XX. 1782, juin 4.

Arget (d'), envoyé du prince de Liége. XI. 1778, février 19. — XII, décembre 14.

Argouges (d'), conseiller d'État. XVIII. 1781, novembre 11.

Arguedas (Dom Louis), lieutenant de vaisseau et astronome. xviii. 1781, novembre 14.

Arlandes (marquis d'). xxiii. 1783, novembre 23.— xxiv. décembre 9.

Armand, acteur. i 1762, janvier 30.

Armand, fils du précédent. Auteur dramatique, iv. 1769, octobre 22.

Armet, notaire. xiv. 1779, novembre 21.

Arnaud (l'abbé F.), littérateur. i. 1762, mars 26, avril 18 septembre 16, novembre 19. 1763, juin.18, octobre 10. — xvi. 1766, avril 5.— xix (addition). 1768, juillet 31. — v. 1771, avril 16.— xix. avril 16.— v. mai 14.— xxi (addition), septembre 1, 16. — v. septembre 29. — vi. novembre 13. — ix. 1776, juin 25. — x. 1777, octobre 31. — xii. 1778, octobre 19. — xiii. 1779, mars 16. — xiv, mai 16, octobre 8 — xvi. 1780, décembre 26. — xviii. 1781, décembre 7. — xxi. 1782, août 25, 29, novembre 12.— xxii. 1783, avril 29.— xxv. 1784, février 14. — xxvii, décembre 3. — xxviii. 1785, janvier 11, mars 10. — xxxi. 1786, avril 25.

Arnaud, secrétaire du duc de Duras. vi. 1773, février 18.

Arnaud (Fr.-Th.-Mar. de Baculard d'), littérateur. iii. 1767 juillet 3, octobre 10. — v. 1770, février 2 — vii. 1773, septembre 8, octobre 20. 1774, février 15, octobre 31. — viii. 1775, juillet 25.

Arnobat (Coste d'). xxix. 1785, juillet 29. — xxxiv. 1787, février 14, 16.

Arnould, associé d'Audinot, entrepreneur de spectacles. xxx. 1785, novembre 11.

Arnoux (Mlle Sophie), actrice de l'Opéra. i.1762, janvier 1. 8, 20, février 18 (xvi, addition, mai 1), octobre 12, décembre 24. 1763, février 6, avril 29, mai 20, juin 2, novembre 24, décembre 26. — ii. 1765, janvier 23, avril 1, 10. — xvi (addition), octobre 24. — iii. 1766, décembre 4, 8. 1767, avril, 1. — xviii (addition), août 20, octobre 7, décembre 24, 31. — iii. 1768, février 3, mars 28.—xix (addition), décembre 27. —xix. 1769 (addition), février 5, 21, 26, juin 14.— iv. juillet 6, octobre 4, 15.— v. novembre 26, 30, — xxiv. 1771 (addition). mars 24, avril 1. — v, août 13. — xxi (addition), décembre 1. — vi. 1772, mars 22, 26, novembre 21, 29. — xiii. 1773, septembre 7 (Lettre 1). — vii. octobre 23. —xxiv (addition), 30.—vii. 1774, janvier 20, février 13, mai 31, août 12, octobre 15. — xxvii (addition), octobre 11). 1775, mars 23. — xxx (addition), juillet 23. — viii, octobre 23, 26, novembre 5, 15, décembre 6. — ix. 1776, avril 26, mai, 19, octobre 5. — x. 1777, février 18, 2 mars 7, 20, juillet 30. — xi. 1778, février 22, avril 24. — xii, août 6. — xiii. 1779. mars 22.— xiv. juillet 19, septembre 11, 13, 30, décembre 31. — xv. 1780, janvier 1, 6, août 5. — xvi, novembre 12. — xviii. 1781, novembre 30. — xx. 1782, avril 12, mai 22, juin 14. — xxv. 1784, mai 10. — xxix. 1785, août 6.

Arnoux (abbé). xxvi. 1784, mai 24. — xxviii. 1785, mars 27. — xxxiv. 1787, février 21, n° 9.

Arnoux, machiniste de l'Opéra. v. 1770, février 28.

Arnoux, notaire. xiv. 1779, avril 1.

Arnoux, mécanicien. xv. 1780, mars 26. — xxix. 1785, août 9.

Arros (baron d'), capitaine de vaisseau. xxv. 1784, janvier 12. — xxvi, juin 17.

Artaud, bibliothécaire du duc de Duras. vii. 1774, octobre 28. — xxvi. 1784, octobre 14.

Artis (Jean d'), docteur en droit. xxviii. 1785, janvier 20.

Artois (comte d'), depuis Charles x. iv. 1768, octobre 14.— v. 1771, mai 19. —vii. 1773, juin 25, octobre 2, novembre 21, 28 —xxvii (addition), novembre 30. —vii. 1774, juillet 28. — xxix (addition), décembre 18. —vii. 1775, janvier 14, 28. — xxix (addition), février 14. — vii. mars 15, 24, 29. —xxx (addition), avril 14, 19, mai 10.— viii. juin 3, août 6, 7, 8, 12, octobre 29, 31, novembre 5, 19, décembre 5, 6. — ix. 1776, janvier 25, 30, février 24, mars 21, avril 24, juin 6, 13, 22, juillet 7, septembre 14, octobre 18, novembre 7, 12, 14, 15, 30. — x.

1777, février 7, mars 7, 19, avril 26, juin 7, 13, 20, juillet 3, 5, 18, octobre 22, novembre 7, 9, 16, 17, 18, 31.— xi.1778, mars 14, 16, 17, 19, 27. — xiii. 1779, mars 30. — xiv. juin 24, juillet 28, septembre 12, novembre 7. — xv. 1780, janvier 6, 25, mai 2, 4, juin 5, 12, septembre 20. — xvi. octobre 8, novembre 3, 27, décembre 3. — xvii. 1781, février 17, mars 26, juin 17, 30. — xviii. décembre 22. — xx. 1782, juin 21. — xxi. juillet 26, août 15, septembre 20, octobre 24, décembre 17.—xxii. 1783, janvier 9.—xxiii. novembre 2. — xxv. 1784, janvier 15, mars 11, avril 27. — xxviii. 1785, janvier 14, 17. — xxix. août 25, septembre 12. — xxxii. 1786, juin 13. — xxxiii. novembre 23. — xxxiv. 1787, février 17, 21, mars 4, 5, 8, 25, avril 5, 13. — xxxv. 25, 30, mai 10, 17, juin 3, 10, juillet 6, 7, 24, 25, août 2, 9, 18, 25.— xxxvi. octobre 9, décembre 9.

Artois (comtesse d'). vii. 1773, novembre 11, 21, 28. 1775, mars 3. — viii. avril 30, mai 29, juin 16, août 4, 7, 27, octobre 1, novembre 5, 19. — ix. 1776, septembre 27, — xviii. 1781, décembre 27, 30. — xxi. 1782, octobre 19. — xxiv. 1783, décembre 31. — xxv. 1784, janvier 15,

Ascuse (Madame d'). xxv. 1784, janvier 15.

Asselin (Mlle), danseuse de l'opéra. iv. 1768, mai 21, août 9. — v. 1769, décembre 15.

Assier-Périca, ingénieur. xxv. 1784, mars 14.

Astley, écuyer. xxi, 1782, juillet 19, août 16. — xxiii. 1783, novembre 3. — xxxii. 1786, avril 30. — xxxv. 1787, avril 22, mai 11.

Astory (d'), enseigne de vaisseau. xviii. 1781, novembre 19.

Asturies (prince des). viii. 1775, décembre 10.

Attaignant (abbé de l'), poëte. i. 1762, mai 16. 1763, mars 1. — iv. 1768, novembre 29. — vii. 1774, décembre 14. — viii. 1775, avril 12. — xi. 1778, mars 18. — xiii. 1779, janvier 14. — xxii. 1783, avril 17.

Attiret, sculpteur. xxiv. 1783, décembre 31.

Aubert (l'abbé J. L.), littérateur et critique. ii. 1765, octobre 9. 1766, février 5. — iii. juillet 28. — vii. 1773, novembre 15. 1774, septembre 3, 9. — viii. 1775, avril 1. — xxx (addition), avril 1. — xvi. 1780, octobre 14. — xvii. 1781, février 2. — xviii. décembre 16. — xx. 1782, février 23. — xxv. 1784, mars 18. — xxvii. 1784, décembre 26. — xxxi. 1786, janvier 10, 11, février 8.—xxxiv. 1787, février 18.— xxxv. juin 15, juillet 8, août 17.

Aubert, joaillier du roi. viii. 1775, juin 4.

Aubert, médecin. xxi. 1782, septembre 26.

Aubeterre (marquis d'). xxi. 1782, décembre 20. — xxii. 1783, janvier 5, 8, 10, 26, février 23. — xxxiv. 1787, février 21, N° 38.

Aubier, avocat. xx. 1782, février 25, 26, mars 3.

Aubignac (abbé d'). xxii. 1783, février 25.

Aubry (Et.), peintre. xiii. 1771, septembre 14 (Lettre iii). 1773, septembre 14 (Lettre ii). 1775, septembre 23 (Lettre ii). — xi. 1777, septembre 15 (Lettre ii). — xiii. 1779, septembre 25 (Lettre iii).— xviii. 1781, septembre 27.

Aubry, avocat. xxxiv. 1787, janvier 3.

Aubry, libraire. xx. 1782, mai 13.

Aubusson (Vte d'). vi. 1771, novembre 1, 4, 8. 1773, janvier 21. — x. 1777, décembre 24.

Audinot, directeur de spectacles. i. 1762, février 28, avril 11. — ii. 1764, janvier 3. — iii. 1767, août 3. — iv. 1768, avril 26. 1769, février 16. — xix (addition), juillet 20. — vi. 1771, octobre 7, 16, décembre 2, 27. 1772, avril 9. — xxiv. 1773, (addition), février 6. — vii août 11. — viii. 1775, juin 26. — ix. 1776, janvier 24. — x. 1777, janvier 21, septembre 27. — xx. 1780, mai 13. — xxviii. 1785, janvier 1, avril 9. — xxix. mai 8, 12, 18, 21, 22, 24, 27, 28. — xxx. octobre 26, novembre 11.

Audinot (Mlle), fille du précédent. iv. 1768, avril 26. — xx. 1782, mai 19. — xxv. 1784, mars 1.

Audran, conseiller au Châtelet. ix. 1776, février 22.

Audry, médecin. xii. 1778, décembre 18.

Audry, fermier-général. xvii. 1781, janvier 26.

Augeard, homme d'affaires. xxxi. 1786, février 24.

Augeard, fermier-général. xxx. 1785, décembre 20, 25, 29, 30. — xxxi. 1786, janvier 8, 15, 21, 24, février 20, mars 5, 13.— xxxii. juin 20.— xxxiv.1787, janvier 21.

Auger (abbé), helléniste, académicien. xxii. 1783, janvier 15, mai 13.

Auger, acteur. i. 1763, avril 17. — ii. 1764, avril 30. — iii. 1768, janvier 30, février 14, 20, mars 16. — xiv. 1779, septembre 30, octobre 18. – xx. 1782, avril 21. — xxii. 1783, mars 1.

Auguste, orfèvre du Roi. viii. 1775, juin 11.

Aumale (Mme d'). xxii. 1783, mai 2.

Aumont (duc d'). i. 1762, avril 22. — xxvii (addition). 1774, janvier 7. — xx. 1782, avril 15. — xxi. décembre 6.

Aurelli (Mlle), danseuse de Londres. (addition). xvi. 1764, juillet 25.

Aurore (Mlle), danseuse de l'Opéra. xx. 1782, mars 30, mai 22. — xxi. Octobre 19.

Autichamp (Marquis d'). xxv. 1781, janvier 15.

Aved de Loizerolles, avocat. xii. 1778, juillet 5.

Avelin, peintre sur verre. xxxiv. 1787, mars 23.

Avrigny (C. J.), Lœuillard d'), poëte et auteur dramatique. xii. 1778, août 28.

B

Babille, avocat, viii. 1775, juin 9. — xxiii. 1783, juillet 16, août 15.

Bacarit, architecte. xviii. 1781, octobre 16.

Baccelli (Mlle), danseuse de l'Opéra de Londres. xxi. 1782, novembre 14, 16.

Bachaumont (F. Le Coigneur de), littérateur. i. 1763, août 29. — x. 1776, janvier 11, 21, juillet 4. — xv. 1780, août 19.

Bachelier, directeur de l'école royale de dessin. iii. 1768, janvier 8. — xxxiii. 1786, décembre 31.

Bacon de la Chevalerie, orateur du Grand-Orient. iv. 1769, octobre 9. — xiv. 1779, mai 23. — xv. 1780, janvier 9.

Bacq, musicien. xiv. 1779, novembre 28.

Bacquen, médecin. xviii. 1781, novembre 14.

Bacquencourt (de), conseiller d'État. xxxiv. 1787, février 21.

Bacqueville (marquis de). vi. 1772, octobre 5.

Bacquoi-Guédon, danseur de la Comédie française. xii. 1778, septembre 14.

Baër (M.), secrétaire et aumonier de l'ambassade suédoise. vii. 1775, janvier 8.

Bagge (baron de), violoniste amateur. xx. 1782, février 19. — xxii. 1783, juin 3, 5.

Baglioni (La Signora), cantatrice. xii. 1778, novembre 16.

Baiguières, médecin. xxiii. 1783, septembre 23.

Bailly (J. Sylvain), astronome, maire de Paris. xiv. 1779, mai 11, 19. — xx. 1782, janvier 11, février 24. — xxii. 1783, janvier 7. — xxiv, décembre 12. — xxv. 1784, février 26. — xxvi, septembre 7, 24. — xxx. 1785, décembre 21. — xxxi. 1786, avril 26. — xxxiv. 1787, janvier 1. — xxxv, juin 4.

Bailly, entrepreneur de l'éclairage des rues. xviii (addition). 1766, septembre 14, octobre 16. — iv. 1769, avril 30.

Bailly du Rollet, voyez *Duroullet*.

Balbi (comtesse de). xv. 1780, juillet 20. — xxiii. 1783, août 21. — xxv. 1784, janvier 15. — xxx. 1785, novembre 16.

Balconi (la signora), cantatrice. ix. 1776, décembre 27. — x. 1777, août 16.

Balechou (J. J.), graveur. ii. 1765, novembre 25.

Balivière (abbé Cornu de). xxi. 1782, novembre 3.

Balme (Mme de la). xxxi (addition). 1775, août 25.

Bambini, musicien. xvi, 1764, juillet 26.

Banau, médecin. xxxiii. 1786, décembre 15.

Barbançon (comte de). viii. 1775, mai 29.

Barbaut, chirurgien. xxv. 1784, mars 29.

Barbeau de la Bruyère, géographe. xx. 1782, janvier 25.

Barberie, 1er commis de M. Berten, secrétaire d'État. xxx. 1775, juin 10.

Barbeu du Bourg (Jacques), médecin. i. 1762, mai 25, juin 25. — ii. 1764, juillet 16. — iv. 1768, août 7, septembre 18. — xiii. 1779, février 13, mars 2. — xiv. 1779, juin 7, décembre 31.

Barbeyères (abbé). xx. 1782, janvier 21.

Barbier, architecte. xix (addition). 1770, mars 2.

Barbier, peintre. xiv. 1779, juin 14. — xix. 1781, août 25. (Lettre i.)

Bardin, peintre d'histoire. xxiv. 1775, août 25. (Lettre ii.)

Bardon (André), peintre. xxii. 1783, avril 16. — xxx. août 15 (1re lettre).

Bardy (de), auditeur de la Chambre des comptes. xxiv. 1787, février 1.

Barentin (de), président de la Cour des aides. xix (addition). 1769, novembre 16. — viii. 1775, juillet 20. — xxxiv. 1787, février 21 (n° 98). — xxxv, mai 29.

Barentin (président de). xix (addition). 1769, novembre 16. — x. 1777, mars 10. — xxxv. 1787, août 19.

Baretty, journaliste italien. xvi (addition). 1764, juillet 4.

Barillon, conseiller au parlement. xix (addition). 1770, mai 17.

Barincourt, peintre, sculpteur. xxvii. 1784, décembre 26.

Barletti de Saint-Paul, littérateur. ii. 1764, septembre 8, octobre 9. 1765, juillet 14.

Baron (J. Lénoore), avocat, secrétaire perp. de l'Académie d'Amiens. xix (addition). 1769, octobre 17.

Barras, officier général. xxx. 1785, octobre 20.

Barreau de Girac, évêque de Saint-Brieuc. xviii. 1787, janvier 31 (addition). — xvii. 1781, juillet 27.

Barré, (P. Yvon), auteur dramatique. xvi. 1780, novembre 9, décembre 6. — xvii. 1781, mars 28, avril 5, mai 10, 21, 22. — xviii, septembre 17, 24, 25, octobre 8, décembre 17. — xx. 1782, janvier 5, 6, 12, 28, février 2, 6, mai 3. — xxi, novembre 3, 6. — xxii. 1783, mai 21. — xxxv. 1787, juin 17, juillet 19.

Barré de Boisméan, avocat. xxii. 1786, juillet 9.

Barret (Jeanne de), gouvernante du docteur Commerson. vii. 1774, avril 15.

Barret de Villencour. xxiv (addition). 1772, septembre 23.

Barroud, ancien notaire. xxxiv. 1787, mars 22.

Barruel (comte de). xxi. 1782, août 30, septembre 4.

Barruel (l'abbé Aug.), jésuite, littérateur. xxvii. 1784, décembre 20, 30. — xxviii. 1785, février 25, avril 16, 22. — xxix, mai 3, juin 24, juillet 1. — xxxii. 1786, mai 17.

Barry (marquis du). xxviii (addition). 1774, mai 23, 30.

Barry (marquise du). xxvii (addition). 1774, mai 11.

Barry (comte Guillaume du). xxvii. 1774, mai 23.

Barry (comtesse du), maîtresse de Louis xv. — xix (addition). 1769, mars 8. — iv, juin 11, 20, 26, juillet 10. — xix (addition), novembre 10. — v. 26. — xiii, septembre 20 (Lettre ii). — v. 1770, mars 9, avril 29, mai 9. — (xix, addition, juin 13), juillet 18, septembre 30. —

(xix, addition, octobre 9), décembre 25.— v. 1771, mars 25, avril 22, juillet 15.— (xxi, addition, juillet 30), août 15.— (xxi, addition, septembre 30, octobre 27).—vi, octobre 22, décembre 7, 23, 26. — xiii, septembre 14. (Lettre iii). — vi. 1772, janvier 28, février 4, avril 9. — (xxiv, addition., 26, juin 17, juillet 20), août 3, septembre 17, octobre 8, décembre 23. — vi. 1773, janvier 10. —(xxiv, addition, mars 1, 3, 9, 16), mai 4, 28, 30, août 12. — (xxiv, addition, 18, 23), novembre 20, 24, 28.—(xxvii, addition, décembre 4, 9, 10, 14).—xiii, septembre. (Lettre iii.) — vii. 1774, février 4, 10, 12, mars 26, avril 3, 8. — (xxvii, addition, 29), mai 14, 27, 31.— (xxvii, addition, mai 11, 13, 15, 16, 18), juin 19, novembre 5, décembre 3.— viii. 1775, avril 24, juin 23, août 24, septembre 9, 19, octobre 6, 19, novembre 6, 7, 12, 20, décembre 2.— ix. 1776, novembre 5, 15. — x. 1777, mai 21, 26, septembre 27, octobre 18. — xxi. 1782, décembre 21. — xxii. 1783, juin 5. — xxx. 1785, décembre 12.

Barry (comte Jean du), surnommé le Roué. vii. 1773, juillet 20. 1774, mai 16, juin 30.— xxvii (addition), juin 17. — viii. 1775, décembre 3. — xiii. 1779, mars 15. — xvii. 1781, août 16, 17. — xxvii. 1784, novembre 24.

Barry (vicomtesse du). vii, 1773, octobre 24. —xvii. 1781, août 16. — xxi. 1782, décembre 11.— xxxi. 1785, janvier 1.

Barry (de), commissaire général de la marine. xxiii. 1783, septembre 24.

Barthe (Nic.-Th.), auteur dramatique. i. 1762, avril 6. 1763, janvier 12, mai 7.— ii. 1765, février 24, août 7.— iii. 1767, avril 11. — xviii (addition), mai 23, juillet 10. 1768, janvier 25, février 6, 12.— iv, mai 7, octobre 31. — vi. 1771, décembre 22, 24. — xxi. 1772, janvier 3. —viii. 1775, octobre 1.— xi. 1778, février 20, 24, mai 6. — xv. 1780, janvier 1. —xx. 1782, février 16.

Barthélemont, compositeur. xix. 1768, décembre 23, 25.

Barthélemont (Mme), cantatrice. xix. 1768, décembre 25.
Barthélemy (abbé J.-J.), antiquaire et historien, membre de l'Académie. i. 1762, avril 20, novembre 1. 1763, avril 13. — xvi (addition) 1765, mai 8. — iii. 1768, janvier 19, février 11, 20, mars 27.
Barthélemy, peintre. xi. 1777, août 25 (Lettre i). — xiii, 1779, septembre 22 (Lettre iii). — xvii. 1781, août 20. — xix. 25 (Lettre i). — xxiv. 1783, août 25 (Lettre i). — xxx. 1785, août 25 (Lettre i).
Barthès, médecin. xviii. 1781, novembre 19, décembre 29. — xxi. 1782, septembre 22. — xxii. 1783, janvier 23. — xxiii. juin 21, juillet 15. — xxx. 1785, novembre 22.
Bassanges, bijoutier de la reine xxix. 1785, septembre 9, 15, 21. — xxx, octobre 11, décembre 2.
Baseilhac, chirurgien. xvii. 1781, juillet 23.
Basse (Mlle), danseuse. ii. 1766, janvier 18.
Basset de la Marelle, président ii. 1766, février 2. — xxx. 1785, octobre 25, décembre 5.
Bassinet (l'abbé), historien. i. 1767, septembre 4. — iv. 1768, juin 13. 1769, août 31. — vii. 1775, juin 8.
Bassy, homme de lettres. xxv, 1784, avril 28.
Bassy (Mlle), danseuse. xxii. 1783, mars 27.
Bastard, chancel. du comte d'Artois. vii. 1775, janvier 28. — xiv. 1779, août 3, 5, décembre 13, 16, 21. — xv. 1780, janvier 18, 23. — xvii. 1781, août 2.
Bastardella (Mlle), cantatrice. xxvii (addit.). 1774, juillet 26.
Bastide (de), littérateur. i. 1763, février 7. — xvi (addition), août 12. — xvi (addition), mai 13, 18. — ii. 1764, octobre 13, 25. — iii. 1767, décembre 31. — xxiv. 1773, juillet 4 — xii. 1778, décembre 30. — xvii. 1781, février 1 — xxx. 1785, novembre 22.
Bastide, romancière, i. 1763, février 7.
Batbedat, directeur de la caisse d'escompte. xxv. 1784, février 22.
Batteux (abbé Ch.), littérateur, membre de l'Académie des Inscriptions et Belles-lettres. ii. 1764, mai 4. 1765, avril 16. — iii. 1766, avril 8. — iv. 1768, décembre 6,

2.

31. — v. 1770, avril 24. — vi. 1771, novembre 13.
1772, janvier 9, avril 9. — xv. 1780, juillet 15, 17. —
xviii. 1781, septembre 18.

Baudeau (abbé), économiste. iii. 1767, décembre 20. — iii.
1768, févr. 25, mars 27. — iv, avril 30, juin 30, octobre
23. — xix (addition), octobre 20, décembre. — xxi. 1779
(addition), mai 17. — xix. 1770 (addition), mars 18.
v, août 10. — vii. 1774, novembre 2, décembre 20.
1775, janvier 8. — viii, mai 15, 19, 25, juillet 7,
août 22. — ix. 1776, avril 10, mai 16, 20, juillet 16,
19, 23, 25, août 1, 6, 13, septembre 29, octobre 14,
novembre 27. — x. 1777, mai 13, 15, juillet 13, décembre 24. — xi. 1778, janvier 2, 3. — xiv. 1779, mai
22, juin 25, 26, juillet 15, 16, 18. — xviii. 1781, décembre 7. — xx. 1782, mars 31, mai 9. — xxi. octobre
31 — xxii. 1783, avril 16 — xxiii, septembre 2. —
xxv. 1784, mars 18. — xxvi, septembre 22, octobre 30.
— xxix. 1785, mai 17. — xxx, décembre 6. — xxxiv.
1787, février 16. — xxxv, avril 18, mai 1, 10, 13. —
xxxvi, décembre 14.

Baudoin (abbé), littérateur. xiii. 1779, mars 20 — xiv.
juin 28, juillet 9. — xv. 1780, mai 5, juillet 5, août 13.

Baudouin, peintre. xiii. 1767, septembre 20 (Lettre iii sur
le salon.) 1769 (Lettre i).

Baudouin de Guémadeuc, maître des requêtes. xx. 1782,
avril 5, décembre 30.

Baudon (Mme), femme du fermier général vi. 1772, octobre 4.

Baudot, médecin. xxii. 1783, mars 12.

Baudot, procureur au Châtelet. xxvi 1774 (addition),
juillet 10.

Baudron, 1er violon aux Français. xv. 1780, septembre
22. — xxii. 1783, juin 3.

Bausière (de), poëte. xxvii. 1784, décembre 9

Bauville (la présidente de). xxxvi. 1787, novembre 28.

Bauvin (J.-G.), avocat et auteur dramatique. vi. 1772,
septembre 3. — (xxiv, addition, 25, 27), 27, octo-

bre 7, 10. — xxiv (addition), 10. — xxiv. 1775, juin (addition) 10.

Béarn (comtesse de). xxvii (addition). 1774, février 6.

Beau (Le). Voyez *Lebeau*.

Beauchamps (Godard de), auteur dramatique et romancier. iii. 1768, mars 20.

Beaufort, peintre. xiii. 1767, août 25. (Lettre i.) 1769, septembre 20. (Lettre ii.) — xix (addition), septembre 18. — xxvi. 1784, juillet 22

Beaufremont (prince de). i. 1763, décembre 31. — xxiii. 1783, octobre 13.

Beauharnais (comtesse de), romancière. xvi (addition). 1764, septembre 8. — viii. 1775, septembre 25. — xii. 1778, novembre 23. — xiv. 1779, décembre 4. — xv. 1780, mai 6, 18. — xvi, octobre 26. — xvii. 1781, janvier 19. — xviii, décembre 6. — xx. 1782, février 2. — xxiii. 1783, septembre 26. — xxxiv. 1787, janvier 31.

Beaujon (Nic.), banquier de la cour. xix (addition). 1769, décembre 16. — vi. 1772, décembre 28. — vii. 1773, octobre 8, novembre 13. 1774, mai 6. 1775, mars 8. — xv. 1780, avril 15. — xxiii. 1783, août 16. — xxxiii. 1786, décembre 21.

Beaulieu, capitaine de vaisseau. xxvi. 1784, mai 29.

Beaulieu (Mlle de), peintre, élève de Greuze. xxx. 1785, novembre 13.

Beaumarchais (Caron de). iii. 1766, décembre 28 — iv. 1768, avril 19. — xix (addition). 1769, novembre 27. — v. 1770, janvier 15, février 5. — vi. 1773, février 5, 17, mars 1. — vii, septembre 8, 16, octobre 20, 30, novembre 19 (xxiv, novembre 22), 27, décembre 3, 4, 17. — xxvii, décembre 4, 24. — vii. 1774, janvier 3, février 9, 12, 15, 18, mars 8, 9, 26. — xxvii. 1774, janvier 3, 12 15, février 26, mars 5, 15, 30, avril 1, juillet 1, 15. — xxix, décembre 1. — vii. 1775, janvier 28, février 1, 23, 25, mars 1. — viii, mai 25, juillet 31, novembre 5, 7, décembre 9. — xiii. septembre 23. (Lettre ii.) — xxix. 1775, janvier 11, 20, 22, 28, 29, février 10, 17, 28. — xxx, mars 27. — ix. 1776, janvier 6, 13, mars 4, juin 11, 16, 23, août 15, septembre 2, 4, 7, 13, 23, octobre 28, novembre 17, décembre 8, 11. — x. 1777, janvier 3, 4, 13, 19, 23, 24, juillet 13, 28, août 27, novembre 6, décembre 8. — xi. 1778, janvier 5, 21, 26, 29, février 16, 23, 25. — xii, juin 4, 14, juillet 3, 6, août 2, septembre 11, 19, 22, 25, décembre 4. — xiv. 1779, mai 20, octobre 11, décembre 15. — xv. 1780, janvier 24, avril 13, 17, 24, juin 1, 5, 8, 14, 20, juillet 14, 21, 25, septembre 3. — xvi, octobre 18. — xvii. 1781, janvier 29, 31, février 15, avril 11, 13. — xviii, août 29, septembre 19, 29, novembre 1, 27. — xx. 1782, mars 31. — xxi, août 5, octobre 25, novembre 17, 22. — xxii. 1783, avril 10, 12, 19, juin 2. — (xxiii). 12, 14, 23, juillet 14, septembre 27, octobre 30. — xxv. 1784, janvier 26, février 27, 29, mars 8, avril 6, 24, 27, mai 1, 7, 8, 14. — xxvi. 23, juin 1, 8, 11, 27, juillet 1, 8, 11, 18, août 1, septembre 23, 28, octobre 3, 4, 9, 12, 27. — xxvii, novembre 26, décembre 8. — xxviii. 1785, janvier 17, 23, 26, février 5, 18, 26, mars 5, 6, 9, 11 12, 15, 16, 17, 18, 19, 20, 23, 25, avril 3, 7, 13, 14, 15, 16, 20. — xxix, mai 2, juin 7, juillet 20, 25, août 3, 7, 22, septembre 13. — xxx, novembre 8, 24, 26, décembre 7, 17. — xxxi. 1786, janvier 19, mars 20. — xxxii, mai 15, juin 6, 10. — xxxiv. 1787, février 11, 21, avril 17. — xxxv, mai 10, 20, 23, 24, 25, 28, 29, 30, 31, juin 1, 2, 3, 5, 6, 7, 8, 9, 10, 11, 12, 14, 15, 19, 24, 25, 29, juillet 10, 13, 14, 15, 16, 18, 20, 23, 30, août 1, 2, 17, 26, 31. — xxxvi, septembre 12, décembre 10, 30.

Beaume (de), président au Parlement de Besançon. xxxiv. 1787, février 21, n° 91.

Beaumé (Ant.), chimiste. vi. 1771, novembre 30. — xxvii. 1784, décembre 24.

Beaumesnil (Mlle), actrice. iii. 1766, décembre 8. 1767, janvier 27, août 3. — xviii (addition), décembre 31.

1768, février 10. — xix. 1769 (addition), juin 14. 1770 (addition), août 31, décembre 12. — xxiv. 1771 (addition), mars 21. 1773 (addition), juillet 17, septembre 11. — ix. 1776, août 10. — x. 1777, janvier 3. — xiii. 1779, janvier 4, février 18. — xv. 1780, mai 12, juin 22. — xvii. 1781; mai 4. — xxv. 1784, mars 16. — xxvii, décembre 9.

Beaumont (Christ. de), archevêque de Paris. i. 1762, février 17, juillet 20. 1763, mai 7, 8, septembre 5. — ii. 1764, janvier 25, 29, février 12, mai 21, octobre 6. 1765, mars 11, septembre 15. 1768, janvier 30, février 1, 9. — xviii (addition), mars 31. — xix (addition), octobre 27. — xxiv (addition). 1772, avril 26, juin 17. — vi. 1773, mars 25. — vii. 1774, mai 9, 17. — ix. 1776, août 10. — x. 1777, février 27, septembre 4, octobre 23, décembre 31. — xi. 1778, janvier 31, octobre 27, novembre 17. — xiii, 1779, janvier 26. — xiv, août 18. — xvii. 1781, janvier 1, mai 26. — xviii, novembre 13, 14, décembre 10, 13, 16, 27. — xx. 1782, janvier 3.

Beaumont, commandant en Angoumois. xxii.1783, avril 8.

Beaumont, secrétaire du Roi. xx. 1782, janvier 12, 13, 14.

Beaunoir (Alex.-Robineau dit de), auteur dramatique. xxvi. 1784, septembre 11, 18. — xxxii. 1786, septembre 2. — xxxiii, octobre 26.

Beaunoir (Mme de). xxvi. 1784, septembre 11, 18. — xxxii. 1786, juillet 30. — xxxiii, octobre 26.

Beaupoil de Saint-Aulaire (marquis de), littérateur. ix. 1776, décembre 21, 25, 28, 31. — xxxiv. 1787, janvier 27, février 22. — xxxv, septembre 4.

Beaupré (Mme de). Voyez *Pelletier de Beaupré*.

Beaupré (Mlle), actrice. i. 1763, septembre 15. — xix (addition). 1769, décembre 15. — xiv. 1779, décembre 31. — xv. 1780, avril 5.

Beauregard (abbé), ex-jésuite, prédicateur. xi. 1778, avril 13, 20. — xxxiii. 1786, octobre 13, novembre 6.

Beaurepaire, avocat. xx. 1782, janvier 14.

Beausobre (Louis de), littérateur. ii. 1765, avril 25.

Beausset (de), évêque. xxxiv. 1787, février 21, n° 20.

Beaussière (de). xxix. 1785, août 22.

Beaussol (Pierre de), auteur dramatique. viii. 1775, juillet 11, 24.

Beauteville (J. Louis de Buisson de), évêque d'Alais. vii. 1774, juillet 14, septembre 20. 1775, février 19. — ix. 1776, avril 12.

Beauvais (J. B. Ch. M. de), célèbre prédicateur, évêque de Senez. iii. 1766, mars 17. — vi. 1773, mars 26, avril 13, mai 5, 28. — vii. 1774, avril 4, 17, juillet 25, 28, août 6, 11. — (xxvii, addition, août 3, septembre 21). — vii, septembre 15. — viii. 1775, juin 13, septembre 6, 23. — ix. 1776, avril 26. — xxviii. 1785, février 25.

Beauvais (Philippe de), sculpteur. xviii, 1781, novembre 21.

Beauvais (Mlle), actrice. iii. 1766, avril 25.

Beauvais (le père), jésuite. ii. 1764, mai 15.

Beauvalet, acteur. xxiv (addition). 1773, septembre 11.

Beauvarlet (Jacques Firmin), graveur. ii. 1764, mai 10.

Beauveau (prince Ch. J. de), membre de l'Académie. v. 1771, février 8, mars 21. — vi. 1772, mai 19. — xvii. 1781, mai 28. — xxix. 1785, juillet 25. — xxxiv. 1787, février 21, n° 39, mars 16, 25. — xxxv, juin 3.

Beauveau (princesse de), épouse du précédent. xvii. 1781, mai 28. — xxix. 1785, juillet 25.

Beauvoir (de), maire de Bourges. xxxiv. 1787, février 21, n° 135.

Beauvoisin (Mlle), courtisane. xix. 1770 (addition), avril 30. — vii. 1775, mars 23. — xiv. 1779, décembre 31. — xxvii. 1784, novembre 22.

Beauzée (Nic.), grammairien, membre de l'Académie. xix (addition). 1768, juillet 25. — vi. 1772, mai 23. — xxiv (addition), juillet 3 — xviii. 1781, décembre 6. — xxiii. 1783, août 25. — xxvi. 1784, juin 15. — xxxv. 1787, août 25.

Bebé, nain du roi de Pologne. ii. 1764, juin 14. — xvii (addition), 1765, octobre 19.

Beccard, fils d'un négociant de Saint-Malo. xxix. 1785, août 2.

Béchade, faussaire. xxxiv. 1787, janvier 4, 31.

Beck, musicien. xxii. 1783, avril 24, 26.

Beffroy de Reigny (L. A.), écrivain politique et auteur dramatique. xxxii. 1786, mai 24. — xxxv. 1787, août 1. — xxxvi, septembre 29, novembre 20.

Bégon, intendant de la marine. xxxiv. 1787, février 1.

Bejot (Fr.), conservateur de la Bibliothèque royale, membre de l'Académie des Inscriptions. xxxv 1787, septembre 8.

Belbœuf (de), notable. xxxiv. 1787, janvier 29.

Belidor (Bern. Forest de), membre de l'Académie des sciences. i 1762, avril 21.

Belinage de la Roirie, officier. x. 1777, janvier 3.

Bell, libraire anglais. xxxiii. 1786, octobre 21.

Bellanger, avocat général de la Cour des aides. xxx (addition). 1775, juin 12.

Bellanger, aventurier. vii. 1774, février 7.

Bellanger, architecte. xxix. 1785, août 6.

Bellanger Desboulaies, riche américain. xxix. 1785, juillet 17, août 4, 14, septembre 25. — xxx, décembre 1.

Bellaucq, banquier. xxxiii. 1786, décembre 18. — xxxiv. 1787, janvier 20.

Belle (Clé.-L.-Ma.-Anne), peintre d'histoire. xxi. 1782, septembre 5.

Bellecour (Giles Colson, dit), acteur du Théâtre-Français. i. 1762, janvier 7, 30. — iii. 1768, janvier 6. — xix. 1769, avril 22, juin 29. — ix. 1776, décembre 8. — xii. 1778, novembre 20.

Bellecour (Mme), dite Gogo, actrice, femme du précédent. i. 1763, mai 3. — ii. 1765, avril 3, 17. — xviii. 1767 (addition), octobre 7. — xix. 1761 (addition), avril 22, juin 29. — xiv. 1779, septembre 30, novembre 1, décembre 31. — xx. 1782, avril 27, juin 3, 9. — xxii. 1783, juin 8. — xxiii, septembre 4. — xxv. 1784, mars 8. — xxxvi. 1787, octobre 21.

Bellegarde (de). vii. 1773, octobre 12, 22. — viii. 1775, avril 23. — ix. 1776, août 26. — x. 1777, novembre 17. — xx. 1782, avril 26.

Belle-Isle (de), secrétaire du duc d'Orléans. ii. 1764, juin 29. — vi. 1772, janvier 17. — viii. 1775, novembre 12.

Bellenger, dessinateur. vii. 1773, octobre 15.

Bellescise, évêque de Saint-Brieuc. xvii. 1781, juillet 27.

Belleteste, médecin. ii. 1766, février 12.

Belleval (P. Richer), botaniste. xxvi. 1784, août 19.

Bellot (abbé). iii. 1767, novembre 13. — iv. 1768, novembre 15.

Bellot (Mme), traductrice. ii. 1764, mai 26. — iii. 1765, septembre 28, décembre 11.

Belloy (Buirette de), auteur tragique. i. 1762, mars 19, mai 10, 21. 1763, janvier 12. — ii. 1764, novembre 1. 1765, février 6, 18, 22, mars 10, 12, 14, 17 (xvi addition 18), 25, avril 25, novembre 19. 1766, janvier 28. — iii, mars 6, août 27. 1767, janvier 19, juillet 29, octobre 28. — xix. 1769 (addition), février 6, 12, mars 1, 2, mai 11, décembre 9, 26. — xix (addition). 1770, février 16, 22, mars 25, avril 19. — v. 1771, avril 25. — vi, novembre 13, 27. — xxi (addition), décembre 10. — vi. 1772, janvier 9, février 1, mai 21. — vii. 1775, janvier 11, 28, février 11, 24, mars 8. (xxx addition mai 16). — x. 1777, juillet 10, 12. — xv. 1780, juillet 23.

Belloy (J.-B. de), évêque de Marseille. vii. 1773, novembre 12.

Belmonte-Pignatelli (princesse de). xi. 1778, avril 15.

Belon, commis chez M. Bertin, banquier. xxvi. 1784, juin 2, 3.

Belot, avocat. iii. 1767, juin 27. — vi. 1772, juin 23, août 1. — xv. 1780, avril 23. — xxxi. 1786, mars 22.

Belouze (de la), membre du Parlement. xix (addition). 1770, mai 14. — x. 1777, avril 21.

Belzunce (comte et comtesse de). xx. 1782, mai 31. — xxxiv. 1787, février 7.

Bénard (le père Victor), récollet. xxxi. 1786, février 18.

Benavent, impliqué dans l'affaire du duc de Richelieu. viii. 1775, juin 28, 30, juillet 10, août 23, 24. — ix. 1776, janvier 4, 6, 30, mars 7. — x. 1777, janvier 31. — xxxi. 1786, février 10.

Benda, compositeur. xvii. 1781, juillet 22. — xxi. 1782, septembre 23.

Beniouski (comte de). xxxii. 1786, septembre 5. — xxxiv. 1787, février 12.

Benoît, jurisconsulte. xvii. 1781, janvier 14. — xviii, décembre 7.

Benoît, marchand de marrons au Palais-Royal. xxxiv. 1787, janvier 16.

Benoît (Mme Fr. Albine Puzin de la Martinière, femme), romancière. ii. 1766, janvier 3. — iii, juin 30. — iii. 1768, février 26. — xviii (addition), juillet 6.

Berainville (Person, dit le chevalier de). vii. 1774, juin 16. 1775, février 28. — ix. 1776, juin 4, juillet 6. — x. 1777, août 3, septembre 7.

Béranger, littérateur et poëte. xxxiv. 1787, janvier 4, 8.

Bérard, directeur de la Compagnie des Indes. xxix. 1785, juin 7.

Bérardier (abbé). xxix. 1785, octobre 3.

Bercher, médecin. iv. 1768, juillet 13. — (xix, addition, août 4), août 23.

Beresford, ministre anglais. xx. 1782, mars 13, 27, 28, 29, mai 2, 3.

Bergasse, avocat. xxix. 1785, septembre 25. — xxx. octobre 15. — xxxv. 1787, mai 20, 28, 30, juillet 23, août 17, 24, 29, septembre 4. — xxxvi. 11, octobre 15.

Berger, ami de Voltaire. ii. 1763. avril 3.

Bergeras, avocat. xxxi. 1786, mars 21.

Bergeir (abbé). iv. 1768. juillet 15. — xix (addition). 1769, décembre 30. — v. 1770, février 28, juin 22, juillet 29. 1771. janvier 15, 16, avril 1. — vi. 1772, mars 7, avril 18. — xviii. 1781, décembre 7. — xxiii. 1783, août 25. — xxxvi. 1787, décembre 11.

Bergstrasser (Benin), professeur. xxviii. 1785, janvier 24.

Beringhen (de), premier président. ii. 1764, février 1.

Berjon (dom.). xxx. 1785, décembre 13.

Bernard, médecin, doyen de la faculté. xix. 1768 (addition), août 4. — iv. août 6, 23, 30, septembre 8, 18. — xix (addition). 1769, juin 7.

Bernard (Gentil), poëte. i. 1762, mars 16. — xvi (addition). 1764, janvier 14. — ii. mars 30. — iii. 1767, avril 2. — iv. 1768, octobre 11. — v. 1770, février 12, 25. — viii. 1775, juillet 20.

Bernard, chef de la régie des Turgotiens. xxx. 1775, août 5.

Bernard, architecte. xxi. 1782, septembre 9.

Bernard, avocat, joueur d'échecs. xxii. 1783, mai 6.

Bernard, calligraphe. xviii. 1781, novembre 24.

Bernard (Mlle), actrice. xvi (addition). 1762, mai 4.

Bernier (Mme), actrice. xxiii. 1783, juin 27.

Bernières (de), ingénieur des ponts et chaussées. vii. 1774, octobre 25. — viii. 1775, août 4. — x. 1777, avril 28. — xiv. 1779, août 21. — xviii. 1781, décembre 25. — xx. 1782, mai 27. — xxvi. 1785, janvier 24.

Bernis (F. Joach. de Pierres de), cardinal. i. 1762, mars 16. — ii. 1764, janvier 27. — xix (addition). 1769, juin 16. — v, novembre 12. — xxviii (addition). 1774, octobre 16, 23. — xviii. 1781, novembre 25. — xx. 1782, mars 14. — xxv. 1784, mars 21. — xxxv. 1787, juin 4.

Bernis (abbé de), neveu du précédent, archevêque de Damas. xxiii. 1783, septembre 26. — xxxiv. 1787, février 21 (N° 110).

Bernouilli (Daniel de), docteur en médecine. xx. 1782, avril 30. — xxii. 1783, avril 30.

Berquin (Arn.), littérateur. xxv. 1784, mars 15.

Berruer, sculpteur. xi. 1777, septembre 22 (Lettre iii). — xiii. 1767, septembre 20 (Lettre iii). 1769, sep-

tembre 10 (Lettre 1). 1775, septembre 7 (Lettre 1). 1779
(Lettre 1, 11). — xix. 1781, septembre (Lettre 111). —
xxiii. 1783, octobre 19. — xxx. 1785, septembre
(Lettre 111). — xxxvi. 1787, août 25 (Lettre 111).

Berruyer, jésuite. i. 1762, octobre 28, décembre 2. —
iii. 1768, février 9.

Berryer, secrétaire d'État. xv. 1780, août 12.

Bertereau, lieutenant général. xxxiii. 1785, décembre 31.

Berthier (le père Guill.-Fr.), jésuite. i. 1762, avril 17,
mai 17, juin 30, juillet 21, août 17, 22, 29, septembre
5. — ii. 1764, juin 24. — xxii. 1783, janvier 1, 15.

Bertholet (abbé), professeur de physique. xxxiv. 1787,
janvier 19.

Bertholet, médecin. xxvi. 1784, mai 26, août 21.

Berthollet (Cl.-Louis), chimiste. xxviii. 1785, avril 6. —
xxxiv. 1787, janvier 31.

Berthon, premier président du parlement de Bordeaux.
xviii. 1781, octobre 11, décembre 31. — xx. 1782,
janvier 21, mai 1. — xxxiv. 1787, février 21 (N° 70).

Berthoud (Ferd.), horloger, membre de l'Institut. iii. 1767,
novembre 14. — xxxv. 1787, juin 12.

Bertier, directeur de l'imprimerie de la Cour. xxx (addition). 1775, juin 11.

Bertier de Sauvigni. Voir à *Sauvigni*.

Bertillac (de). vi. 1772, août 25.

Bertin, trésorier des parties casuelles. i. 1762, janvier
1, 20. 1763, janvier 15, décembre 31. — xvi. (addition). 1765, février 3. — iv. 1768, juillet 25. 1769,
juillet 20. — v. 1770, septembre 10. 1771, février 23.
— vi. 1773, janvier 1. — vii. 1774, février 8. —
viii. 1775, décembre 24. — x. 1777, septembre 4.
— xxiii. 1783, juillet 11. — xxxv. 1787, mai 1.

Bertin (Mme). v. 1770, septembre 17.

Bertin (Mlle), marchande de modes de la Reine. xiii. 1779,
mars 4.

Bertin, musicien. xix (addition). 1770, octobre 29.

Bertin (abbé), conseiller d'État. xxii. 1783, mai 22.

Bertola (le père D. G.), poëte. xiv. 1779, avril 12.

Bertolio, abbé. xxxi. 1786, mars 28. — xxxiii. septembre 15.

Berton (H.-Montan), compositeur de musique. xxxv. 1787, juillet 11.

Bérulle (président de). xxx (addition). 1775, mai 14. — xxxiv. 1787, février 21 (N° 74).

Berville (Mme), actrice. xix (addition). 1768, décembre 10.

Berwick (duc de). xxi. 1782, juillet 6.

Beschefer. x. 1770, avril 3.

Besenval (baron de). ix. 1776, mars 6. — xv. 1780, septembre 20.

Besplas (abbé Legros de), aumônier du comte de Provence. viii. 1775, septembre 5. — xxxi (addition), septembre 4. — xxiii. 1783, août 25.

Besson (abbé), généalogiste de la maison de Savoie. i. 1762, mars 13.

Béthune (marquis de). xxx (addition). 1775, juillet 20. xxxiv. 1787, février 21 (N° 23).

Béthune (comtesse de). xxii. 1783, janvier 5.

Bette d'Etienville (affaire du Collier). xxxi. 1786, février 22, 24, mars 20, 21, 24, 29, avril 1, 11, 12. — xxxii, mai 7, 9, juin 1, 6, 13.

Beudet, secrétaire de la marine. xxi. 1782, novembre 13.

Beunie (J.-B. de), médecin. xxi. 1782, novembre 13.

Béxon (abbé Gab.-Léop.-Ch.-A.), agronome et littérateur. xx. 1782, juin 30 — xxv. 1784, avril 3.

Bèze (Mlle), danseuse à l'opéra. v. 1770, novembre 28.

Bèze de Lis, conseiller au Parlement. xix (addition). 1770, mai 14.

Bezons (marquise de). xix (addition). 1770, octobre 26.

Bezout (Ét.), mathématicien. xxiii. 1783, octobre 3. — xxvii. 1784, novembre 13.

Bezozzi, musicien. ix. 1776, mai 1.

Bianchi, musicien. viii. 1775, octobre 2. — x. 1777, août 11.

Bianchi (dite Argentine), actrice. xiv. 1779, décembre 31.

Bibiéna (J. Galli de), romancier. xvi (addition). 1762, juin 22.

Bicquilley, garde du Roi. xxxiv. 1787, avril 18.

Bidault (Marie-Madeleine), prix de vertu. xxxii. 1786, mai 3.

Bieron (Mlle), fabricante de modèles d'anatomie. i. 1763, octobre 29.

Bievre (marquis de). vi. 1774, juillet 14. — x. 1777, mars 23, novembre 1. — xi, septembre 15 (Lettre ii). — xi. 1778, février 24. — xiii. 1779, mars 31. — xxiii. 1783, novembre 10, 21. — xxiv. décembre 8. — xxvii. 1784, décembre 28. — xxxvi. 1787, décembre 16.

Bignon (famille). i. 1763, août 29, décembre 22. — xiii. 1767, septembre (Lettre iii). — xix. 1770 (addition), juin 16. — vi. 1771, novembre 13. 1772, mars 11. 1773, avril 25. — viii. 1775, mai 23. — xxii. 1783, avril 3. — xxv. 1784, avril 4.

Bigot (la), courtisane. xxi. 1782, juillet 6.

Bigotini, arlequin. x. 1777, février 20.

Bilcoq, peintre. xxx. 1785, octobre 7. — xxxvi. 1787, août 23. (Lettre ii).

Billard, caissier des postes. v. 1770, avril 16, mai 7. — vi. 1772, mars 23. — x. 1776, janvier 14.

Billard, commerçant. xviii. 1781, novembre 18.

Billardon de Sauvigny (L.-Edme), littérateur. i. 1762, mars 22, juin 21. — i. 1763, janvier 27, mars 23, septembre 23. — xvi (addition), 23, novembre 19. — ii. 1764, novembre 23. 1765, mars 31. — iii. 1767, mai 20, juin 22. — iv. 1768, juin 20 — v. 1770, mars 12. — vi. 1773. (xxiv addition, février 27), mars 24. — ix. 1776, septembre 7. — x. 1777, juin 2, 3, octobre 19. — xi. 1778, mai 30. — xv. 1780, janvier 22, 24, février 23, mai 16, 17 — xvi, décembre 13, 25. — xxi. 1782, août 25, septembre 11. — xxii. 1783, mai 26, 27, 29, juin 2, 4. — xxiii, juillet 7, novembre 24, 26. —

3.

xxiv, décembre 10. — xxviii. 1785, janvier 27. — xxix, juillet 25.

Billette, chanoine. xxiv. 1772 (addition), août 4. — x. 1777, octobre 25, novembre 14, 21, 26.

Billioni (Mme), actrice. xxiv. 1773, août 16 (addition). xxiii. 1783, juin 23, juillet 22.

Biron (maréchal, duc de). ii. 1765, avril 15. — v. 1770, janvier 25. — v. 1772, octobre 20. — vii. 1773, juin 16, décembre 4. 1775, janvier 14. — xxx (addition), mai 5, 7, 11, 12, 17, juin 8. — viii, mai 23, août 9, 26, novembre 28. — ix. 1776, janvier 31. — x. 1777, mars 28, mai 20, août 22. — xxxii 1786, mai 8, 11. — xxxiii, octobre 20. — xxxiv. 1787, mars 26. — xxxv, juillet 27.

iron (maréchal de). xxxiii. 1786, octobre 20.

Bissy (comte de). i. 1763, juillet 16, août 10. — ix. 1776, juin 11.

Bitaubé (Paill.-Jer.), membre de l'Académie. xxxiv. 1787, avril 17.

Blache (comte de la). xxvii. 1773 (addition), décembre 24. — vii. 1775, janvier 28. — xxix (addition), 15, 20, 22, 28, 29, février 10, 17. — xxx, mars 28. — ix. 1776, juin 16. — xii. 1778, août 2, septembre 10, 22.

Blache, abbé. i. 1763, juillet 24.

Blair, ministre écossais. ii. 1765, juillet 17.

Blamont (de), compositeur de musique. xvi. 1762 (addition), mai 4.

Blanchard, aéronaute. xx. 1782, mars 26, mai 5, 6, 9. — xxi, août 22, 27, octobre 2. — xxiii. 1783, septembre 10. — xxv. 1784, février 4, mars 1, 2, 3, 9, 14. — xxvi, mai 18, 31, juillet 29, octobre 22. — xxvii, décembre 7. — xxviii. 1785, janvier 8, 9, 12, 13, 14, 17, 19, février 10, mars 21. — xxix, juillet 26, août 3, 31, septembre 8, octobre 6. — xxx, octobre 8, 19, 31, décembre 4, 19. — xxxi. 1786, janvier 1, 6, 13, avril 3, 24, 26. — xxxii, mai 1, juin 6, 19, 28. —

xxxiii, septembre 16, octobre 14, 22, décembre 16, 27,
— xxxiv. 1787, janvier 14, 27, février 19, mars 31,
avril 6. — xxxv, juillet 16. — xxxvi, octobre 27.

Blanchard, secrétaire d'intendant. xxvi. 1784, juin 8.

Blancherie (de la), agent de correspondance pour les sciences et les arts. xii. 1778, juin 19. — xiii. 1779, février 7. — xiv, novembre 26. — xv. 1780, mai 8 — xvii. 1781, juin 28, juillet 1. — xviii, novembre 20, décembre 2, 10. — xx, 1782, janvier 3, février 17, avril 22, 23. — xxi. 1782, octobre 4, 28, novembre 17. — xxiii. 1783, août 20, novembre 24. — xxv. 1784, janvier 17. — xxvii, décembre 18. — xxviii. 1785, mars 2. — xxxi. 1786, février 4, 8, avril 17. — xxxii, mai 7. — xxxiii, novembre 21.

Blanchet (abbé), censeur royal. xxv. 1784, avril 10.

Blavet (M.), musicien et compositeur. iv. 1768, novembre 14.

Bléton, chercheur de sources. xx. 1782, mai 14, juin 27. — xxvi. 1784, juillet 12.

Blin de Sainmore, littérateur. i. 1762, février 1. — vii. 1773, septembre 19, 25. — xxvii 1774 (addition), mars 2. — ix. 1776, mai 13. — xxxiii. 1786, octobre 13.

Blois (de), musicien. xxvi. 1784, août 11.

Blondeau, professeur de mathématiques. xvi. 1780, décembre 18. — xvii. 1781, juin 22. — xviii, décembre 6.

Blonde, avocat. ix. 1776, janvier 31, février 2, 4. — — xiii. 1779, juillet 14, 18. — xvii. 1781, juillet 30, — xxiii. 1783, juillet 23. — xxxi. 1786, février 19.

Blondel (Mme), économiste. ix. 1776, avril 29.

Blondel, avocat. viii. 1775, mai 16. — ix. 1776, février 10. — x. 1777, avril 18. — xxi. 1782, août 17, 19. — xxiii. 1783, octobre 31. — xxxi. 1786, mars 8, 20. — xxxii, mai 29, août 18. — xxxiv. 1787, février 14. — xxxv, juillet 1, août 21.

Blondel (milord), xxi. 1782, août 22.

Blosset (de), diplomate. viii. 1775, novembre 24.

Blot (comtesse de). x. 1777, octobre 14. — xvii. 1781,

avril 5, mai 28. — xxv. 1784, janvier 15. — xxxii. 1786, mai 5.

Blumaker, poëte. xxviii. 1785, janvier 19.

Boby, notaire. xxvii (addition). 1774, juillet 24.

Boccarini, musicien. xviii. 1768 (addition), avril 2.

Bochard de Sarron, membre du parlement. xix. 1770, mai 14. — xiv. 1779, juin 2. — xxii. 1783, avril 17. — xxxiv. 1787, février 21.

Boctoy. iv. 1768, avril 3.

Boërhave, médecin. xxvii. 1774, avril 18.

Boërs, directeur de l'Académie des sciences de Harlem. xxv. 1784, février 16.

Bœuf de le Bret, notaire. xv. 1780, juillet 12.

Bogs (W.), aéronaute. xxv. 1784, mars 24.

Bohemer, bijoutier de la cour. xxix. 1785, septembre 9, 15, 21. — xxx, octobre 11, décembre 2.

Boisbasset (abbé de). xviii. 1781, décembre 23.

Boishilly (abbé de). xxviii. 1785, février 24.

Boisgelin (abbé). xvii. 1781, février 3, 23.

Boisgelin de Cucé (de), archevêque d'Aix. viii. 1775, mai 18. — ix. 1776, janvier 21, février 28. — xxiii. 1783, août 25. — xxxiv. 1787, février 21 (N° 12).

Boismont (Nicolas Thyrel de), prédicateur, membre de l'Académie. i. 1762, août 30. — ii. 1766, janvier 22. — iii, mars 10. — iv. 1768, novembre 23. — vii. 1774, mai 22, juillet 31. — xi. 1778, avril 1. — xx. 1782, avril 6. — xxv. 1784, mai 11. — xxviii. 1785, mars 10, 18. — xxxiii. 1786, décembre 22. — xxxv. 1787, juin 4.

Boisgiron (Mme de). xviii. 1767 (addition), janvier 5. — xxxii. 1786, janvier 3.

Boisrobert (Mlle de) xxv. 1784, septembre 19.

Boissi (Clément de), maître des comptes. xv. 1780, avril 25, mai 4. — xxii. 1783, avril 3.

Boissier, prieur des Célestins. x. 1777, décembre 24.

Boissière, libraire de Londres. xxvi. 1784, octobre 11.

Boissimène de Compaigne (chevalier de). xxxiii. 1783, septembre 30. — xxxiv. 1787, janvier 27.

Boisson, avocat, littérateur. xviii. 1781, décembre 8.

Boitel, trésorier de France, xvi. 1762 (addition), octobre 21, novembre 7, 9.

Boivin (Mme), marchande de dentelles. iii. 1766, juillet 14.

Boizot (L.-Sim.), sculpteur. xiii. 1775, septembre 7 (Lettre i). — xi. 1777, août 25 (Lettre iii). — xix. 1781, août 25 (Lettre iii). — xxiv. 1783, août 25 (Lettre iii). — xxx. 1785, août 25 (Lettre ii). — xxxvi. 1787, août 25 (Lettre iii).

Boja, gazetier. xxi. 1782, octobre 24.

Bombelles (marquise de), née Camp. vi. 1771, décembre 13. 1772, janvier 19, juillet 26, août 1, 7, 30, septembre 1. — x. 1778, février 11.

Bombelles (vicomte de). vi. 1771, novembre 25, décembre 13. 1772, janvier 19, mai 18, juillet 25, août 1, 7.

Bompar (de), chef d'escadre. xxxv. 1787, août 12.

Bonamy (P.-Nic.), membre de l'Académie des Inscriptions et Belles-Lettres. ii. 1764, novembre 13. 1765, juillet 14, novembre 12. — v. 1770, juillet 13, novembre 13.

Boncerf (P.-F.), jurisconsulte. ix. 1776, février 25, mars 4. — xiv. 1779, avril 19.

Bonesi, musicien. xix. 1770 (addition), mai 17.

Bonfontau (marquis de). xxxiv. 1787, février 21 (N° 122).

Bonhomme (le père), cordelier. v. 1770, août 13, 17. 1771, janvier 15. — xv. 1780, mars 11.

Bonhomme de Comeyras, avocat. xxix. 1785, juillet 29. — xxxiv. 1787, février 16.

Bonichon, procureur. xxx. 1775 (addition), juin 9. — xxxi (addition), septembre 22.

Bonnafoux, voyageur. xxiii. 1783, septembre 27.

Bonnal, inventeur. ii. 1763, octobre 14.

Bonnard (chevalier de). xx. 1782, janvier 15.

Bonnelle (la), courtisane. xxi. 1782, juillet 6.

Bonnet de Genève (Ch.), philosophe et naturaliste. xxii. 1783, juin 4.

Bonnet de Boisguillaume, architecte. x. 1777, juin 10.

Bonneterie (de la), agrégé en droit. I. 1762, janvier 9, 22.
Bonneuil (Mme), courtisane. XXXIV. 1787, février 9.
Bonneval, acteur. I. 1762, janvier 30. — XV. 1765, octobre 18 — II. 1766, février 28. — VI. 1772, octobre 15.
Bonneval (Réné de), auteur lyrique. III. 1766, août 18.
Bonneville (de), traducteur. XXIII. 1783, novembre 2, 5.
Bonnier de Saint Côme. XVII. 1781, juillet 24.
Bonnières (de), avocat. XIV. 1779, juin 30, août 13. — XV. 1780, août 21. — XXII. 1783, février 11. — XXVIII. 1785, mars 10. — XXIX, juillet 17, août 23. — XXX, décembre 6. — XXXI 1786, janvier 15. — XXXV. 1787, mai 27, juillet 27.
Bontems, directeur du Musée. XXXI. 1786, janvier 4.
Bontems (Mme), veuve du valet de chambre du Roi. III. 1767, novembre 1
Bonvalet, maire d'Orléans. XXXIV. 1787, février 7.
Bonvoisin, curé XXX. 1785, octobre 24.
Boquet, dessinateur. XXVIII. 1785, avril 4. — XXXVI. 1787, août 25 (Lettre III).
Boracien (Mme). XXIII. 1783, septembre 2.
Borda (J.-Ch.), physicien et mathématicien. XXXI. 1786, avril 26.
Bordeaux, soldat. VIII. 1773, décembre 28. — XXVII. 1774, août 3, 4, 5 (addition).
Borde de Charmois (abbé). XV. 1780, août 4.
Bordes, académicien de Lyon. XVII. 1781, juin 13.
Bordenave (Touss.), chirurgien et physiologiste. XX. 1782, janvier 23, mars 14. — XXIII. 1783, novembre 12.
Bordenave (de), procureur général du parlement de Pau. XXXIV. 1787, février 21 (N° 85).
Bordeu (Théophile), médecin. IV. 1768, septembre 18. — VI. 1772, juillet 26. — XXVII. 1774, mai 17 (addition). — VIII. 1773, novembre 2. — IX. 1776, juillet 19.
Bordier, acteur. XX. 1782, mai 13.
Boré, banquier. XIX. 1770, octobre 4 (addition).
Borel, littérateur. XXX. 1785, décembre 21.

Borghi, compositeur. xv. 1780, juillet 3.

Borie, médecin. xiii. 1767, septembre 20 (Lettre iii sur le salon).

Borry (de), chef d'escadre. xxii. 1783, février 27. — xxxiv. 1787, mars 15.

Boscowick (le P. Roger-P.), mathématicien. xxi. 1782, septembre 9. — xxvi. 1784, octobre 4, 26, novembre 8. — xxxiv. 1787, mars 10.

Bosquillon, avocat. viii. 1775, juillet 4. — ix. 1776, décembre 21. — xxiii. 1783, août 8.

Bosquillon, médecin. xxii. 1783, avril 28.

Bossu, officier de marine. iv. 1768, mai 16, 23.

Bossut (abbé Ch.), mathématicien. ii. 1765, avril 17. — iv. 1768, novembre 12. — vii. 1775, mars 7. — viii. novembre 22, 26. — xviii. 1781, novembre 16, décembre 7.

Boswel (Jacques). iv. 1768, juin 24.

Botière (la), libraire de Bordeaux. x. 1777, juillet 3.

Bottineau, employé de la Compagnie des Indes. xxviii. 1785, avril 30. — xxix, juillet 28, août 20. — xxxi. 1786, mars 1.

Bouchardon (Edme), sculpteur. i. 1762, juillet 31, août 1.

Bouchaud, jurisconsulte, membre de l'Académie des Inscriptions. ii. 1764, juillet 3. 1766, février 4. — iii, octobre 17. — iii. 1767, avril 28, novembre 13. — v. 1770, avril 24. — xxv 1784, avril 20.

Boucher, horloger. xvii. 1781, juin 16.

Boucher, procureur. ix. 1776, juillet 1. — xi. 1778, mars 26.

Boucher (F.), peintre. iv. 1765, août 16, 28. — v. 1770, juin 3. — xiii. 1769, septembre 10 (Lettres sur la peinture, sculpture, etc.)

Boucher d'Argis, conseiller au Châtelet. xxxvi. 1787, décembre 7.

Boucherie, raffineur. xiii. 1779, janvier 23.

Bouchu, architecte. xxx. 1785, décembre 31.

Boudeau, procureur. xxi. 1782, octobre 16.
Boudet, avocat. vi. 1772, juin 19.
Boudet (le père), chanoine. ii. 1765, avril 29.
Boudin, peintre-doreur. vi. 1773, mars 31.
Bouffé, armateur. xii. 1778, décembre 10, 14.
Boufflers (de), officier. iii. 1766, août 8.
Boufflers (duchesse de). ii. 1764, septembre 4. 1765, juillet 23, septembre 29, décembre 8. — xvii. 1781, avril 30. — xxi. 1782, novembre 30, décembre 13. — xxv. 1784, mars 21. — xxvi, juillet 9.
Boufflers (chev. de), ii. 1765, février 20, avril 1. 1766, janvier 1, 15, février 1, 15. — iii, avril 15. — iii. 1767, janvier 1, mars 2. 1768, mars 16. — iv, décembre 17. — xix. 1770, juin 30. — v. 1771, avril 28. — ix. 1776, juin 28. — xvii. 1781, février 15. — xviii, décembre 31. — xx. 1782, janvier 17, 18. — xxv. 1784, février 22, mars 26, 29, avril 4. — xxvi, août 12 — xxvii, novembre 28. — xxviii. 1785, avril 30. — xxix, juin 6, 14, juillet 31. — xxxiv. 1787, janvier 4.
Bouffonidor, ambassadeur de Venise. xxi. 1782, août 18, septembre 8.
Bougainville (L.-Ant.), navigateur, membre de l'Institut. ii. 1764, juillet 8. — iv. 1769, mars 23, 26. — (xix addition, avril 9), juillet 10. — vi. 1772, mars 20. — vii. 1774, mars 11. — xxx (addition). 1775, juillet 2. — xxv. 1784, février 19, 23, mars 7, 17, mai 9. — xxxii. 1786, juillet 29.
Bougainville (J.-P.), membre de l'Académie des Inscript. et Belles-Lettres. i. 1763, juin 25, novembre 15, 27. — ii. 1764, février 25.
Bougault, charpentier. xxvi. 1784, juillet 9.
Bouichou, procureur. xvi. 1780, décembre 18.
Bouillé (marquis de). xviii. 1781, novembre 2. — xxxiv. 1787, février 21 (N° 43), 28, mars 8, 19.
Bouillé (de), cadet, gentilhomme, officier. xiii. 1779, février 6.

Bouillon (duc de). I. 1763, mars 30. — VIII. 1775, juillet 16, 19, 21, août 20, novembre 28. — XII. 1778, septembre 13. — XXII. 1783, avril 25. — XXV. 1784, janvier 14.

Bouillon (princesse de). XXV. 1784, janvier 14.

Boulainvilliers (de). III. 1768, janvier 20. — XVII. 1781, janvier 30.

Boulanger, ingénieur des ponts et chaussées. I. 1762, septembre 6. — II. 1765, janvier 19, novembre 2. — III. 1766, novembre 11. — V. 1770, septembre 2. — XXXVI. 1787, octobre 27, 29.

Boulenois (fils). XXXII. 1786, août 1, 16. — XXXIII, octobre 24, 29.

Boullaye (de la), maître des requêtes, amateur de musique. XIII. 1779, janvier 10.

Boullée, architecte. XXX. 1785, décembre 27.

Boullet, machiniste de l'opéra. XXXV. 1787, avril 20.

Boulogne (abbé de). XVI. 1780, décembre 30. — XVII. 1781, janvier 1, mai 26, juin 17. — XXI. 1782, octobre 23.

Boulogne (de), intendant des finances. XIII. 1773, septembre 14 (Lettre II sur le Slaon). — XXXIV. 1787, janvier 13.

Bounieu, peintre. XI. 1777, septembre 15 (Lettre II). — XIII. 1779, septembre 22 (Lettre II, III). — XV. 29. — XVII. 1781, mai 13, 17. — XIX, août 25 (Lettre I). — XXIII. 1783, septembre 21.

Bouquet, bibliothécaire. XXIV. 1772, décembre 10, 11 (addition). — XVII. 1781, avril 3.

Bouquet (abbé). VIII. 1775, août 30.

Bouquet, médecin. XII. 1778, décembre 19.

Bourbon (duc de). VI. 1772, novembre 29. — XXIV (addition), décembre 15. — XI. 1778, mars 14, 16, 19, 27. — XV. 1780, juillet 7, août 8, 15. — XVI, novembre 3, 16, décembre 1, 17, 20. — XVII. 1781, juillet 23. — XXV. 1784, mars 18. — XXXIV. 1787, février 17, 21 (N° 5), mars 4, 8, 11, avril 4. — XXXV, mai 6, 19, juin 3, 5, juillet 7. — xxxvi, octobre 27, décembre 1.

Bourbon (duchesse de). xxiv. 1773, mars 3 (addition). — ix. 1776, mars 18, mai 5. — x. 1777, septembre 24. — xi. 1778, mars 14, 16, 17. — xv. 1780, janvier 24. — xvi, novembre 3, 16, décembre 17, 20. — xvii. 1781, avril 19. — xxv. 1784, janvier 15. — xxxi. 1786, février 4. (Voyez *Prince de Condé*).

Bourbon (Mlle de), fille du prince de Condé. vi. 1771, octobre 24 — vii. 1773, août 11. — xv. 1780, août 15. — xvi, décembre 1. — xxxii. 1786, juillet 24. — xxxiii, septembre 9.

Bourbon (abbé de). xxvii. 1774, août 23, septembre 16 (addition). — ix. 1776, août 1. — xii. 1778, juillet 8. — xvii. 1781, février 22. — xxii. 1783, mars 29, mai 24 — xxxiv. 1787, mars 18.

Bourbon-Busset (marquise de). xxv. 1784, janvier 15.

Bourboulon, trésorier de la comtesse d'Artois. viii. 1775, juin 16. — ix. 1776, janvier 5, avril 18, mai 17. — xvii. 1781, mars 15, 16, 26, mai 13, 25. — xxiv. 1783, novembre 19. — xxv. 1784, janvier 17. — xxxiv. 1787, mars 5.

Bourdeilles (Jos.-Claude de), évêque de Soissons. viii. 1775, mai 10, 11.

Bourdelais, poëte. xxxi. 1786, mars 6.

Bourdic (baronne de). xxvi. 1784, juin 20.

Bourdon, lieutenant des gardes de la porte. xxvi. 1784, octobre 23.

Bourdon (Dom.), bénédictin. xxvi. 1784, juillet 22.

Bourdon des Planches, commis de financé. ix. 1776, septembre 8, 14, 26, octobre 9. — xxxi. 1786, mars 6.

Bourdonné (Dutartre de), trésorier-payeur. xx. 1782, janvier 25.

Bouret, acteur. xvi. 1769, décembre 16 (addition). — xiv. 1779, septembre 30. — xxiii. 1783, septembre 16, 20, 29.

Bouret, fermier général. ii. 1764, février 12. — iii. 176?

janvier 29. — IV, juillet 17, octobre 4. — V. 1769, décembre 6. — VII. 1773, juillet 22. 1774, juillet 18. — X. 1777, avril 11, 15.

Bourgade (Marquet de). XVII. 1781, juin 7, 8. — XXIII. 1783, novembre 1, 4.

Bourgelat, fondateur de l'école d'Alfort. IV. 1768, juillet 25. — XVIII. 1781, septembre 18.

Bourgeois (Mlle), figurante de l'Opéra. XV. 1784, avril 19, 29. — XXXI. 1786, février 9.

Bourgeois, colporteur. VIII. 1775, septembre 18, novembre 27. — IX. 1776, février 2.

Bourgeois de Châteaublanc, ingénieur, inventeur de l'éclairage des rues. XVIII. 1766 (addition), octobre 16. — IV. 1769, avril 30, juillet 25. — VI. 1773, avril 23. — VII, novembre 28. — VII. 1774, avril 5. — VIII. 1775, juillet 15. — XII. 1778, juillet 5. — XIV. 1779, août 14. — XVII. 1781, février 20.

Bourgeon, procureur. XXXIII 1786, décembre 17.

Bourgoin, greffier. XXV. 1784, janvier 24.

Bourgon, magistrat. XXII. 1783, février 16.

Bourguignon de Scintes. XX. 1782, mai 2, 6.

Bourignon (F. Marie), poète. XXX. 1785, décembre 4.

Bourlet de Vauxcelles (abbé), littérateur. I. 1763, octobre 21.

Bourse, ingénieur de la marine. XVIII. 1781, décembre 7.

Boussard, pilote-sauveteur. X. 1777, décembre 31. — XI. 1778, janvier 14, 19. — XIV. 1779, juin 14.

Boussonnet, membre de l'Académie de Montpellier. XXVI. 1784 août 19.

Bouteille, médecin. XXII. 1783, mars 12.

Bouthilier (marquis de). XXV. 1784, février 15. — XXVIII. 1785, mars 12, 13.

Bouthillier (Max.-J.), auteur dramatique. IX. 1776, octobre 3, 5. — X. 1777, janvier 14, novembre 29.

Boutin, intendant des finances. XVIII. 1768 (addition), mai 12. — IV. 1769, avril 3. — XIX (addition), août 14, octobre 16. — V. 1770, avril 9, 21. — XIX (addi-

tion), mai 1, 4. 1771, juillet 14. — VII. 1773, juin 28.
— XXXIV. 1787, février 21 (N° 59).

Boutry, sculpteur en bois. VIII. 1775, octobre 4. — XIII. 1779, août 25. (Lettre 1 sur le Salon.)

Bouvalet, avocat. XIV. 1779, avril 12.

Bouvard (M.-P.), médecin. II. 1764, juillet 16, septembre 4. — IV. 1769, mai 12. — V, novembre 17, décembre 3, 8, 24. — V. 1770, février 5. — 1771, janvier 28. — VI. 1772, avril 12. — XXIV, avril 12. — IX. 1776, juillet 18. — X. 1777, juillet 21. — XI. 1778, janvier 31. — XII, octobre 24. — XV. 1780, janvier 23. — XVII. 1781, juin 25. — XVIII, novembre 14. — XXII. 1783, janvier 23. — XXIII, août 19. — XXXIV. 1787, février 4. — XXXVI, novembre 14.

Bouvier (Anne), accusée de vol. XXII. 1786, juillet 1.

Boyer (V.-Tort.), gazetier. VIII. 1775, mai 12, juin 2. — XV. 1780, août 11. — XVII. 1781, janvier 29. — XX. 1782, avril 1, 4.

Boyer (J.-B.-Nic.) — médecin. XVIII. 1768, mars 25, avril 4, juillet 9.

Boyer, musicien. III. 1787, juin 10.

Boyer, agrégé en droit V. 1771, août 31.

Boyetet, chargé d'affaires. XXVIII. 1785, mars 25. — XXIX, mai 19.

Boynes (Bourgeois de), ministre de la marine. V. 1771, août 15. — VI. 1772, mars 20. — XXIV (addition), juin 17, octobre 23. — XXIX. 1773, mars 9. — VII. 1774, juin 28, juillet 16, septembre 26. — 1774 (addition), décembre 5. — VIII. 1775, mai 29. — IX. 1776, juillet 3. — XX. 1782, mars 25, mai 12.

Boynes (Mme de) XXVII. 1773, décembre 31.

Boynes (de), avocat du Roi au Châtelet. XXXII. 1786, mai 15.

Bradley, astronome anglais. II. 1764, mai 2.

Brainville (de), président en la cour des monnaies. XXX. 1775, août 7.

Bralle, ingénieur, mécanicien. XXXIV 1787, février 20, avril 18. — XXXVI, octobre 15.

Brancas (marquis de). xix (addition). 1769, mars 16. — xii. 1778, octobre 21. — xv. 1780, mars 14. — xxv. 1784, mars 18.

Brancas (duc de). xii. 1778, octobre 10.

Brancas (duchesse de). vii. 1773, décembre 7. — xxvii. 1774, janvier 16. — viii. 1775, novembre 12, — xvi. 1780, décembre 14.

Brebion, architecte. xvi. 1780, octobre 27.—xxxvi. 1787, décembre 17.

Brégis, jésuite. i. 1763, janvier 7, 8.

Brenet, peintre. xiii. 1767, septembre 6 (Lettre i). 1769, septembre 20 (Lettre ii). 1771, septembre 14 (Lettre iii). 1773, septembre 7 (Lettre i). 1775, septembre 23 (Lettre ii). — xi. 1777, août 25 (Lettre i). — xiii 1779, août 25 (Lettre i). — xix. 1781, août (Lettre i). — xxiv. 1783, septembre 22 (Lettre ii, iii). — xxx. 1785, août 27 (Lettre i). — xxxvi. 1785, août 25 (Lettre i).

Brequigni (L.-Geog. de), membre de l'Académie des Inscript. et de l'Académie française. iii. 1766, août 4. 1767, avril 28. — iv. 1768, décembre 6. — xxiv. 1771 (addition), juillet 8. — vi. 1772, mai 25. — xxi. 1782, octobre 3.

Bret (Ant.), critique, auteur dramatique. xvi. 1763 (addition), décembre 28. — ii. 1764, janvier 30. 1765, mai 10, juin 4, 11, août 2. — iii. 1767, février 26, avril 10. — vi. 1773, janvier 27, février 3. — viii. 1775, avril 1. — xxx (addition), avril 1. — x. 1777, juin 3. — xv. 1780, juillet 14. — xxix. 1783, octobre 1.

Breteuil (L.-A. le Tonnelier, baron de), ministre d'État. xxiii. 1783, novembre 21. — xxiv, décembre 10, 25, 31. — xxv. 1784, janvier 28, février 29, mars 27. — xxvi, mai 26, juin 24, septembre 22, novembre 8 — xxvii, 15, 18, décembre 8, 10, 31. — xxx. 1785, décembre 31. — xxxi. 1786, mars 14, avril 11. — xxxii, mai 30, juillet 4, août 6, 8. — xxxiii, octobre

4.

25, 28, 31, novembre 6, 7, décembre 27. — xxxiv. 1787, janvier 19, 22, avril 12. — xxxv, avril 24, mai 1, 13, juin 27, juillet 1, août 15. —xxxvi, septembre 12, 20, octobre 1, 7, 21, novembre 14.

Breteuil (abbé de). xvii. 1781, juillet 24, août 12.

Brétignières (de), conseiller au Parlement. xix. 1770 (addition). mai 14. — xiv. 1779, janvier 1. — xxx. 1785, décembre 29

Breugnon (comte de). xx. 1782, mai 22.

Breuzard, conseiller au Parlement. xxiv. 1772, avril 14 (addition).

Briant, peintre et sculpteur. xxvii, 1784, décembre 26.

Briard, peintre. xiii. 1769, septembre 20 (Lettre ii). — xxiv. 1772 (addition), juillet 20.

Briasson, syndic des Libraires et Imprimeurs. v. 1770, mars 13. 1771, août 18, 23, 24, septembre 7. — vi. 1773, février 13. — ix. 1776, août 15.

Briceau, artiste. xxii. 1783, avril 30.

Bridan (C.-Ant.), sculpteur. xiii. 1773, septembre 21 (Lettre iii). 1775, septembre 29 (Lettre iii). — x. 1777, mars 26. — xi, septembre 22 (Lettre iii). — xix. 1781, août (Lettre iii). — xxiv. 1783, août (Lettre iii). — xxx. 1785, septembre (Lettre iii). — xxxv. 1787, août 25 (Lettre iii).

Brienne (comte de). xxxiv. 1787, février 21. — xxxv, avril 26. — xxxvi, septembre 24, octobre 6, novembre 1, décembre 21.

Brienne (Loménie de), archevêque de Toulouse. i. 1762, mai 7. — ii. 1765, mai 29. — iii. 1766, mars 3, juillet 6. — vii (addition). 1767, novembre 7. — vii. 1774, novembre 27. 1775, février 19. — viii, mai 13 (xxx, addition, mai 21), juillet 26, septembre 15, 30, novembre 5. — xvii. 1781, mai 28, décembre 18, 19, 26 — xx. 1782, janvier 1. — xxi, octobre 13, novembre 3. — xxxiv. 1787, février 21 (N° 11). — xxxv, juillet 28, août 5, 23, 28. — xxxvi, septembre 12, 18, 26, 28, octobre 29, novembre 1, 10, 15, 16, 26, décembre 3, 5, 14.

Brionne (comtesse de). II. 1765, août 18. — IV. 1769, juillet 10. — V. 1770, novembre 29. — XXX. 1775 (addition), mars 13. — XV. 1780, février 27, avril 2. — XXIX. 1785, mai 13. — XXX, décembre 26.

Brissac (duc et maréchal de). II. 1764, février 12. 1765, mars 21. — III. 1766, mai 3. — V. 1770, juillet 5. 1771, décembre 30 — VII. 1773, juin 24. — XXVII (addition), décembre 9. 1775, janvier 14. — XVI. 1780, décembre 18, 23.

Brissard (abbé). XXXIV. 1787, février 1, mars 9.

Brisson, président. XIX. 1770, mai 17 (addition).

Brisson (Math.-Jac.), naturaliste. XXXIII. 1775, novembre 14 (addition). — XX. 1782, avril 10.

Brissot de Warville (J.-P). XXV. 1784, janvier 17. — XXVIII. 1785, février 14. — XXXIII. 1786, octobre 26. — XXXVI. 1787 septembre 27, décembre 15.

Brizard (J.-B.). acteur. I. 1762, janvier 30. — II. 1765, avril 15, 18, 20. — IV. 1768, décembre 9. — V. 1771, février 7. — VI. 1772, décembre 14, 25. 1773, janvier 13. — VII. 1774, novembre 17. — VIII. 1775, novembre 23. — IX. 1776, décembre 8. — XIV. 1779, septembre 30, octobre 18. — XXII. 1783, janvier 20. — XXV. 1784, mars 8. — XXXI. 1786, avril 2. — XXXV. 1787, mai 17.

Brodet (Mlle), anglaise. XXVIII. 1785, avril 5.

Broglie, maréchal de France. I. 1762, février 20. — VI. 1772, janvier 5. — XXVII (addition). 1774, avril 1. — VIII. 1775 (XXXII, addition, octobre 7), octobre 12, 30, novembre 18, décembre 2. — XI. 1778, mai 16. — XII, août 20, octobre 3, 19. — XIV. 1779, juin 24, 30, juillet 12, 19. — XVII. 1781, avril 16. — XXIII. 1783, août 5. — XXV. 1784, avril 9. — XXXIV. 1787, février 21 (N° 35).

Broglie (comte de), diplomate, frère du précédent. VI. 1772, janvier 5. — VII. 1773, octobre 14. —

xxvii (addition). 1774, mars 4, avril 1, 2, juillet 4.
— xiv. 1779, juillet 19, 26, 30, août 6. 8, 9, 13, 14.
— xvii. 1781, août 23 (xviii, 30), septembre 10.

Broglie (de), abbé de Saint-Michel. iv. 1768, août 14.

Brognaird, architecte. xvii. 1781, mai 6. — xxi. 1782, novembre 22. — xxiv. 1783, novembre 26.

Bronot, notaire. xvii. 1781, février 2.

Brotier (jésuite), membre de l'Académie des Inscript. i. 1763, janvier 7, 8, septembre 30. — xvi. 1780, décembre 15.

Brotier (abbé), neveu du précédent. xxxi. 1786, mars 5. — xxxiii, novembre 14.

Brou (de), intendant de Dijon. xxiv. 1783, décembre 29.

Brousse des Faucherets (J.-L.), auteur dramatique. xxvii. 1784, décembre 17. — xxxi. 1786, mars 11, 29. — xxxii, mai 14, juillet 1.

Broussonnet. xxx. 1785, novembre 12.

Brown (docteur). iii. 1766, décembre 11.

Bruc (comte de). xxv. 1784, février 28.

Brueis (chevalier). xvi. 1762, mars 14 (addition).

Bruer, marchand, mercier. xv. 1780, janvier 3, 5.

Brun (abbé), ex-oratorien. xxxi. 1786, mars 28. — xxxii, mai 1, 15, 22, 24, 29. — xxxiii, septembre 15.

Bruna (Mme), cantatrice. v. 1771, septembre 25, 27.

Brunet, avocat. xxxiv. 1787, avril 3.

Brunet (P.-Nic.), auteur lyrique. xix. 1769, août 17 (addition).

Brunoy (marquis de). iv. 1768, juin 23. — vi. 1772, juin 21, 30. — vii. 1775, février 7 — viii, avril 28, juin 4, 9. — xxx (addition), juillet 20. — ix. 1776, mai 30, septembre 1. — x. 1777, octobre 4. — xiv. 1779, avril 1, 2, juillet 23. — xvii. 1781, avril 13.

Brunswick (prince héréditaire de). iii. 1766, mai 14, 20, 24, 28. — xxxv. 1787, août 23. — xxxvi, novembre 18.

Brunville (Flandres de), conseiller au Parlement. xviii. 1781, décembre 11, 30. — xx. 1782, janvier 12, 13, 14, février 9. — xxx. 1785, décembre 7.

Bruny (de), syndic de la Compagnie des Indes. xix. 1769, juin 22.

Bruys (abbé) xvi. 1766, avril 12 (addition).

Bruys, avocat. vi. 1773, avril 5.

Bruysset, traducteur. xvi. 1765, janvier 17 (addition).

Buache (J.-N.), géographe. xx. 1782, janvier 25.

Buchoz, médecin. xxxii. 1786, juillet 4.

Bucourt (de), peintre. xvii. 1781, juillet 30. — xix (Lettre ii sur le Salon). — xxiv. 1783, août 25 (Lettre ii). — xxx. 1785 (Lettre ii).

Bucquet médecin. xi. 1778, février 1. — xv. 1780, janvier 30.

Buffart (Geneviève), xxxiii. 1786, décembre 15.

Buffaut, commissaire du conseil de l'Opéra. ix. 1776, janvier 5, avril 12, 18, mai 17. — x. 1777, mars 2, juin 5, octobre 18. — xx. 1782, janvier 23.

Buffière (Mlle de la), actrice. vii. 1774, mars 22.

Buffon (comte de). iii. 1767, mars 4. — iv. 1768, novembre 10. — v. 1771, février 16, 18. — vii. 1774, décembre 23. 1775, janvier 17, février 11, mars 4, 27. — xxx (addition), avril 28. — x. 1777, mars 29, mai 23, juin 8. — xii. 1778, juillet 1. — xiv. 1779, novembre 9, décembre 25. — xv. 1780, février 10, mars 13. — xx. 1782, février 5, avril 19, juin 1. — xxi, juillet 23, septembre 12. — xxxi. 1786, février 21. — xxxiv. 1787, avril 4. — xxxv, avril 24, juin 4. — xxxvi, décembre 10, 12

Buffon (de), officier aux gardes, fils du précédent. xx. 1782, avril 19.

Buissart, avocat. xxiii. 1783, juillet 3.

Bullionde (de), officier, littérateur. i. 1763, septembre 27

Bulté (Mme), maîtresse de Linguet xxii. 1783, mars 22. avril 7. — xxiv. 1783, décembre 17. — xxxiv. 1787, février 20.

Bulté (abbé). xxvii. 1774 (addition), janvier 11, 23.

Buncle, littérateur anglais. iii. 1766. novembre 29.

Bure (de), libraire. I. 1763, juillet 31. — XI. 1778, janvier 26. — XXIV. 1783, décembre 10.

Buret (Mlles), actrices. XVII. 1781, mai 18. — XVIII. novembre 21. — XX. 1782, mai 19. — XXIII. 1783, novembre 16.

Burigny (de), historien. XXX. 1785, octobre 17. — XXXIII. 1786, novembre 14.

Burman (baronne de). XXVII. 1784, décembre 4.

Bury (de), surintendant de la musique du Roi. I, 1762, juillet 2. — II. 1765, décembre 15.

Bury (Rich. de), historien. II. 1765, septembre 20. — III. 1766, septembre 5. — XIX (addition). 1768, juillet 29.

Busching, géographe. XXIX. 1785, juillet 4.

Busst-Putain. XV. 1780, mars 28.

Bussy (de), officier de marine. III. 1766, avril 29. 1767, août 17.

Bussy-d'Agonau (comte de). VII. 1773, décembre 20, 21. — XXIV. 1783, décembre 31. — XXXII. 1786, juin 29, 30, juillet 10, août 9. — XXXIII. octobre 24, décembre 9.

Bussy-d'Agoneau (comtesse). XXIV. 1783, décembre 31. — XXV. 1784, janvier 4. — XXXII. 1786, juin 29.

C

Cabarrus (comte F. de), financier et diplomate. XXIX. 1785, juillet 10, 14, 15, 18, août 3. — XXXII. 1786, mai 22 — XXXVI. 1787, octobre 7, décembre 15.

Cabris (marquise de). XIII. 1779, mars 12. — XVII. 1781, juillet 12. — XXII. 1783, janvier 21, 25. — XV. 1784, janvier 31, avril 19, 21, mai 5. — XXVI, septembre 20. — XXXI. 1786, janvier 21, février 16. — XXXII, mai 24, août 11, 18. — XXXIII, septembre 6, 8.

Cadet de Gassicourt, pharmacien, membre de l'Académie des sciences, etc. III. 1767, avril 29, novembre 14. — IV. 1768, avril 13. — V. 1771, avril 10. — VII. 1774, juillet 10. — XI. 1778, janvier 7 — XVIII. 1781, octobre 15. — XXVII. 1784, décembre 24.

Cadet de Senneville, avocat et censeur. XXX (addition). 1775, mars 13. —VIII, avril 28, août 26. — XX. 1782, juin 26. — XXX. 1785, décembre 26. — XXXIV. 1787, avril 27.

Cadet de Vaux, chimiste et économiste. XXI. 1782, octobre 21. — XXIX. 1785, août 28.

Cagliostro (Jo.-Balsamo prétendu comte de), célèbre charlatan. XVII. 1781, mai 12, 26, juin 7, 18, juillet 8. — XXIX. 1785, août 24, 28. — XXX, décembre 2, 4, 16, 28. — XXXI. 1786, janvier 22, février 20, 25, 26, mars 1, 7, 19, 29, 30, avril 1, 8, 11 — XXXII, mai 31, juin 1, 2, 5, 12, 17, 19, 28, 30, juillet 9, 20, 23, août 2, 6, 8, 10, 12. — XXXIII, octobre 8, 9, 23, décembre 28 — XXXIV. 1787, février 4, 15, mars 5, avril 9. — XXXV, avril 26, juillet 18, août 23.

Cahier de Gerville, avocat XXXIV, 1787, février 17.

Cahusac (L. de), auteur dramatique. I. 1762, février 4. 1763, octobre 29. — XVI. 1765, juillet 12 (addition). — XIX. 1769, juin 14 (addition).

Cailhava d'Estendoux (J.-Fr.), auteur dramatique. XVI. 1763 (addition), juillet 30. — II. 1765, septembre 25. 1766, janvier 2. 1767, septembre 14. — IV. 1769, avril 11. — V. 1771, juin 18. — IX. 1776, novembre 7. — X. 1777, juin 4, 23. — XII. 1778, août 3, décembre 15. — XV. 1780, mai 24. — XVII. 1781, août 4. — XVIII, septembre 3. — XX. 1782, juin 3, — XXI, juillet 19, 22, août 18. — XXV. 1784, janvier 1, 28. — XXX. 1785, janvier 31.

Caillard, avocat. VI. 1771, décembre 3. — XXI (addition), novembre 23. – VIII. 1775, août 30, décembre 6. — IX. 1776, octobre 8, décembre 3.

Caille, médecin. XII. 1778, décembre 18.

Cailleau, acteur. I. 1762, février 28, mars 7. 1763, mars 11. — II. 1764, janvier 3. — V. 1771, mai 9. — VI. 1772 septembre 13.

Cailly (de), auteur dramatique. V. 1770, juin 12.

Cajot, poëte. III. 1767, mai 5.

Calas (Jean). I. 1762, août 6, 15, décembre 13. 1765, août 28. — II. 1765, mai 15, août 11. — III. 1766, mars 28. — VI. 1773, février 4, 9.

Callet (Ant.-F.), peintre d'histoire. XI. 1771, septembre 9 (Lettre I sur le Salon). — XII. 1778, octobre 27. — XIII. 1779, septembre 22 (Lettre III). — XIX. 1781, août 25 (Lettre I). — XXIV. 1783, août 25 (Lettre II). — XXX. 1785, août 25 (Lettre I).

Callot (Ja.), graveur, peintre et dessinateur. III. 1766, novembre 28.

Calmer (Seifman), juif. XXVII. 1784, décembre 21.

Calonne (C.-A.-Al. de), contrôleur général. III. 1766 août 1, septembre 12, 20. 1767 (XVIII, addition, février 4), avril 22. — IV. 1769, janvier 15. — VIII. 1775 (XXXII, addition, octobre 7), décembre 2. — XXII. 1783, avril 19. — XXIII, novembre 5, 19, 20, 24. — XXIV, décembre 1, 2, 10, 22. — XXV. 1784, janvier 22, février 2, mars 27, avril 8. — XXVI, août 17. — XXVII, novembre 18. — XXVIII. 1785, janvier 11, 22, février 14, 24, mars 9, avril 1. — XXIX, juillet 2, 5, 20, septembre 2, 10, 13, 17. — XXX, octobre 7, novembre 8, 9, 10, décembre 23, 25, 26, 31 (Lettre II sur la peinture) — XXXI. 1786, janvier 1, 14, février 8, 9, 27, mars 7, 9, 13, 30, avril 3. — XXXII, juin 20, juillet 9, 13, 19, août 14, septembre 3. — XXXIII, septembre 30, octobre 15, novembre 1, 7, décembre 30, 31. — XXXIV. 1787, janvier 7, 11, 13, 15, 24, février 23, 24, 26, 27, 28, mars 8, 15, 16, 17, 18, 19, 22, 23, 29, 31, avril 3, 4, 5, 9, 10, 11, 12, 13, 14, 17. — XXXV, avril 18, 19, 20, 21, 22, 23, 24, 25, 27, mai 1, 7, 8, 9, 14, 15, 20, 21, 23, 24, 29, juin 4, 13, 28, juillet 3, 5, 6, 8, 11, 19, 22, août 1, 5, 8,

9, 10, 17, septembre 1, 2, 4, 10. — xxxvi. 12, 16, 19, 21, 24, 27, 28, octobre 2, 6, 8, 9, 15, 25, 28, 30, novembre 1, 2, 4, 6, 7, 13, 14, 15, 29, 30, décembre 7, 8, 10, 13, 14, 21, 25, 28, 29.

Calonne (abbé), frère du précédent. xxx. 1785, novembre 9. — xxxvi. 1787, octobre 9, 26.

Camargo (Marie-Anne Cuppi, dite), danseuse. xix. 1770, mai 13 (addition).

Cambini (Jo.), compositeur. xxvii. 1774, avril 5 (addition). — ix. 1776, août 4.

Cambon (Tristan de), évêque de Mirepoix. vi. 1773, janvier 23.

Cambon (président de). xxxiv. 1787, février 21 (Nº 73).

Camille (Mlle), actrice. iv. 1768, juillet 23, 30.

Camille (prince). x. 1777, février 10.

Camp (Mlle). Voyez *Vicomte de Bombelles*.

Campell, musicien. xi. 1778, janvier 22.

Campmars, ingénieur. xxvi. 1784, octobre 1, 23.

Campo-Manez (de). xviii. 1767, mai 24 (addition).

Camus (Arm.-Gast.), avocat au parl., membre de l'Académie des Inscriptions. i. 1763, juillet 20. — iv. 1768, mai 5, juillet 10, novembre 12. — xii. 1778, août 4, 8. — xxx. 1785, novembre 15.

Camus de Mézières, architecte. iv. 1769, juin 10. — xxii. 1783, avril 30.

Camus de Néville, maître des requêtes, directeur de la librairie. ix. 1776, août 2, septembre 23. — x. 1777, mars 9, 11, 14, juillet 7, septembre 7, novembre 8. — xiii. 1779, février 28, mars 15, 16. — xiv. avril 6, juin 23, 24, 30, juillet 1, 2, 5, 16, août 13. — xv. 1780, avril 16, 30, juin 11, 13. — xvii. 1781, mai 19. — xxiii. 1783, août 3. — xxv. 1784, janvier 5. — xxxii. 1786, mai 6. — xxxiv. 1787, février 21 (Nº 69).

Camuset (abbé). viii. 1775, septembre 25.

Canapick, musicien. xxiv. 1772, mai 6 (addition).

Canaye (abbé), membre de l'Académie des Inscriptions et

Belles-Lettres. xx. 1782, mars 15. — xxiii. 1783, novembre 15.

Candeau, négociant. xxi. 1782, novembre 18.

Candeille (Amélie-Julie), actrice du Théâtre français. xxx. 1765, octobre 28. — xxxi. 1786, février 3.

Candeille (F.-Jo.), compositeur. xv. 1780, juillet 30. — xxi. 1782, septembre 11. — xxix. 1785, mai 2, 4.

Canillac (de), colonel. xxi. 1782, août 21.

Canillac (Mme de), épouse du précédent. xi. 1778, mars 14.

Cannières des Landes (abbé). i. 1763, octobre 23.

Canron, secrétaire du duc de Richelieu. viii. 1775, juin 28. — ix. 1776, février 27.

Capperonnier (J.), académicien, helléniste. v. 1770, mars 28. — viii. 1775, juin 2. — xxxiii. 1775, novembre 14 (addition).

Capperonnier, neveu du précédent, philologue. xv. 1780, février 1. — xvi. décembre 8.

Capron, architecte. x. 1777, février 14, 15, 20, 22, 25. — xii. 1778, juillet 3.

Capron (Mme), nièce de Piron. vi. 1773, janvier 27.

Caprou, fameux violon. xxvi. 1784, septembre 17.

Cara, physicien. xxii. 1783, janvier 7, février 15, mai 27.

Caraccioli (L.-Ant. de, littérateur. xxiv. 1773 (addition), mars 21. — ix. 1776, février 1, avril 28, juin 13. — xiv. 1779, septembre 3. — xv. 1780, septembre 20. — xx. 1781, juin 2. — xxxv. 1787, juillet 14.

Caraman (Marquis de), amateur de jardinage. vii. 1774, juillet 23. — ix. 1776, mars 6. — xxvii. 1784, novembre 29.

Carbon de Flins. Voyez *Flins des Oliviers*.

Carbonnel, compositeur de musique. xxxvi. 1787, novembre 18.

Carbonnel, avocat. xix. 1771, mai 23 (addition).

Carbonnières, gendarme de la garde. xxxii. 1786, mai 30.

Cardon (abbé). xvii. 1781, juin 24, 25.

Cardonne (D.-Dom.), orientaliste. xxv. 1784, janvier 15.

Cardonne, musicien. xix. 1769 (addition), avril 26. — iv, mai 2. — xxiv. 1773 (addition), juillet 17.

Cardonne, courtisane. xxi. 1782, juillet 6.
Cardonnie (de la), capitaine de vaisseau. xiv. 1779, décembre 3, 24.
Carignan (prince de). xiv. 1779, décembre 27.
Carlier, avocat. xxix. 1775, janvier 27 (addition).
Carlin (C.-Ant.-Bertinazzi dit), acteur de la Comédie italienne. i. 1762, février 28. — xvi. (addition) 1763, octobre 26. — xviii. 1767 (addition), juin 29, juillet 14. — v. 1770, août 5. 1771, juin 18. — vii. 1773, décembre 13. — x. 1777, février 20. — xiv. 1779, novembre 6. — xxii. 1783, janvier 18. — xxiii. 1783, septembre 8, 10, 20, 28.
Carline (Mlle), actrice. xii. 1778, novembre 1. — — xxvi. 1784, septembre 18. — xxviii. 1785, février 22 — xxxv. 1787, juin 17.
Carmontelle, littérateur. i. 1762, mars 26. — ii. 1765, août 11. — iii. 1766, mars 28. — iv. 1768, décembre 12. 1769, juin 11. — vii. 1773, juin 28. — xiv. 1779, octobre 26, 28. — xxxvi. 1787, octobre 7.
Caron (Mlle), maîtresse du comte de Charolais. Voyez *Madame de la Sône*.
Carou, payeur des rentes. xxix. 1785, juillet 16.
Carré, valet de chambre du comte d'Artois. xxx. 1775, mai 10 (addition).
Carrère, médecin. xiii. 1779, février 4. — xiv, novembre 8.
Carrette (Étienne), charretier. xxxiii 1786, novembre 24.
Cars (Laurent), graveur. xxi. 1782, août 1.
Cartault, commis de la marine. xxvi. 1784, novembre 1.
Carter, graveur. xvii. 1781, mars 3.
Carton (Mlle), actrice. xix. 1770, mai 13 (addition).
Carville, médecin. xvi. 1762, mai 1 (addition).
Carvoisin (Mlle). Voyez *Vicomte de Courbeilles*.
Casanova (François), peintre. ii. 1765, août 28. — xiii. 1767, septembre 13 (Lettre ii, iii). 1769, septembre 20 (Lettre ii). 1771, septembre 7 (Lettre i). 1775, septembre 23 (Lettre ii). 1779, septembre 25 (Lettre iii).

— xix. 1781, août (Lettre ii). — xxiv. 1784, septembre (Lettre ii).

Cassabigy, conseiller de l'empereur d'Autriche. xxvi. 1784, août 23, 24, octobre 9.

Cassaignade, acteur. xvi. 1766, juin 23 (addition). — xix. 1770, août 31 (addition). — xxii. 1783, mai 20.

Cassini de Thury (César-Fr.), astronome. viii. 1775, novembre 4. — ix. 1776, janvier 31. — xxi. 1782, juillet 19. — xxvi. 1784, septembre 11. — xxvii, novembre 13. — xxviii. 1785, avril 6. — xxx, novembre 12. — xxxiii. 1786, septembre 29. — xxxvi. 1787, novembre 6.

Cassini (Mme de), épouse du précédent. ix. 1776, décembre 11. — xvii. 1781, février 26.

Castel-Nuovo, artiste. xxv. 1784, janvier 22.

Castellane. xxxi. 1786, février 15.

Castilhon (Le Blanc de), avocat général au parlement de Provence. ii. 1765, octobre 10. — xvi, addition 25. — iii. 1766, mars 8. — x. 1777, avril 19. — xxxiv. 1787, février 21 (N° 83), mars 5, 8. — xxxvi, décembre 5.

Castillon, littérateur. iii. 1767, janvier 16. — vii. 1774, janvier 5.

Castries (Eug.-G. de la Croix, marquis de), maréchal de France. xvii. 1781, juin 2, 12, 18, 19. — xviii. octobre 11, décembre 3, 6. — xxiii. 1783, octobre 31 xxv. 1784, janvier 14, 15, 16, 22, mars 7. — xxvi, juin 20, 21, octobre 11. — xxx. 1785, décembre 17. — xxxi. 1786, janvier 1. — xxxiii, novembre 1, 7. — xxxiv. 1787, avril 5. — xxxv, mai 11, juin 1, 21, septembre 9.

Cathala, architecte. xxi. 1782, septembre 9.

Cathuelan (comte de). xxxiii. 1786, novembre 28.

Cathuelan (de), président de Rennes. xxxiv. 1787, février 21 (N° 87).

Cathelin, graveur. xiii. 1775, septembre 29 (Lettre iii). — xi. 1777, septembre 22 (Lettre iii). — xxiv. 1783, septembre (Lettre III). — xxv. 1784, février 16. — xxxiii. 1786, octobre 31.

Caufman, interprète. xxiv. 1772, août 31 (addition).

Caumartin, ancien prévôt des marchands. xiii. 1779, mars 15. — xvii. 1781, août 25. — xx. 1782, janvier 19, 31. — xxii. 1783, mars 19. — xxiii, septembre 5. — xv. 1784, février 10.

Caumont (Mme de). xv. 1780, juillet 20.

Cavanilles (abbé). xxvi. 1784, septembre 8.

Cavalcabo (marquis de). xxv. 1784, mai 5. — xxix. 1785, juillet 29. — xxxiv. 1787, février 14.

Caveinac (de). xxvii. 1774 (addition), septembre 16. — xxxi. 1775 (addition), août 25. — ix. 1776, août 1. — xvii. 1781, février 3, 23.

Caveirac (abbé de), écrivain ecclésiastique. i. 1762, août 8, 14, décembre 28. 1763, février 11. — ii. 1764, février 23. 1765, juillet 20. — vi. 1772, septembre 22. — ix. 1776, novembre 29. — xiv. 1779, avril 15.

Cavier. (Voir *Lebel*). xxiii. 1783, juillet 26.

Caylus (duc de). xxiii. 1783, novembre 21.

Caylus (comte de), peintre, littérateur et archéologue. i. 1762, juin 6. 1763, novembre 15. — ii. 1765, septembre 6. — iii. 1766, mars 9, avril 8. 1767, avril 28

Caze (de la), président à Pau viii. 1775, novembre 11. — xxxiv. 1787, février 21 (N° 84).

Caze, maître des requêtes. xii. 1778, août 18. — xvi. 1780, novembre 2.

Cazeaux, maître des requêtes. xxvi. 1784, septembre 16.

Cazeaux, impliqué dans l'affaire du comte de Solar. xiii. 1779, mars 23. — xiv, avril 11, 23. — xv. 1780, mars 7, 9.

Cazenove, banquier. xxviii. 1785, janvier 25.

Cazot (Dom), bénédictin. ii. 1765, octobre 31.

Cécile (Mlle), danseuse de l'Opéra x. 1777, mars 18. — xi. 1778, février 17, mai 18. — xii, juin 1, 2. — xvii. 1781, janvier 11, août 20, 22.

Cellerier, architecte. x. 1777, février 26, mars 1. — xxi. 1782, août 31.

Céré (J.-N.), directeur du jardin botanique de l'Ile de France. xv. 1780, mars 16. — xxxii. 1786, mai 8. — xxxiii, septembre 18, décembre 17. 23. — xxxiii. 26. — xxxv. 1787, septembre 6, 7.

Cerutty (le père), jésuite, littérateur. i. 1763, septembre 21. — iii. 1767, mai 17. — vii. 1773, décembre 6. — xxvii (addition), 1774, janvier 16. — xxvi. 1784, mai 21, 23.

Césaire (le père), jésuite. xxvii. 1784, décembre 4. — xxviii. 1785, février 19.

César, acteur. xxxiv. 1787, mars 21.

Césary (Mme), cantatrice. xvii. 1781, février 2.

Cessart (de), ingénieur. xxiii. 1783, octobre 23. — xxvi. 1784, juillet 27. — xxxii 1786, août 21.

Chabanne (Pascal), capucin. xxiii. 1783, octobre 13.

Chabanne (de). xxiv. 1783, décembre 14.

Chabannes (comtesse de). iv. 1768, novembre 17.

Chabanon (de), littérateur, membre de l'Académie. i. 1762, janvier 20, mars 19, avril 20, novembre 12, 20 (xvi, addition, 30), décembre 7, 9. 1763, mai 23. — ii. 1764, mai 4, juin 23, juillet 2, 4, août 24, 29, octobre 28, décembre 1. 1765, avril 16, août 7, novembre 12. — iii. 1766, avril 1. 1767, octobre 22, 27. — iv. 1768, avril 9. — v. 1769, novembre 19, 24. 1770, avril 24. — vi. 1772, mars 25, 29, mai 8, 19. — xxiv (addition), juillet 19, 31. — xxvii. 1773 (addition), décembre 6, 14. — vii. 1774, février 23. — viii. 1775, septembre 15. — x. 1777, septembre 29. — xiv. 1779, novembre 15. — xv. 1780, janvier 24. — xxix. 1785, juillet 15 (Lettre ii sur le Salon). — xxxv. 1787, juin 4.

Chabanon de Maugris, frère du précédent, poëte. viii. 1775, septembre 21.

Chabans, avocat. vi. 1772, janvier 21.

Chabeaussière. Voyez *La Ch.*

Chabert (Ph.), directeur de l'École vétérinaire. II. 1764, mai 2. — XX. 1782, mai 22. — XXVI. 1784, août 26.

Chabert, lieutenant de vaisseau. III. 1766, avril 9. 1767, avril 29.

Chabot (duc de). XXXIV. 1787, février 21 (N° 31). — XXXV, juin 5.

Chabot (comte de). XV. 1780, mars 21, 23.

Chabri, littérateur. XXVIII. 1785, avril 19.

Chabrillant (comte Moreton de). XX. 1782, avril 10, 19, mai 10. — XXI, juillet 29, août 17, 19, 24, 26, septembre 20.

Chabrit (de), économiste. XXV. 1784, mars 15.

Chaillon de Jonville, maître des requêtes. VI. 1772, juillet 26. — VII. 1774, juillet 30. — XXVII (addition), août 5.

Chailly (de), directeur de la régie. XX. 1782, avril 6.

Chalabre (de). XII. 1778, octobre 1. — XXXIV. 1787, février 7.

Chaleranges (de), membre du Parlement. XIX. 1770, mai 14.

Chalier, architecte. VII. 1774, septembre 8.

Challe (Simon), sculpteur et architecte. XI. 1778, janvier 12.

Challe (Mme). XI. 1778, janvier 12.

Chalmers, littérateur. XXII. 1783, février 26.

Châlons (comtesse de). XVII. 1781, mai 28. — XXII. 1783, mars 29. — XXIII, juin 26, juillet 12. — XXV. 1784, janvier 15.

Chalotais (G.-Réné de Caradeuc de la), procureur général au parlement de Bretagne. I. 1762, avril 13, 25, juin 26, juillet 7, septembre 13. 1763, mai 13. — III. 1766, août 1, 13, septembre 3, 9. — (XVIII, addition, 16), 20, novembre 26. — XVIII. 1767 (addition), janvier 15. — III, 27. — XVIII (addition), février 4. — III, avril 22, mai 30. — IV. 1768, décembre 19, 24. 1769, janvier 15. — V. 1770, mars 21, 22, 23. — XIX (addition), octobre 3. — XIX 1771 (addition), mai 31. — VII. 1775, février

7. — VIII, août 16. — x. 1777, mars 26, 29, avril 1, juillet 5, 18, 21, 25. — xiv. 1779, octobre 28. — xxiv. 1783, décembre 10. — xxviii. 1785, février 24. - xxix, juillet 18. — xxxi 1786, février 7 — xxxiv. 1787, février 21 (N° 87).

Chalut (de), fermier général. xxxi. 1786, février 2.

Chambertrand (de), officier de marine. xv. 1780, juin 23.

Chambord (de), conseiller au parlement de Rouen. ix. 1776, janvier 14.

Chamfort (Seb.-Nicolas dit de), poëte et littérateur. ii. 1764, avril 18, 30, août 18, 24, octobre 21. décembre 21. — xvi, 1765 (addition), mai 9.— ii. juillet 26. — xvi (addition), octobre 24. — iii. 1767, juin 8. -- iv. 1769, août 18, 23. — v. 1770, janvier 28. 1771, janvier 28. — vi. 1772, mars 29. — vii. 1774 (xxvii, addition, septembre 13), novembre 23. — ix. 1776, novembre 2, 4, 9, 22. — x. 1777, septembre 29, octobre 10, décembre 13, 17, 20. — xi. 1778, janvier 1. — xv. 1780, août 11. — xvi, décembre 2. — xvii. 1781, avril 4, 5, juillet 19. — xx. 1782, mars 6. — xxv. 1784, février 14, mars 11.

Chamousset (de), inventeur de la petite poste aux lettres. xix (addition). 1769, décembre 24 — v. 1770, octobre 18. — vi. 1771, octobre 11. 1773, avril 28.

Champbonas (de). xxix (addition). 1775, janvier 15. — xxx (addition), avril 2. — viii, août 16, septembre 8. — xxxi (addition), septembre 10.

Champcenetz (le chevalier L. de), écrivain satyrique, chansonnier. xiv. 1779, septembre 28. - xviii. 1781, décembre 16. - xx. 1782, mai 25. — xxii. 1783, janvier 11. — xxiii, juillet 4, août 9. — xxviii 1785, janvier 11, 12, 16, 17, 21. — xxxv. 1787, juillet 4. — xxxvi, décembre 9, 10.

Champeaux (de), historien. xxxiii. 1786, novembre 14.

Champein, musicien. xv. 1780, janvier 27. — xvii. 1781, janvier 27, juillet 8. — xviii, novembre 28. — xx. 1782, avril 26. — xxii. 1783, janvier 11. — xxviii. 1785, février 4.—xxxii. 1786, août 19.— xxxiv. 1787, janvier 9.

Champfery (marquise de). ii. 1765, janvier 20.

Changeux (P.-N.), grammairien. xiv. 1779, juin 21. — xx. 1782, janvier 11. — xxv. 1784, janvier 22.

Chanseru, médecin. xii. 1778, décembre 18.

Chantal (Mme Fremyot de), institutrice de l'ordre de la Visitation. vi. 1772, avril 28, mai 4.

Chantoiseau (M. Rose de), directeur d'un bureau d'indications. v. 1770, janvier 3.

Chapellain (jésuite), prédicateur. xv. 1780, janvier 13.

Chappe d'Autroche (l'abbé J.), astronome. i. 1762, novembre 13. — ii. 1764, novembre 14. — iii. 1767, novembre 14. — v. 1770, mars 10, novembre 14. — xviii. 1781, septembre 20.

Chapelle (abbé la), inventeur du scaphandre. ii. 1765, août 24, octobre 14. — iv. 1768, septembre 15. — v. 1771, août 30. — xii. 1778, juillet 19. — xxiv. 1783, décembre 10.

Chapelle (de la), intendant d'Auch. xxvii. 1784, décembre 4.

Chardigni, sculpteur. xxi. 1782, septembre 5.

Chardin (J.-B.-Sim.), peintre. xiii. 1767, septembre 13 (Lettre ii). 1769, septembre 10 (Lettre i). 1775, septembre 23 (Lettre ii). — xi. 1777, septembre 22 (Lettre ii) — xiv. 1779, décembre 12, 21.

Chardini, acteur de l'Opéra. xviii. 1781, décembre 27. — xxxv. 1787, juin 9. — xxxvi, octobre 31.

Chardon, maître des requêtes. iii. 1767, décembre 29. 1768, janvier 3.

Chardon de la Rochette (Simon), philologue. xxxv. 1787, août 22.

Charette de la Colinière. iii. 1767, août 19.

Charette de la Gacherie, conseiller au Parlement de Bretagne. iii. 1767, août 19.

Charette (chevalier de), capitaine de vaisseau. xxvi. 1784, septembre 2.

Chargey (le baron de). xxvii. 1773 (addition), décembre 30. 1774 (addition), janvier 3, 5, 24, avril 7, 14.

Charlemagne, laboureur. viii. 1775, octobre 21. — xvii. 1781, février 22.

Charles, physicien, aréonaute. xxiii. 1783, août 24, 25, 28, septembre 9, 21, novembre 24. — xxiv, 30, décembre 1, 3, 4, 5, 8, 9, 14, 19 21, 22, 29, 31. — xxvi. 1784, juillet 1, septembre 27, novembre 5. — xxvii, novembre 23, décembre 30.

Charlier, militaire. xviii. 1781, novembre 11.

Charlut (de), fils du marquis de Castries, major dans la gendarmerie. xx. 1782, février 6, mai 19, 20.

Charmoy (de). viii. 1775, novembre 30.

Charost (duc de). xiv. 1779, novembre 2. — xvii. 1781, juin 19. — xxv. 1784, janvier 17, février 6. — xxvi, octobre 27. — xxxiv. 1787, janvier 26. — xxxv, juin 3,

Charpentier, cordonnier, auteur dramatique. iii. 1768, février 16.

Chartres (duc et duchesse de). Voyez *Orléans* (L.-Ph.-Joseph).

Chary. ii. 1765, juin 17.

Chassaigne (Mlle), dite Sainval, actrice. ii. 1766, janvier 17. — iii. 1767, juin 28. — xiv. 1779, septembre 30. — xx. 1782, juin 9.

Chassé, acteur. vii. 1773, juin 26. — xxxiii. 1780, octobre 28.

Chassin, portier, prix de vertu. xxix. 1785, août 25.

Chastellux (F.-J. marquis de), économiste. xix. 1770 (addition), novembre 17. — vi. 1772, octobre 16. — vii. 1774, décembre 21. — vii. 1775, février 11. — viii, avril 7, 19. — xxx (addition), avril 27, 28. — ix. 1776, septembre 30. — xi. 1778, mai 6. — xii, octobre 19. — xiv. 1779, juin 21. — xx. 1782, avril 3. — xxii. 1783, mai 18. — xxv. 1784, janvier 27. — xxvi, mars 18. — xxvii, décembre 22. — xxviii 1785, janvier 27. — xxix, juin 16. — xxxiii. 1786, octobre

26. — xxxiv. 1787, février 21 (N° 105). — xxxv, juin 4. — xxxvi, décembre 14.

Chastenet de Puységur (marquis J.-F.-Max de), lieutenant général. iii. 1768, février 5, 22. — v. 1770, août 14. — vii. 1773, août 4. — x. 1777, mai 15. — xx. 1782, mars 3.

Chastenet de Puységur (marquis Arm -Max.-Jacques) officier général d'artillerie, physicien, fils du précédent. xvii. 1781, juin 21. — xxviii. 1785, avril 18, 26. — xxx, décembre 11. — xxxi. 1786, mars 24. — xxxiv. 1787, février 19, 21 (N° 56). — xxxv, avril 22. — xxxvi, novembre 1.

Chastenet de Puységur, frère du précédent, littérateur. xx. 1782, juin 13. — xxxvi. 1787, septembre 18.

Chateaubriant (de), maître des requêtes. xxxiv. 1786, octobre 8.

Chateaubrun (de), auteur dramatique. iv. 1768, août 25. v. 1771, mai 14. — vii. 1775, février 16. — xxx (addition), avril 28. — xxxv. 1787, juin 4.

Chateaugiron (président de). iv. 1769, janvier 22. — v. 1770, mars 12. — v. 1771, août 27. — ix. 1776, janvier 27. — xx. 1782, février 18.

Châteauminois, musicien. x. 1777, avril 13.

Chateauneuf (marquis de). xxviii. 1785, février 8.

Chateauneuf (baron de). iv. 1768, juillet 5. — (xviii, addition, juillet 5), octobre 19. — xix, (addition), août 26.

Chateauneuf (Mlle), actrice. xix. 1770 (addition), août 31. — xxiv. 1772 (addition), juillet 12. 1773 (addition) août 7. — vii. 1775, novembre 5, 15.

Chateauregnault (Mme de). xx. 1782, février 22.

Châtelet (duc de). xxvii. 1774, mars 1. — xvii. 1781, mai 28. — xxix. 1785, mai 13. — xxxiv. 1787, février 21 (N° 29), mars 10. — xxxv, avril 25, août 11. — xxxvi, décembre 8.

Chatelier-Duménil. (Voir à *D*).

Châtellard (marquis de), maréchal de Camp. xv. 1780, avril 24.

Chatillon (Mme de), sous-gouvernante des enfants du comte d'Artois. xv. 1780, août 29.

Châtre (comte de la). xv. 1780, mars 8.

Chaudet (Ant.-Denis), sculpteur et peintre. xxvi. 1784, septembre 1.

Chauffepié (J.-Geo. de), ministre calviniste et prédicateur français. xxxii. 1786, août 3.

Chaulnes (duc de). iii. 1767, novembre 14. — v. 1770, avril 25. — vi. 1772, janvier 19. 1773, février 17, mars 1.

Chaulnes (duchesse de). vii. 1773, octobre 27. — xxvii. 1774, juin 30. — xxi. 1782, décembre 7.

Chaumeix (Abraham), littérateur. i. 1762, août 20.

Chaumont (Mme), auteur dramatique. v. 1771, mars 20. — xxiv (addition). 1773, juillet 4.

Chaumont (chevalier de). iv. 1768, juin 17.

Chaussée (de la), chevalier de Saint-Louis. xx. 1782, janvier 14.

Chauveau, auteur dramatique. iii. 1767, mai 6.

Chauvelin (marquis de). vi. 1772, octobre 31. — vii. 1773, novembre 24, 29, décembre 13.

Chauvelin (marquise de). iv. 1768, mai 19. — v. 1770, septembre 22. — vi. 1772, octobre 31.

Chauvelin (abbé), conseiller d'honneur du Parlement. i. 1762, mars 26, juin 14. — xviii (addition). 1767, mai 26. — v. 1770, janvier 16.

Chauvet (Mme). xxxii. 1786, mai 20.

Chavannes (de), conseiller au Parlement. xix. 1770 (addition), mai 14. — xxii. 1783, avril 17.

Chays, peintre. xxv. 1784, mai 7.

Chemeau (comte de), officier. x. 1776, janvier 21.

Chenard (Simon), acteur. xx. 1782, mars 21. — xxxv. 1787, juillet 11. — xxxvi, décembre 27, 29.

Chenaye (la), secrétaire de Lebel. xvii. 1781, août 6.

Chénier (Ma.-Joseph). xxx. 1785, novembre 15. — xxxiii. 1786, novembre 20.

Chérand (de), inspecteur des poudres. xxi. 1782, novembre 13.

Chérin (Bern.), généalogiste. IX. 1776, octobre 2. — XXIX. 1785, mai 23.

Chesnon (père et fils), commissaires au Châtelet. VI. 1772, novembre 17. — VIII. 1775, octobre 20. — XXXI. 1786, mars 18, — XXXII, mai 31, juin 12, 28, 30, juillet 9. — XXXIII, septembre 7, 17, décembre 28. — XXXIV. 1787, février 4, mars 5. — XXXV, mai 23, août 21, 23, 25. — XXXVI, septembre 13, octobre 10. décembre 10.

Chevalier (acteur). XIX (addition). 1769, mai 24. 1770 (addition), février 27.

Chevalier (Mlle), actrice. I. 1762, janvier 8, mai 20. — II. 1764, janvier 26. — XVI (addition), octobre 5.

Chevert (de), lieutenant général. V. 1771, juillet 11, 21.

Chevreau, intendant aux Iles Bourbon (suicidé). XXXII. 1786, juin 1.

Chevreuil (abbé), chancelier de l'université. XXIII. 1783 novembre 9.

Chevreuse (duc de). IV. 1769, mars 13.

Chevreuse (duchesse de). IV. 1768, avril 15.

Chevreux (Dom). XVIII. 1783, octobre 14.

Chevrier (F.-Ant.), écrivain satyrique. I. 1762, mars 5, avril 15, juillet 22, août 12, septembre 29, octobre 6. — II. 1764, janvier 13. — III. 1767, août 22.

Chifflet (président). XXXIII. 1775 (addition), novembre 12.

Chimay (princesse de). VIII. 1775, septembre 20. — XXXI (addition), septembre 26. — XXV. 1784, janvier 15.

Chocqueuse (le Caron de), maire d'Amiens. XXXIV. 1787, février 21 (N° 131).

Choiseul (duc de), ministre d'État. I. 1762, janvier 12, mai 18, juin 17. 1763, mars 11, juillet 14, août 18, novembre 24, décembre 10, 15, 31. — II. 1764, janvier 11, mars 22, novembre 26. 1765, février 21, septembre 22. — III. 1766, juillet 1, décembre 7. 1767, janvier 1, 3, février 26, mars 23, avril 5, juin 17 (XVIII, septembre 17), décembre 5. — IV. 1768, avril 11, juin 30, octobre 27. 1769, février 15, 19 (XIX, mars 8), mars 30, juin 17, août 1, 13, (XIX, 21), octobre 15. — XIX, novembre 10. — V. 1770, janvier 30, février 20, mars 9, 28, avril 11 (XIX, mai 28), juin 27. 1771, janvier 13, mai 15, août 1. — VI, novembre 2, 9. — XXI. 1772, janvier 2. — VI, janvier 26, avril 6. — VII. 1773, juillet 8, octobre 14. 1774, mars 3. — XXIX. 1775, février 14. — VII, mars 30. — XXX, mai 17. — VIII, juin 8, 17, 18, 21, 30, août 20, octobre 11, 12, novembre 12, décembre 28. — X. 1777, juillet 26. — XII. 1778, octobre 12. — XIV. 1779, décembre 22, 26. — XV. 1780, mars 2. — XVII. 1781, mai 28. — XVIII, novembre 13, décembre 30. — XXI. 1782, septembre 13, décembre 30. — XXII. 1783, janvier 1, mars 17, avril 12, 26. — XXIX. 1785, mai 8, 13, 24.

Choiseul (duchesse de). I. 1762, novembre 1. — III 1767, décembre 5. — V. 1770, avril 11. — XX. 1782, février 22. — XXIX. 1785, juin 9, 12.

Choiseul (marquis de), capitaine de vaisseau. XIX (addition), 1769, juin 16. — IV. octobre 12.

Choiseul (vicomte de), poëte. XXI. 1771, décembre 11. — XX. 1782, février 6. 1784, mars 18. — XXVI, septembre 12.

Choiseul-Gouffier (A.-Laur.), membre de l'Académie. XV. 1780, février 14. — XXI. 1782, septembre 23. — XXIII. 1783, octobre 8. — XXIV, décembre 11, 12. — XXV. 1784, février 26. — XXXV. 1787, juin 4, 16, septembre 2.

Choiseul La Beaume (comte de). II. 1765, avril 1. — XXXIV. 1787, février 21 (N° 52).

Choiseul-Meuze. XXII. 1783, février 21, 22, mars 4, avril 21. — XXXIV. 1787, février 11.

Choisy (abbé de), historien. IV. 1768, juillet 6.

Cholet de Jetphort, avocat. XXII. 1783, janvier 11.

Cholle, sculpteur. II. 1765, novembre 24.

Chouart (de). XXII. 1783, avril 17.

Chrétien (abbé), censeur. IX. 1776, décembre 15, 17. — X. 1777, janvier 14, février 5, mars 23, mai 17.

Chrétien (Joseph), sauveteur. XXXI. 1786, mars 16. — XXXII, mai 4.

Christine, avocat. XXI. 1782, septembre 24.

Chupin, conseiller au Châtelet. XVIII. 1781, décembre 14.

Churchill (Charles). II. 1764, novembre 22.

Ciaforelli, musicien. VII. 1774, juin 6.

Cicé (Champion de), archevêque de Rodez. III. 1766, mai 15. — IX. 1776, octobre 8. — X. 1777, janvier 12, avril 8, mai 3. — XV. 1780, juin 23, 30. — XXI. 1782, novembre 3. — XXXIV. 1787, février 21 (N° 14). — XXXVI, octobre 12.

Cipières (de), intendant d'Orléans. XVII. 1781, février 21. — XXX. 1785, novembre 26.

Civrac (Mme de). XXV. 1784, janvier 15.

Clairaut, académicien. II. 1765, mai 18, 24, juin 4, août 20, décembre 5. — III. 1766, juin 30, septembre 18, octobre 22. 1767, avril 19.

Clairon (Cl.-Jos. Legris de la Tude, dite Mlle), célèbre actrice. I. 1762, janvier 2, 20, 30, février 20. (XVI, addition, mars 25), juin 1, 3, juillet 10, 30, août 4, septembre 14. (XVI, addition, novembre 8, 25), décembre 6, 14. 1763, janvier 1, février 16, mars (XVI addition, 1), 8, 19, juin 21, juillet 31, août (XVI, 8), 18, 20, septembre 4, 28, octobre 1, novembre 9. — II. 1764, février 15, mars 8, mai 10, août 19, septembre 16, novembre 1. (XVI addition, décembre 10). 1765, janvier 15, 24, février 10, 12, 14, 21. — XVI, addition, mars 19), avril 5, 13, 15, 16, 18, 20, 22, 25, mai 6, juin 15, juillet 29, septembre 3, 7, 23. 1766, janvier 17, 27, février 5. — III, mars 14, 23, avril 2, 17, 28, 30, août 20, 27, octobre 5, 6. — (XVIII, addition, 31). — III. 1767, janvier 7, 15, février 6, 19, mars 17, avril 8, 25, mai 12, juin 15. — XVIII (addition), juillet 20. 1768, janvier 26. — IV, avril 28, septembre 28, novembre 10, décembre 21. — V. 1770, mars 27, avril (xix, addition, 4), 29, mai (2), 9, 23, juin 10. (xix, 13, 16, 21), juillet 18. (xix addition, 19, 30), décembre 5, 8. — vi. 1772, juin 5. — (xxiv, addition, 8), octobre 18, décembre 1. 1773, janvier 31, février 6, avril 21. — xxix. 1775 (addition), janvier 27. — viii; octobre 5, 11. — xxv. 1784, mars 8. — xxxiv. 1786, septembre 26.

Clairval (J.-B.), acteur. i. 1762, février 28. — iii. 1767, janvier 27, août 3. xviii (addition), septembre 18. — xix. 1769 (addition), décembre 12. — vii. 1773, juin 30. — ix. 1776, janvier 12, juin 13, 24, août 27. — xv. 1780, avril 5. — xvii. 1781, août 8. — xx. 1782, janvier 8, juin 13. — xxiii. 1783, juillet 22. — xxvi. 1784, novembre 4. — xxviii. 1785, mars 5.

Clamareus (abbé de). xxviii. 1785, avril 4.

Clapsien, négociant. xxv. 1784, mai 6. — xxxiv. 1787, février 14.

Claustre (abbé). xviii. 1768 (addition), juin 13. — xix, 1769 (addition), novembre 25.

Clavière (Et.), financier. xxviii. 1785, janvier 23, 25. — xxxiv. 1787, janvier 24.

Clevijo (Dom-Joseph), littérateur espagnol, traducteur de Buffon. xxxi. 1786, février 21.

Clémanceau (abbé). iv. 1769, janvier 7.

Clémence (abbé), chanoine de Rouen. xxii. 1783, janvier 15.

Clément (J.-M. Bernard), littérateur et critique. iii. 1768, août 12. — v. 1770, décembre 24. — xxiv (addition), juin 27. — vi. 1773, janvier 16. — xxiv (addition), mars 8. — vii, décembre 10. — xxvii. 1774 (addition), mars 22. — vii, novembre 23. — ix. 1776, mars 22, décembre 12. — x. 1777, février 19. — xii. 1778, juin 18. — xiii. 1779, février 12, mars 21. — xviii. 1781, octobre 24. — xxii. 1783, février 2.

Clément conseiller au Parlement. xix. 1770, mai 17 (addition). — xxx. 1775, avril 20.

Clément XIV (Laur.-Ganganelli), pape. iv. 1769, mai

14, juin 1, juillet 16, octobre 31. — v, novembre 12, décembre 7. — v. 1770, janvier 14. — vii. 1773, décembre 13. — xxvii (addition). 1774, octobre 16. — ix. 1776, février 1, avril 28.

Clément (Dom.). xxx. 1785, novembre 15.
Clément de Barville, avocat général de la Cour des Aides. xxii. 1783, février 14.
Clément de Boissy. Voir *Boissy*.
Cléophile (Mlle), courtisane. vii. 1774, avril 4. — xiv. 1779, décembre 31. — xxi. 1782, août 28.
Clercy (de). ix. 1776, janvier 8, 9, 20.
Clercy (Mme de), maîtresse de l'abbé Terray. ix. 1776, janvier 8, 9.
Clérisseu (C. L.), architecte. vii. 1773, novembre 21. — xiii. 1775, septembre 23 (Lettre ii). — xiv. 1779, juin 13. — xxi. 1782, juillet 2.
Clermont (comte de), prince du sang. i. 1762, avril 27. — iii. 1763, janvier 22. — v. 1771, juin 17, 21, 24. — vi, octobre 26. — vi. 1772, août 25. — xiii. 1773, septembre 14.
Clermont-Tonnerre (maréchal, duc de). xviii. 1767, (addition), décembre 19. — xvii. 1781, mars 23.
Clerville (Mlle). xx. 1782, janvier 5.
Cleymann (de), négociant allemand. xx. 1782, mars 23, avril 5.
Cliquot, facteur d'orgues. xviii. 1781, septembre 1.
Clodion (Michel), sculpteur. xiii. 1773, septembre 21 (Lettre iii). 1779, septembre 22 (Lettre iii). — xxiv. 1783, septembre (Lettre iii).
Clos-Dufresnoy. Voir *Dufresnoy*.
Closey (Fenouillet de), avocat. xxii. 1783, avril 12
Closier (Jeanne), rosière. xxxv. 1787, mai 3.
Clotilde de France (Mme), sœur de Louis XVI. vi. 1773, août 11, novembre 6. — vii. 1775, mars 2, 3. — viii, mai 23, juin 24, 28, juillet 14, août 13, 15, 23, septembre 2, 17. — xxxi (addition), septembre 8. — xiv. 1779, juillet 12. — xx. 1782, mai 23.

6.

Clousier, imprimeur. VIII. 1775, juillet 22.

Clugny (de), contrôleur général. IX. 1776, juin 1, août 27, septembre 29, octobre 8, novembre 8, 19. — XV. 1780, août 25. — XVII. 1781, juin 25.

Clugny (de), intendant de Brest. V. 1769, décembre 22. 1770, janvier 18.

Cluzel (du), intendant de Tours. XXIII. 1783, octobre 20.

Coaslin (Mme de). IV. 1768, décembre 20.

Cochin (J.-Denis), curé, fondateur de l'hospice Cochin. XXXII. 1786, août 7.

Cochin (C.-N.), graveur. I. 1763, août 7. — III. 1766, janvier 2. — XIII. 1767, septembre 13 (Lettre III). 1769, septembre 28 (Lettre III). — XIX (addition), octobre 10. — XIII. 1771, août 25 (Lettre III). 1775, septembre 29 (Lettre III). — XX. 1782, mars 18. — XXII. 1783, avril 14.

Cochu, avocat au conseil. XIX. 1769 (addition), décembre 19. — XVII. 1781, juin 23.

Cochu, médecin. XVIII. 1781, novembre 14.

Cocqueley de Chausse-Pierre, avocat. XIX. 1770 (addition), février 10, juillet 25. — V. 1771, août 31. — X. 1777, mars 9, 14. — XXVIII. 1785, janvier 25.

Cœur de Roi (de), premier président du parlement de Nancy. XXXIV. 1787, février 21 (N° 93).

Coger (F.-M.), professeur d'éloquence, recteur de l'Université. XV. 1780, mai 29.

Cogne, négociant de Lyon, amateur de musique. VIII. 1775, novembre 1.

Coignard, imprimeur-libraire. IV. 1768, novembre 2. — VI. 1772, juin 23.

Coigny (duc de). XXII. 1783, mars 4, 29. — XXIII, juin 26. — XXV. 1784, janvier 15. — XXXV. 1787, septembre 9.

Coigny (marquis de). IX. 1776, juin 30. — X. 1777, mars 19. — XXXV. 1787, septembre 9.

Coigny (marquise de). X. 1777, mars 23. — XXIII. 1783, juillet 12.

Coigny (comte de). xvi. 1762 (addition), octobre 5. — vii. 1774, septembre 27. — xv. 1780, février 20.

Coigny (chevalier de). xxiv. 1773 (addition), mars 3. — vii. 1774, août 23. — xxv. 1784, janvier 14. — xxviii. 1785, mars 6.

Colalto, acteur de la Comédie Italienne et auteur dramatique. xviii. 1767 (addition), juillet 14. — vii. 1774, janvier 9. – xxvii (addition), mars 18. — xvi. 1775 (addition), août 5. — xii. 1778, juillet 7.

Colardeau (Ch.-P.), poëte. i. 1762, janvier 24, mars 16, 22, septembre 4, 9, décembre 28 1763, janvier 30, avril 23, mai 6, 16, 25. — ii. 1765, août 7. — iii. 1766, novembre 8. — iv. 1768, juin 16. — vi. 1772, octobre 8. — ix. 7776, mars 3, avril 11.

Colbert (Seignelay de), évêque de Rhodes. xxxiv. 1787, février 21 (N° 17).

Colinière. Voyez *Charette*.

Collé (Ch.), poëte et auteur dramatique. i. 1762, février 13, mars 1, juillet 11, novembre 18, décembre 13, 18. 1763, janvier 25, février 15. — xvi. 1784 (addition), février 11, mars 9. — ii. 1765, juillet 18, août 4, 8. 1766, février 23. — iii, mai 14, juin 3. — iii. 1767, mars 13, juillet 2. 1768, janvier 4, février 27, décembre 12. — iv. 1769, septembre 15. — v. 1770, septembre 17, novembre 21. — xix (addition), décembre 30. — xxiv. 1772 (addition), septembre 9. — vii. 1774, juin 5, 9, novembre 15, décembre 5, 27. — ix. 1776, mars 4, 8. — xviii. 1781, octobre 17. — xxi. 1782, décembre 1. — xxiii. 1783, novembre 7. — xxxiv. 1787, mars 20.

Collé (Mlle), actrice. xvi. 1765, novembre 25 (addition).

Collenot, fils de Bourreau. xxiii. 1783, juin 27, juillet 27.

Collenot-David, fondateur d'un musée d'éducation. xx. 1782, avril 30.

Colleville (Mlle A. de Saint Léger. dame de), romancière. xxii. 1783, juin 11. — xxiii. 1783, juin 15.

Colliète, avocat. xxxii. 1786, mai 20.
Collins (Antoine), littérateur et philosophe anglais. iv. 1769, mars 24.
Colmont (de), capitaine de cavalerie. xxxii. 1786, août 24.
Colombe (Mlle), actrice. vi. 1772, septembre 13. — ix. 1776, juin 13, septembre 21. — xiv. 1779, décembre 31. — xvii. 1781, février 11. — xx. 1782, avril 18, 30.
Colombe (de Sainte), conseiller au Parlement. xxx. 1775 (addition), avril 17.
Colombeau, avocat. vi. 1771, décembre 3.
Colombet, curé. xxix. 1785, mai 2.
Colombier, médecin. xii. 1778, novembre 8, décembre 19. — xx. 1782, janvier 9.
Colonia (de), maître des requêtes. xxxii. 1786, juin 20. — xxxiii, novembre 25. — xxxvi. 1787, décembre 15.
Colson, peintre. xxxii 1775 (addition), septembre 28. — viii, octobre 18.
Combalusier (F. de Paule), médecin. i. 1762, août 26.
Combault, avocat. xxix. 1785, octobre 2.
Combe (de la), *d'Avignon*, traducteur. i. 1762, juillet 25.
Combe (Louis), architecte. xviii. 1781, août 28
Combles (de), conseiller honoraire. xxiv. 1783, décembre 22, 23, 25.
Côme (Frère), chirurgien. iv. 1768, juin 18. — vi. 1772, septembre 20. — viii. 1775, octobre 10. — xvii. 1781, juillet 10, 14, 23, 27.
Commerson, médecin, botaniste. vii. 1774, mars 14, avril 15.
Compain (Mlle), dite Desperières, actrice. ix. 1776, décembre 19. — x. 1777, janvier 9.
Compain, valet de chambre de la Reine. xii. 1778, juillet 31. — xv. 1780, mars 23.
Compan (Ch.), littérateur. xviii. 1781, novembre 3.
Compère-Laubier, négociant. xxvii. 1784, décembre 11.

Comte (Mme le). (Voyez *Sédaine*.). III. 1767, mai 18.
Comus, physicien. Voyez *Ledru*.
Comus, architecte. IV. 1769, juin 17.
Condamine (de la). Voir *La C*.
Condé (prince de). I. 1762, novembre 29, décembre 4, 17. 1763, novembre 27. — II. 1765, mai 10. — III. 1766, octobre 9. 1767, septembre 8. — IV. 1768, décembre 5, 14. 1769, février 3. — V. 1771, avril 20, mai 6, juin 21. — XXIV (addition). 1772, décembre 15. — VI. 1773, janvier 1, 31 (XXIV, addition, février 2), mai 6 (XXIV, 22), juin 21. — XXVII (addition). 1774, janvier 17, juillet 23. — VIII. 1775, juin 3, novembre 18. — IX. 1776, janvier 31. — X. 1777, juillet 29. — — XII. 1778, juillet 2, 10. — XIV. 1779, octobre 12, décembre 20, 24, 29. — XV. 1780, mai 11, juillet 7. août 8, 15. — XVI, novembre 3, décembre 20. — XVII. 1781, janvier 27, juillet 23. — XXII. 1783, mars 26. — XXIII, novembre 23. — XXV. 1784, mars 18. — XXX. 1786, mai 3. — XXXIII, octobre 31, novembre 7, 28. — XXXIV. 1787, février 17, 21 (N° 4), mars 4, 8, avril 4. — XXXV, avril 23, juin 6, juillet 7. — XXXVI, novembre 19, décembre 1, 29.

Condé (Mlle de). Voir *Bourbon*.
Condillac (Ét.-Bonnot de), philosophe. II. 1765, juin 8. III. 1767, juin 21. — IV. 1768, octobre 17, novembre 28, décembre 31. — XV. 1780, août 8, 18. — XVI, septembre 30. — XXII. 1783, janvier 10.
Condorcet (M.J.-Ant.-Nic.-Caritat, marquis de). VI. 1773, mars 18, avril 8, 22. — XXVII (addition). 1774, août 17. — VII. 1775, février 11, mars 7. — VIII, mai 14, juillet 7 (XXX, addition, août 4), novembre 17. — — IX. 1776, avril 10, 16, juin 7, 18. — XIII. 1779, janvier 17. — XVIII. 1781, novembre 16, décembre 13. — XX. 1782, janvier 11, février 22, 27, avril 10, juin 24. — XXI, août 2, septembre 2, novembre 13. — XXII. 1783, février 27, avril 29, 30. — XXIII, novembre 12, 25. — XXV. 1784, février 26, avril 20. — XXVI, sep-

tembre 7, 10. — xvii, novembre 13 — xxviii. 1785, avril 6. — xxix, juillet 25 — xxx, novembre 12, décembre 2. — xxxi. 1786, janvier 4, mars 19, avril 26. — xxxii, juin 9, 11, 21, 25, août 7, 25. — xxxiii, septembre 25, novembre 15, 26, décembre 7 22, 28. — xxxiv. 1787, février 8, 10, 11, avril 18. — xxxv, mai 18, juillet 27. — xxxvi, octobre 20, novembre 14, décembre 10.

Contades (maréchal de). ii. 1764, janvier 17. — xxxii. 1786, juin 25. — xxxiv. 1787, février 21 (N° 34).

Contat (Louise), célèbre actrice de la Comédie française. xxxv. 1787, mai 5, septembre 6. — xxxvi, septembre 19, octobre 28.

Contat (Louise) actrice du Théâtre français. xiv. 1779, septembre 30, décembre 31. — xvi. 1780, décembre 13. — xviii. 1781, novembre 24. — xxviii. 1785, janvier 17, 30. — xxx, novembre 4, 6, 23, décembre 8. — xxxiii. 1786, septembre 12, 24, novembre 6. — xxxiv. 1787, février 20.

Contat (Mlle Mimi), actrice. xxx. 1785, décembre 8.

Content (Mme). xviii (addition). 1767, août 11, 18.

Conti (Louis-Franc., prince de). i. 1762, juin 14, 20. 1763, mai 22. — ii. 1764, janvier 3, décembre 18. 1765, décembre 7, 18. — xviii (addition). 1767, septembre 17. — iv. 1768, mai 5, juin 27. 1769, juin 11, août 19. — v. 1771, mars 23, 26, juin 6. 1772, décembre 9. — xxiv (addition). 1773, mars 6. — xxvi, décembre 3. — vii. 1774, mars 9. — viii. 1775 (xxx, addition, mai 1), mai 31, juin 7, octobre 26, novembre 2, 25, 30, décembre 4, 29. — ix. 1776, janvier 31, février 3, 10, 18, mars 3, août 6, 10, 25. — x. 1777, janvier 28, avril 2, mai 5, juillet 27, septembre 5.

Conti (L.-F.-Joseph., prince de), fils du précédent. xxxiv. 1787, février 21 (N° 6), mars 4. — xxxv, avril 25, 28, juin 3, 10. — xxxvi, novembre 19.

Conti (princesse de), grand-mère. viii. 1775, mai 28.

Conti (princesse de). iii. 1767, juillet 1. — iv. 1769,

avril 16. — v. 1771. — viii. 1775, novembre 30, décembre 4. — xxv. 1784, janvier 15.

Conti (abbé). ii. 1765, juillet 16, novembre 26.

Conti (le père), théatin. ii. 1765, décembre 27.

Constantini, négociant de Corse. xxxiii. 1786, septembre 16, 18.

Contou, serrurier. xxiii. 1783, novembre 17.

Convers Désorineaux, avocat. xviii. 1781, novembre 18.

Coquebert de Montbret, consul. xi. 1777, septembre 15 (Lettre ii).

Coquereau, avocat. ix. 1776, juin 10.

Coquereau (C.-J.-L.), médecin. x. 1777, avril 8. — xii. 1778, octobre 26, novembre 10, décembre 19.

Coraline (Mlle), actrice, maîtresse du prince de Conti. viii. 1775, décembre 4. — xx. 1782, février 14. — xxiii. 1783, septembre 8.

Coraly, arlequin des Italiens. x. 1777, février 20. — xxvi. 1784, juillet 17.

Corancés, commis aux fermes. xi. 1778, janvier 7. — xii, novembre 5.

Corberon (président de). xxix. 1785, août 29.

Corbin (le père), instituteur du Dauphin (Louis XVII). xxxiv. 1787, avril 8. — xxxv, juillet 4.

Corbin, cocher. xvii. 1781, juillet 24.

Cordier, acteur et auteur dramatique. xvi. 1762 (addition), mars 17, 20, 25, avril 24.

Cordier de Montreuil, président à la cour des Aides. viii. 1775, juillet 16.

Cordoba é Laso (Dom Antonio), capitaine de vaisseau. xxxii. 1786, juillet 29.

Corgne de Launay (abbé le), grand-vicaire. iv. 1768, décembre 30. — xviii. 1781, décembre 23.

Cormèrai (baron Maby de). xxv. 1784, janvier 9. — xxvi, avril 17. — xxxiv. 1787, mars 17.

Cormière (de). ii. 1763, juin 30.

Corneille (Marie-Ang.), meunière, descendante de Corneille. xxxv. 1787, juin 15, août 1.

Corneille (Mlle), nièce du grand Corneille. I. 1762, mars 13, juillet 5. 1763, février 2, 26. — III. 1768, mars 8. — X. 1777, juin 17.

Cornillon (de), major des Gardes. II. 1764, février 1. — XXXIII. 1786, octobre 20.

Corset (père), jésuite. XXII. 1783, janvier 1.

Cortez (de), peintre. XIII. 1779, août 25 (Lettre I). — XIX. 1781, août 25 (Lettre II).

Cossé (duc de). XIII. 1775, septembre 14 (Lettre II). — XXII. 1783, juin 5. — XXVI. 1784, juillet 6.

Cossé (duchesse de). VIII. 1775, septembre 20. — XVI. 1780, décembre 14.

Cosson, II. 1764, novembre 15.

Costar libraire. XX. 1782, janvier 26.

Coste, médecin. XIX. 1769 (addition), août 21.

Coste (de). II. 1764, septembre 6.

Coste d'Arnobat. Voir *Arnobat*.

Coster (abbé), jésuite, prédicateur français. XV. 1780, février 23.

Coster, 1er commis du contrôle général. XXIII. 1783, novembre 20, 22.

Coster (Mme, née Valayer), peintre. XIX. 1770 (addition), août 25. — XIII. 1771, septembre 14 (Lettre III). 1773, septembre 14 (Lettre II). 1775, septembre 23 (Lettre II). — XI. 1777, septembre 15 (Lettre II). 1779, septembre 25 (Lettre III). — XXIV. 1783, septembre (Lettre II). — XXX. 1785, septembre (Lettre II).

Costou, peintre. XI. 1777, septembre 22 (Lettre III).

Cotte (de), conseiller au Parlement. XV. 1780, août 19.

Cotton des Houssayes, bibliothécaire de la Sorbonne. XXIII. 1783, août 30.

Courcelles, acteur. XXVIII. 1785, février 12, 22.

Coudray (chevalier du), auteur dramatique. VIII. 1775, avril 19. — X. 1777, mars 4. — XII. 1778, juillet 27. — XIV. 1778, juillet 1.

Couëdic (Mme du). XVII. 1781, mars 3. — XX. 1782, mars 5.

Couët-Losquet, évêque de Limoges. xxv. 1784, mars 22.

Coulanges (Mlle de), maitresse du prince de Beaufremont. xxv. 1784, mars 18.

Coulon, abbé. ix. 1776, juin 7.

Coulon de Thévenot, inventeur de la tachygraphie. xxxii. 1786, août 9.

Cournand (abbé, Ant. de), littérateur. xxxiii. 1786, novembre 14, décembre 16.

Couronne, magistrat. xxii. 1783, avril 13.

Court de Gébelin (Ant.). xiv. 1779, octobre 2. — xv. 1780, février 14. — xvi, décembre 1. — xvii. 1781, février 24. — xviii, décembre 7. — xx. 1782, mars 10. — xxi, décembre 7. — xxiii. 1783, juillet 27, août 7, 9, septembre 1. — xxv. 1784, janvier 1, 28, mai 15. — xxvi, juin 5, juillet 18, septembre 30. — xxx. 1785, décembre 18.

Courtanvaux (marquis de). iii. 1767 (xviii, addition, mai 14), novembre 14. — iv. 1768, juin 8. — xvii. 1781, juillet 9.

Courtebonne (Mme de). xiv. 1779, décembre 24, 29. — xxxi. 1786, mars 14.

Courtin, avocat. xxi. 1782, juillet 4, 6, 7. — xxii. 1783 mai 9. — xxiii, juillet 6, 16, août 8, 15. — xxv. 1784, mars 10. — xxxi. 1786, mars 28. — xxxii, mai 1, 15.

Courtin (chevalier), officier de Dragons. xxviii. 1785, mars 27, 28.

Courtivron (marquis de), mathématicien, membre de l'Académie des sciences. xxx. 1785, octobre 30. — xxxi. 1786, avril 26.

Courtois, peintre en émail. xiii. 1775, septembre 14.

Courtois de Minut, maître des requêtes. xxviii. 1785, mars 24.

Courtrat, poëte. i. 1762, avril 5.

Courville (Mme de, née Gillet), maîtresse du prince de Montbarrey. xxx. 1785, décembre 4, 14. — xxiv. 1787, janvier 6.

Courville, acteur. xiv. 1779, septembre 30.

Cousin, prévôt de Saint-Germain en Laye. xxxi. 1786, mars 18.
Cousin Jacques (le). Voyez *Beffroy de Reigny*.
Cousineau, musicien. xviii. 1781, décembre 8.
Coustain (comtesse de). xvii. 1781, juillet 24, 25.
Coustou (N.), sculpteur. iv 1769, mai 21, juin 5, 8.
Coutanceau, chirugien. xxxii. 1786, mai 6.
Couteau (Pierre), maître de langues. xxix. 1785, juillet 19.
Couture, architecte. xii. 1778, juillet 26. — xiv. 1779, septembre 22. — xxii. 1783, juin 6. — xxix 1785, août 19.
Couturier (abbé). iv. 1769, août 31. — v, novembre 8, décembre 10.
Couturier, commis. xxi. 1782, août 10, 12.
Coyer (abbé Gab.-Fr), littérateur. xvi (addition). 1763, juin 16. — ii. 1764, mars 24. 1766, février 25. — iii, décembre 23. iii. 1767, mai 25, juin 16, octobre 4. — iv. 1768, août 22. — xix (addition), septembre 19. — ix. 1776, juillet 2. — x. 1777, juin 18. — xxi. 1782, juillet 21.
Coypel, peintre du roi. i. 1762, juin 6.
Cozette, artiste de la savonnerie. xiii. 1769, septembre 20 (Lettre ii). 1775, septembre 7 (Lettre i). — x. 1777, mai 3.
Cramer, libraire à Genève. ii. 1764, septembre 27.
Crassou, docteur en droit. ii. 1765, mars 2, mai 5.
Crébillon (Prosper-Jolyot de), poète tragique. i. 1762, février 11, 15, avril 27, juin 18, juillet 1, 6, 7, 10, 15, août 18. — (xvi, addition, juillet 23), novembre 30, décembre 1. 1763, mars 5, avril 30. — xxv. 1784, février 26.
Crébillon (Cl.-Prosp.), fils du précédent, romancier. i. 1762, juillet 1. 1763, juillet 6. — vii. 1774, septembre 23. 1775, janvier 17, 30, avril 6. — ix 1776, septembre 6. — x. 1777, janvier 5, avril 14.
Creites. inventeur. xvii. 1781, mars 12.

Crenay (comtesse de) xxv. 1784, janvier 15.
Crénolles (marquis de). xii. 1778, octobre 26.
Crépeaux (Mlle), danseuse à l'opéra. xv. 1780, juin 26.
Crequi (famille de). xiv. 1779, novembre 1. — xv. 1780, février 7, 9, mars 20, juillet 21, août 21. — xxix. 1783, mai 1.
Creveir. ii. 1764, janvier 5. 1765, décembre 3.
Crignon de Bouvalet, maire d'Orléans. xxxiv. 1787, février 21 (N° 133.)
Crillon (duc de). xvii. 1781, juillet 7, août 18. — xx. 1782, avril 22. — xxi, octobre 10. — xxii. 1783, février 16, 18. — xxiii, octobre 17. — xxv. 1784, avril 13.
Crillon (abbé). xiv. 1779, juin 11, 19. — xx. 1782, avril 22.
Cristin, avocat. ix. 1776, mars 4.
Croix d'Heuchin (marquis de). xxxiv. 1787, février 21 (N° 16).
Cromot-Dubourg, surintendant du comte de Provence. iv. 1768, juillet 30. — vii. 1774, octobre 24. — viii. 1775, avril 30, — ix. 1776, septembre 21, 29. octobre 8, 14, — xv. 1780, juin 18. — xxxiii. 1786, octobre 9, 17.
Crosdill, musicien. xxvi. 1784, août 16.
Croy (prince de). xxxiv. 1787, février 21 (N° 30). — xxxv, juin 3.
Croy (princesse de). xxvi. 1784, juillet 9.
Crozat (marquis de), amateur de tableaux. vi. 1771, décembre 11.
Crussol (famille de). vii. 1774, septembre 23. — ix. 1776, novembre 17, 18. — xi. 1778, mars 16, 17. — xvii. 1781, février 17.
Crux, acteur. xv. 1780, août 29.
Cubières (chevalier de), littérateur. ix. 1776, octobre 31. — x. 1777, janvier 16. — xvi. 1780, octobre 26. — xxvi. 1784, octobre 14, 15. — xxviii. 1785, avril 28. — xxix, juillet 2. — xxxi. 1786, janvier 19. — xxxv. 1787, avril 25, septembre 8.

Cucé. Voyez *Boisgelin.*
Cuinet d'Orbeil, auteur dramatique. xvii. 1781, août 20.
Cumberlan poëte. xxii. 1783, février 19.
Curieu (de), militaire. xxv. 1784, mars 28.
Czartorinska (princesse de). xxix. 1785, mai 12.

D

Daaty, fabricant. xxix. 1785, septembre 2.
Dacier (And.), philologue. vi. 1772, avril 8. — xxxiii. 1775, novembre 14. — xxi. 1782, décembre 30. — xxii. 1783, avril 29. — xxiii, novembre 15. — xxvi. 1784, novembre 12. — xxviii. 1785, avril 5. — xxx, novembre 15. — xxxi. 1786, avril 25. — xxxiii, novembre 14. — xxxiv. 1787, avril 17. — xxxv, septembre 8. — xxxvi, novembre 13.
Dagoty. Voyez *Gautier-Dagoty.*
Dagou, officier du prince de Condé. xiv. 1779, décembre 20, 24, 29.
Daguesseau, avocat général. viii. 1775, juillet 27, août 1, 19. — ix. 1776, juillet 31, décembre 3. — x. 1777, octobre 23. — xxiii. 1782, juin 27, juillet 10. — xxxv. 1787, septembre 6. — xxxvi, décembre 10.
Daguesseau (chevalier), lieutenant-colonel. xxiv. 1772, septembre 22.
Daguin, auteur du Censeur. i. 1762, février 8.
Dailly, commis des finances viii. 1775, novembre 8.
Dairolles (Bertrand), négociant, négociateur de Beaumarchais. vii. 1773, novembre 27. — xxvii. 1774, janvier 15, février 16, avril 1 (addition).
Daisné, maître des requêtes. iii. 1767, décembre 3. — xviii. 1781, décembre 16. — xxiii. 1783, novembre 14. — xxx. 1785, novembre 26.
Dalainville, acteur. xix. 1769 (addition), juillet 3, 4. 1770 (addition), février 27.
Daleyrac. Voyez *Aleyrac.*

Damade (Beller). XI. 1778, février 11, mars 24, 30, avril 14, 17, 20. — XIV. 1779, juin 6. — XVIII. 1781, septembre 2.

Damesaque, prix de vertu. XXIII. 1783, août 25.

Damiens, régicide. I. 1762, février 17.

Damilaville, correspondant de Voltaire. II. 1764, octobre 4. — IV. 1769, janvier 10.

Dampierre (comte de). XXV. 1784, janvier 22.

Dampierre (de), directeur de la régie. I. 1763, avril 20, mai 1.

Dampierre d'Hornoy (de), neveu de Voltaire (président). XV. 1780, mars 13.

Dancourt (Florent-Carton), acteur et auteur dramatique. I. 1762, août 8. 1763, novembre 22.

Dancourt, fermier général. III. 1766, avril 23. — XXXIV. 1787, janvier 11.

Dandasne, avocat. XX. 1782, mai 13. — XXXI. 1786, janvier 26.

Dandré-Bardou, professeur de l'Académie Royale de peinture. II. 1765, août 12.

Dangé, fermier général. VI. 1772, octobre 30. — X. 1777, mars 9, 23.

Dangé, neveu du précédent. X. 1777, mars 9.

Dangeville (M.-Anne Botot), célèbre comédienne. I. 1762, janvier 30, octobre 16, novembre 29. — XVI (addition) 30. 1763, février 17, mars 5, 14, 16, juin 23, 27, 28. — II. 1764, septembre 23. — XVI. (addition), 1766, juillet 2. — III. 1767, septembre 14. — IV. 1768, août 17, septembre 18. — V. 1770, juillet 6. — XIX (addition), juillet 6. — XXX. 1785, novembre 16.

Dangeville (Botot), acteur. I. 1762, janvier 29. — XXXIV. 1787, février 17.

Dangi, avocat au conseil. XXI. 1782, août 10, 12.

Dangui (Mlle), actrice. XVIII. 1767 (addition), août 11, 18.

Danouilh, espion. XXVI. 1784, octobre 11.

Danré, seigneur de Salency. XXVII. 1774 (addition), août 27, 30.

Dansse de Villoisin (J.-B.), célèbre helléniste. vi. 1771, décembre 27. — xxiii. 1783, octobre 31, novembre 15. — xxxvi. 1787, novembre 13.

Dantzi (Mlle), cantatrice. x. 1777, mars 19, avril 1, 8, 25, 27. — xiv. 1779, avril 6.

Danvilles. (d') Voyez *Anville* (d').

Dâpre (Dom), bénédictin. xxiii. 1783, octobre 10, novembre 8. — xxvi. 1784, juillet 22.

Daquin de Chateaulyon. Voyez *Aquin* (d').

Darcet (J), chimiste. xii. 1778, octobre 24.

Darcy, compositeur de musique. vi. 1772, avril 2.

Darigrand, avocat, littérateur. ii. 1764, janvier 6. 1765, décembre 6. — v. 1770, avril 6. — xix (addition), août 1, 3, 6. — vi. 1771, octobre 12.

Dassy, avocat. xi. 1778, janvier 5, 12, février 7.

Daubenton (L.-J.-Ma), naturaliste iv. 1768, avril 13. — v. 1769, novembre 15. — xviii. 1781, décembre 6. — xx. 1782, avril 10. — xxv. 1784, avril 21. — xxvi. août 17. — xxviii. 1785, janvier 19, avril 6.

Dauberval (J.-Berchet, dit), danseur de l'Opéra. ii. 1764, août 28. 1765, avril 15, 16. — xix. 1768 (addition), octobre 4, — xix. 1769 (addition), juin 14. — xix. 1770 (addition), septembre 11, décembre 31. — vi. 1772, juin 14 (xxiv, addition, juillet 12), juillet 23. — vi. 1773, mai 4.— xxiv (addition), juillet 17. —vii, septembre 23. — xxvii, décembre 11.— vii. 1774, janvier 21, 30. — xxvii (addition), mars 20, avril 11, 29.—ix. 1776, janvier 25, mars 29. — x. 1777, janvier 11, décembre 4. — xii. 1778, juin 14. — xv. 1780, mars 6. -- xxi.1782. juillet 31, août 29. — xxii. 1783, avril 22. — xxiii, septembre 17. — xxix. 1785, août 29. — xxxi. 1786. février 13. — xxxiv. 1787, mars 19.

D auberval (Mme). Voir *Théodore* (Mlle).

Daubonne, poëte xxviii. 1785, mars 14.

Daudet de Jossan, littérateur. xiv. 1779, octobre 18. — xxv. 1784, mars 18. — xxxv. 1787, mai 20, 25, juin 10, juillet 6, août 24. —xxxvi, septembre 11,

Daumer, chargé du commerce des Blés sous l'abbé Terray. xxx. 1775 (addition), mai 7, 19, 28, juin 22.

D'auvergne, compositeur de musique. I. 1762, juillet 27, octobre 12. 1763, janvier 11. — xvi. 1765 (addition), septembre 26. — iii. 1767, janvier 6. — iv. 1768, avril 27. (xviii, addition, avril 25), mai 6, novembre 11. — vi. 1772, juin 14. — vii. 1773, novembre 14. — xiii, septembre 21 (Lettre iii). — xxiv (addition), novembre 10. — xv. 1780, mai 29, juin 10. — xx. 1782, avril 6. — xxviii. 1785, avril 4.

Dauxiron, ingénieur. x. 1777, février 14. — xii. 1778, juillet 30.

Davaux (J.-B.), compositeur, surnommé le père aux Rondeaux. xxxiii. 1785, avril 29.

David (Ja.-L.), peintre. xviii. 1781, août 28, septembre 29. — xix. 1781, août (Lettre i). — xxiv. 1783, août 25 (Lettre i) — xxx. 1785, août 25 (Lettre i). — xxxvi 1787, août 25 (Lettre ii).

David, chanteur. xxviii. 1785, mars 22, 30. — xxxi. 1786, août 17. — xxxii, mai 8.

Davice (Mlle), cantatrice. xi. 1778, février 5.

Dazincourt (J.-J -Albouy, dit), acteur. xiv. 1779, septembre 30. — xxv. 1784, février 28. — xxxvi. 1787, septembre 23.

Deboulmiers (J.-Aug.-Julien, connu sous le nom de), littérateur. xvi (addition). 1763, février 19. 1765 (addition), novembre 20.

Debrosses, compositeur de musique. xvi (addition). 1765, février 19, mai 23.

De Bure. Voyez *Bure*.

Deffant (marquise du). iii. 1767, décembre 5. — iv. 1768, avril 16. — vii. 1774, janvier 11.

Deforges, ingénieur. xviii (addition). 1769, août 10.

Deforis (Dom), bénédictin xiii. 1779, janvier 4, 7.

Degaulle, ingénieur de la marine. xxviii. 1785, avril 28. — xxxi. 1786, avril 26. — xxxiv. 1787, avril 18.

Dehérain, notaire. xx. 1782, février 13. — xxi. Octobre 16.

Dejoux (Cl.), sculpteur, élève de Coustou. xiii. 1779. septembre 22 (Lettre iii). — xix. 1781, septembre 24 (Lettre iii). — xxiv. 1783, septembre 22 (Lettre iii). — xxx. 1785, septembre 28 (Lettre iii).

Delacroix, professeur de mathématiques. xxxiv. 1787, avril 18.

Delaistre, sculpteur. xxx. 1785, septembre (Lettre iii). — xxxvi. 1787, aout 25 (Lettre iii).

Delamalle, avocat. xv. 1780, mai 5, juillet 5. — xxii. 1783, février 18.

Delatour (Maurice-Quentin), peintre. xiii. 1767, septembre 20 (Lettre iii). 1769, septembre 20 (Lettre ii). — xxiii. 1783, octobre 6. — xxvi. 1784, octobre 3.

Delaulne, avocat. vi. 1772, février 23, mars 9. — xxxii. 1786, août 29. — xxxiv. 1787, janvier 11, février 3, 25, mars 4, 11.

Delfin, horloger. vii. 1774, décembre 23.

Delille (abbé), poëte. i. 1762, novembre 28. — ii. 1765, octobre 15. — iv. 1768, août 20. — xix. 1770, février 9 (addition). — vi. 1772, mai 8, 10, 13, 25, juillet 6. — vii. 1774, mars 17, 25, mai 4, juillet 6. — xxx (addition). 1775, mai 19. — x. 1777, juin 8, 15. — xvi. 1780, novembre 17. — xvii. 1781, janvier 26. juin 17. — xx. 1782, février 22, juin 7. — xxi. 1782, août 30, septembre 4, décembre 23. — xxiii. 1783, juillet 1. — xxv. 1784, février 14, 26. — xxix. 1785, août 8. — xxx, octobre 18. — xxxi. 1786, avril 27. — xxxiv. 1787, janvier 31. — xxxv, juin 4. — xxxvi, novembre 10.

Delisle (Jo.-Nicolas), astronome, fondateur de l'observatoire de Saint-Pétersbourg. iv. 1768, septembre 15. — v. 1769, novembre 15. — vii. 1774, juin 13.

Delisle, capitaine de dragons, poëte. vii. 1774, août 23.

Delisle, manufacturier. xxv. 1784, mars 4.

Delisle de Sales (Cl.-Isoard, dit), littérateur. v. 1770.

novembre 23. — viii. 1775, décembre 16. — ix. 1776, février 22, décembre 15, 17. — x. 1777, janvier 14, 29, février 5, 21, mars 23, avril 11, 23, mai 17.

Delolme (J.-L.), publiciste. vi. 1771, novembre 11. — xxvi. 1784, août 2.

Delpech, marchand. ix. 1776, juillet 7, décembre 22.

Delpéche, avocat. xxxii. 1786, août 24.

Demarcy (Mlle), courtisane. xiv. 1779, décembre 31. — xxi. 1782, juillet 6.

De Marne (J.-L.), peintre. xxiv. 1783, septembre 22 (Lettre ii). — xxx. 1785, septembre 22 (Lettre ii). — xxxvi. 1787, août 25 (Lettre ii).

Demarteau (Gilles), graveur. xiii. 1767, septembre 20 (Lettre iii). 1769, septembre 28 (Lettre iii). 1771, septembre 15 (Lettre iii).

Demétrius-Commène (comte). xxi. 1782, août 11.

Denis (Mme), nièce de Voltaire. iii. 1768, mars 8, 14, 30, avril 28. — iv. 1769, octobre 11. — vii. 1774, février 24, décembre 22. — viii. 1775, mai 22. — xxx (addition), juillet 6. — ix. 1776, septembre 5, 15, novembre 8. — xii. 1778, juin 16, juillet 27, décembre 1, 6. — xiv. 1779, mai 15. — xv. 1780, janvier 27, 29. — xvi, octobre 2. — xxii. 1783, avril 10, mai 31. — xxiii, juin 29, août 12.

Denuel, courtier de change. xxi. 1782, octobre 11.

Dériaux, auteur dramatique. xxxii. 1786, septembre 1. — xxxiii, septembre 15, 19, 20.

Dervieux (Mlle), actrice. xviii (addition). 1767, décembre 6. — xix (addition). 1770, octobre 17, décembre 28. — xxiv (addition). 1771, mars 24. — xxiv (addition). 1772, août 26 — vii. 1775, mars 25. — ix. 1776, février 24, 25. — xiv. 1779, décembre 31.

Desaides, compositeur de musique. vi. 1772, septembre 29. — vii. 1773, juin 15, octobre 5. — x. 1777, mai 24, octobre 11, décembre 6. — xv. 1780, février 25, 28, mai 8. — xvii. 1781, janvier 19. — xviii, novembre 9. — xx. 1782, janvier 12. — xxi, août 25, septembre

8, 11. — xxii. 1783, mai 26, 29, juin 2, 8. — xxiii, 29, 30, juillet 6. — xxviii. 1785, janvier 19. — xxxi. 1786, janvier 19. — xxxiv. 1787, avril 18.

Desaides (Mlle). xviii. 1781, novembre 9.

Desaignes, gendarme. xxvi. 1784, août 8, 11, septembre 29, octobre 4, 6.

Desaignes, frère du précédent, contrôleur général de Clermont. xxix. 1785, mai 2.

Desaint (Vve), libraire. xii. 1778, août 22, 24. — xvii. 1781, février 11. — xxviii. 1785, mars 10.

Désaugiers (Marc.-Ant.), compositeur de musique. xv. 1780, juin 15. — xvi, septembre 27, octobre 4. — xxi. 1782, août 7.

Désaulges, père et fils, libraires. xxxi. 1786, février 11, 26, avril 5. — xxxii, juin 2.

Desault, chirurgien. ix. 1776, septembre 2.

Desbœufs, architecte. xvi. 1765 (addition), septembre 12.

Desbrosses (abbé). xviii. 1767, juin 20 (addition).

Desbrugnières, exempt de police. xxiv. 1773 (addition), août 22. — xiv. 1779, mai 1. — xxix. 1785, mai 31, juillet 18. — xxxii. 1786, juin 28, 30.

Descamps (J.-B.), peintre et écrivain. iii. 1765, avril 4.

Descarsins (Mlles Caroline), musiciennes. xxviii. 1785, mars 7. — xxxii. 1786, mai 31, — xxxiii, décembre 31.

Deschamps (Mlle), musicienne. xxiv. 1773 (addition), octobre 29.

Deseine (L.-P.), sculpteur et écrivain. xix. 1785, septembre 28 (Lettre iii).

Deseine, sourd-muet. xxxii. 1786, août 21.

Deseine, architecte. x. 1777, septembre 3.

Desenne, libraire. xxvi. 1784, septembre 26.

Desentelles, intendant des menus. xiv. 1779, août 6. — xxxvi. 1787, décembre 27.

Désessarts (Don Dechanet, dit), acteur. vi. 1772, octobre 15. — xiv. 1779, septembre 30. — xvii. 1781, juillet

11, 27. — xviii, septembre 29. — xxiii. 1783, septembre 29. — xxv. 1784, mars 15.

Désessarts, avocat. vi. 1773, mai 1.

Désessarts (J.-C.), médecin. x. 1777, avril 4, 19, juin 30, novembre 27. — vii. 1778, novembre 9. — xiv. 1779, décembre 17.

Desèze (Romain), avocat. xxiii. 1783, septembre 13. — xxvi. 1784, août 9, 23, 26, 27. — xxviii. 1785, février 2. — xxxi. 1786, mars 18, avril 15. — xxxii, mai 1, août 11. — xxxiii, septembre 6, 8, 15. — xxxiv. 1787, février 12, 23, avril 3, 5, 6 — xxxv, juillet 18, 30.

Desfaucheraies. Voir *Broussé*.

Desfontaines de la Vallée, auteur dramatique. ii. 1764, août 24. 1766, janvier 30. — iii. 1767, mars 5. — v. 1771, août 14. — vi. 1772, (xxiv, addition août 26), octobre 31 — ix. 1776, mai 7. — xvi. 1780, novembre 27, 29. — xvii. 1781, août 1. — xx. 1782, mars 8. — xxii. 1783, février 14, mai 6, 8. — xxiv, décembre 30. — xxvi. 1784, novembre 6, 12. — xxxi. 1786, février 23, 25. — xxxvi. 1787, décembre 27.

Desfontaines (René), botaniste. xxxiv. 1787, avril 18.

Desforges (J.-B. Choudard), auteur dramatique et romancier. iv. 1768, août 14. — x. 1777, juin 25. — xxi. 1782, octobre 22, 23, 29. — xxiii. 1783, juillet 30, octobre 24, 25. — xxv. 1784, mars 18, 20. — xxvi, juin 5, 25. — xxviii. 1785, février 17, 22, mars 2. — xxx, novembre 1. — xxxi. 1786, avril 26, — xxxiii, septembre 23, octobre 5, 11. — xxxv. 1787, avril 18.

Desforges, chanoine d'Étampes. vi. 1772, octobre 5.

Desforges, gendarme. xxvi. 1784, août 8, 11, septembre 29, octobre 4, 6.

Desgardes, major de place ix. 1776, juin 1.

Desgranges, auteur dramatique. xvi. 1764 (addition), septembre 19.

Desgranges garde du comte d'Artois. xxiv. 1783, décembre 31. — xxv. 1784, janvier 15, 18.

Desgrée du Lau (comte). xii. 1778, novembre 14. — xiv. 1779, octobre 17, 18, 19, 25, 28, 30, 31, novembre 1, 4, 10, 30. — xv. 1780, février 12, 13, 14, 16, mars 4. — xvi, novembre 29.

Deshayes, musicien. xxxiii. 1786 septembre 14.

Deshays J.-B.), peintre. i. 1763, août 26. — xiii. 1771, septembre 14 (Lettre iii).

Des-Linières, avocat. viii. 1775, avril 30.

Deslon (C.), médecin. xvi. 1780, octobre 7. — xxi. 1782, août 1, 6, 8, 9, octobre 26. — xxiii. 1783, juin 21, juillet 1. — xxv. 1784, janvier 14, avril 9. — xxvi, juin 12, septembre 2, 12, 22, novembre 2, 4, 7. — xxvii, novembre 30.

Desmahis (Mlle), courtisane. xxi. 1782, juillet 6. — xxxiv. 1784, janvier 6.

Desmaisons, architecte. xxi. 1782, octobre 20. — xxii. 1783, juin 6.

Desmarais, peintre. xxix. 1785, septembre 10.

Desmarest (Nic.), membre de l'Académie des sciences. xxxiii. 1775 (addition), novembre 15. — xviii. 1781, décembre 7. — xx. 1782, avril 10. — xxiv. 1783, décembre 17. — xxvii. 1784, novembre 13.

Desmonceaux (abbé), oculiste. xxxi. 1786, mars 10.

Desolmes, franc-maçon. xiii. 1779, mars 25.

Désormeaux (Jos.-L.-Ripault.), bibliothécaire du prince de Condé, membre de l'académie des inscriptions. ii. 1764, juin 18. — vi. 1772, février 23. — xxi. 1782, novembre 12. — xxiii. 1783, novembre 15.

Desormeri, compositeur de musique. xix. 1770 (addition), mai 3. — vii. 1775, mars 16. — viii, juin 29. — ix. 1776, mai 7, octobre 3. — x. 1777, octobre 11, novembre 29. — xxiii. 1784, novembre 4.

Desparda, caissier. xxii. 1783, février 13, mars 21.

Desplaces (abbé), conseiller au Parlement. xviii. 1776 (addition), octobre 14. — xxxii. 1786, août 18.

Despote, avocat au conseil. XIII. 1771, septembre 14 (Lettre III).

Despréaux, danseur de l'Opéra. X. 1777, septembre 22, octobre 12. — XXXI. 1786, février 19.

Despréaux (Mar.-Madeleine), dite Mademoiselle Guimard, première danseuse de l'Opéra. I. 1762, mai 9. — II. 1766, janvier 16. — XVIII. 1767 (addition), août 20. — III. 1768, janvier 24, février 4, 6, 17, mars 30. — IV. juin 10, décembre 12, 29. — IV. 1769, février 5, juin 11, 13, juillet 9, septembre 19. — XIX. 1770 (addition), juillet 9, août 31. — V, septembre 23. — XIX (addition), octobre 17, décembre 12, 31. — V. 1771, août 30. — XXIV (addition), mars 24, juillet 27, septembre 9. — VI, juin 14, juillet 23, août 5, 13, décembre 3, 9, 23. — XXIV. 1773 (addition), mars 18. — VII, juin 1, 11, 20, septembre 23, novembre 8. 1774, décembre 4. — IX. 1776, février 12, 24, mai 4, novembre 20, 22. — X. 1777, mai 22, septembre 22, octobre 12. — XII. 1778, juin 14. — XIII. 1779, janvier 16, février 14, 18, 21. — XIV, mai 29, novembre 22, décembre 31. — XV. 1780, mars 6, juin 2. — XXI. 1782, juillet 31, décembre 16, 18. — XXIII. 1783, juillet 29, août 10. — XXIV. décembre 2. — XXV. 1784, janvier 12, 24. — XXVIII. 1785, février 5. — XXXI. 1786, février 13. — XXXIII. mai 18, 29.

Després (J.-B.-Den.), auteur dramatique. XXIII. 1783, juin 22, 26.

Desprez de Boissy (Ch.), avocat au Parlement, littérateur. XXXV. 1787, avril 23.

Desrochers. XXIX. 1785, août 1.

Desrosné de Lisle, naturaliste. III. 1766, mai 10.

Desrües (Ant.-Fr.), empoisonneur. V. 1777, avril 7, 16, 20, 25, mai 7, 22, octobre 23. — XI. 1778, janvier 26, 28, février 2. — XIII. 1779, mars 13.

Desserres de la Tour. III. 1767, avril 6.

D'Essuile (comte), économiste. XXV. 1784, février 26. — XXXIV. 1787, mars 29.

Destainières (M.), conseiller au Parlement de Rouen ix. 1776, janvier 14.

Destouches, compositeur. xxiv (addition). 1773, juillet 17. — vii, novembre 5, décembre 26.

Destouches (Ph.-Néricauld), auteur dramatique. i. 1762, août 5, 23, octobre 16. — ii. 1764, janvier 30, novembre 6. — iii. 1766, juillet 7. — iv. 1769, février 5, mai 2.

Destouches, architecte. vi. 1772, octobre 4. — xxiv (addition), octobre 4.

Destouches, secrétaire de l'abbé Terray. vii. 1773, janvier 18, décembre 19. — xxx (addition), juin 10.

Destouches (Mme). viii. 1775, mai 23.

Destrées, médecin. xxxi 1786, février 18.

Destremeau, chirurgien. xv. 1780, janvier 26.

Desvoyes, dessinateur. xxvi. 1784, août 1.

Deumier, fabricant de bronze. xix (addition). 1770, mars 2.

Devaux, compositeur. xxxiii. 1786, décembre 19.

Devonshire (duchesse de). xx. 1782, juin 4.

Deydé (chevalier), maire de Montpellier. xxxiv. 1787, février 21 (N° 128).

D'hell ou D'héle, compositeur. xii. 1778, juillet 19. — xiv. 1779, novembre 15, 17. — xvii. 1781, janvier 8.

Didelot, physicien. xx. 1782, mai 7.

Diderot (Den.). i. 1762, octobre 23. 1763, janvier 21. — ii. 1764, février 8, octobre 4, novembre 21. 1765, mars 22, avril 14, juillet 25, août 2. — iii. 1766, novembre 22, décembre 12. 1767, mars 4 — iv. 1769, janvier 10, août 10. — v. 1771, juillet 16, août 24, septembre 6, 7, 21, 24, 30. — vi. décembre 20. — vi. 1772, janvier 5, juin 23, décembre 29. 1773, avril 21. — vii, décembre 22. — vii. 1774, janvier 31. (xxvii, addition, avril 8.), novembre 10. — viii. 1775, avril 10. — xii. 1778, juillet 20. — xx. 1782, avril 7. — xxii. 1783, janvier 1. —

xxiii, novembre 5. — xxv. 1784, avril 20. — xxvi. août 2, 3, 6, 24.

Didot, imprimeur. xxii. 1783, avril 14.

Diet (Anne Bouvet), nourrice. xxviii. 1785, janvier 30.

Digeon, directeur des fermes. xviii. 1781, décembre 7.

Diller, physicien. xxxv. 1787, juin 27, juillet 17.

Dillon (de), archevêque de Narbonne. iii. 1766, juillet 6. xviii. 1767 (addition), novembre 7. — xvi. 1780, octobre 16. — xxxiv. 1787, février 21 (N° 10), 28, mars 8, 16, 24, avril 9.

Dillon, colonel. xiv. 1779, décembre 31. — xv. 1780, septembre 20. — xvi, novembre 9.

Dimin, artificier. i. 1763, juin 22.

Dionis du Séjour, conseiller au Parlement, membre de l'Académie des Sciences. iv. 1768, novembre 12, décembre 6. — v. 1771, août 11. — xii. 1778, août 21. — xxxi 1786, janvier 6, 8, mars 19. — xxxii. mai 24. — xxxiii. décembre 28.

Ditters, musicien. xxii. 1783, mai 8.

Diudet (Marie), centenaire. xxxii. 1786, août 22.

Dobet, avocat. vi. 1772, mars 4.

Doc, officier de marine. v. 1770, novembre 14.

Dodin, avocat. viii. 1775, juillet 4. — x. 1777, octobre 23.

Doé de Gombeault, conseiller au grand conseil. ix. 1776, avril 30.

Doigny du Ponceau, poëte. xxxi. 1775 (addition), août 26. — ix. 1776, juillet 19, août 24. — xxxv. 1787, août 1.

Dombey (Jo.), médecin-naturaliste xxviii. 1785, février 22 — xxx, décembre 11. — xxxi 1786, janvier 16.

Domine, avocat. i. 1762, août 3.

Dominge, conseiller au Parlement de Bordeaux. xxx. 1775 (addition), mars 31, juillet 25.

Dorat (Cl.-Jo.). i. 1762, mars 16, 22. 1763, mars 6, 31, avril 3, décembre 20, 26, 30. — ii. 1764, janvier 13, février 28, avril 2, 11, 30, septembre 7, 17, 29, octobre 20, novembre 20, 24. 1765, février 3, 24, mars 6, 29, juillet 23, 26. 1766, février 9, 27. — III. avril 17, mai 3, septembre 11. — III. 1767, mars 4, novembre 28, décembre 8, 17, 25. — IV. 1768, août 17, 25. — XIX. 1770 (addition), février 9, mars 17. — V. juillet 27, août 8. — VI. 1772. mai 19, décembre 1. 1773, janvier 31. — (XXIV, addition, avril 17), mai 2, 19, 28, août 2, septembre 26, octobre 3. — VII. 1774, février 8, 10, avril 4, 6, juin 16, août (XXVII, addition, 11), 14, 18, novembre 23. — VIII. 1775, septembre 14, 19, 20, 25, octobre 1. — IX. 1776, mai 9, 12, juin 11, décembre 3, 8, 9, 25. — X. 1777, janvier 16, 31, février 6, 9, 19, mars 27, avril 4, 24. — XII. 1778, octobre 31, novembre 23, 30. — XIV. 1779, avril 4, octobre 3, 7, 13, 29, décembre 3, 4, 6. — XV. 1780, mai 1, 6, 18, juin 25. — XVIII. 1781, octobre 17. — XX. 1782, juin 14.

Dorfeuille (P.-P.), comédien et littérateur. XXII. 1783, février 27.

Dorival, acteur. XX. 1782, janvier 20.

Dorival (Mlle), danseuse à l'Opéra. IX. 1776, août 17, 21. — XI. 1778, mai 18. — XXIII. 1783, septembre 28.

Dormoy (président). XV. 1780, mars 24.

Dornacieux (président). IX. 1766, janvier 3.

Doroz (de), procureur général. XXXIV. 1787, février 21 (N° 93).

Dorsonville, acteur. X. 1777, juillet 20.

Douai de la Boullaye, intendant général des mines. XXII. 1783, avril 22.

Douailly, architecte. III. 1767, octobre 8, 21, 26.

Douay, avocat. VIII. 1775, juin 9.

Doublet de Persan (Mme). V. 1771, mai 2, 16. VI. 1772, septembre 5. — X. 1777, janvier 21.

Doucet, avocat. XX. 1782, mai 13.

Douet de la Boulaye, intendant des finances. XXXVI. 1787, octobre 4.

Dourneau (abbé), poëte. XXVII. 1784, décembre 2, 25.
Doyard (Mme). X. 1777, juillet 3.
Doyen (Gab.-F.), peintre d'histoire. XIII. 1767, septembre 6 (Lettres I, III). — XIX. 1771 (addition), juillet 30. — XXIV. 1772 (addition), juin 22. — XIII. 1773, septembre 7 (Lettre I). — VIII. 1775, août 31. — XIII, septembre 29 (Lettres I, II). — VIII, novembre 11. — IX. 1776, juin 21. — XI. 1777, septembre 9 (Lettre I). — XIX. 1781, août (Lettre I). — XXIV. 1783, septembre 13 (Lettre II). — XXXVI. 1787, août 25 (Lettre I).
Dozon (Mlle), actrice de l'Opéra. XXVI. 1784, septembre 18, 28, octobre 17. — XXVIII. 1785, avril 19. — XXXII. 1786, mai 31. — XXXIII. septembre 22.
Dracy (comte de). XXXII. 1786, juin 18.
Drapper, colonel anglais. III. 1768, mars 25. — XX. 1782, avril 26.
Drausy, ingénieur du roi. XXX. 1785, novembre 12.
Dreux du Radier (J.-F.), littérateur. III. 1767, avril 20.
Drevon (Fleurie), rosière. XVII. 1781, juin 11.
Drotz mécanicien VII. 1775, février 2.
Drou, avocat au conseil VII. 1774, mai 3. — XXVII (addition), mai 7. — VII. juillet 31. — IX. 1776, avril 30. — X. 1777, janvier 12. — XXIII. 1783, juin 22. — XXVIII. 1785, février 8.
Drouais père et fils, peintres. II 1764, août 1. — — XIII. 1767, septembre 13 (Lettre II). 1769, septembre 20 (Lettre II). 1771, septembre 14 (Lettre III). — VI. 1772, août 3. — XIII. 1773, septembre 14 (Lettre II). 1775, septembre 23 (Lettre II). — XXVI. 1784, août 27, 29, 30, 31, septembre 1.
Drouais de Santerre. XI. 1778, février 7.
Drouin (Mme), actrice. (Voir Mlle *Gauthier*). VIII. 1775, avril 17.
Droz, magistrat. XXIV. 1783, décembre 24. — XXVI. 1784, mai 22.
Droz (Jacques), mécanicien. VII. 1775, février 2, 9.

8.

Druni, musicien. xxxi. 1786, janvier 20.

Druot (la), courtisane. xxi. 1782, juillet 6.

Dubault (abbé). iii. 1766, juillet 18. — xxi. 1771 (addition), juillet 18.

Dubignon (abbé). xi. 1778, janvier 27.

Dubois, acteur. i. 1762, janvier 30. — ii. 1765, avril 5, 13, 15, 16, mai 2, 10.

Dubois (Mlle), actrice. xvi. 1762 (addition), mai 4. — i. décembre 3. 1763, février 15, mars 19. — (xvi. addition, mars 2), avril 3, 10, 29, mai 21, 27, décembre 20. — ii. 1764, janvier 13, décembre 4. 1765, avril 5, 13, mai 13. — iii. 1766, avril 17, août 20. — xviii (addition), octobre 31. — xviii. 1767 (addition), août 20. — iv. 1768, décembre 21. — xix. 1769 (addition), mars 1. — xix. 1770 (addition), juillet 30. — xxi. 1771 (addition), septembre 9. — vi. décembre 8. — vi. 1772, juin 11, novembre 13. — vii. 1774, septembre 24. — vii. 1775, mars 25. — xiv. 1779, novembre 18. — xxv. 1784, mars 8.

Dubois (cardinal), ministre. i. 1763, décembre 31.

Dubois, commandant du guet. xxxi. 1775 (addition), septembre 24, 28. — viii, octobre 30. — xiv. 1779, octobre 15. — xv. 1780, janvier 5. — xxxvi. 1787, octobre 6.

Dubois-Crancé (Em.-El.-Alexis), député aux états généraux. xix. 1770 (addition), janvier 8.

Dubreuil (Alph. du Congé), auteur dramatique. xiv. 1779, avril 24, 28. — xvii. 1781, janvier 23. — xxi. 1782, septembre 11.

Dubreuil, médecin. xxix. 1785, août 12. — xxxii. 1786, juillet 8.

Dubreuil, notaire. xxxi. 1786, janvier 24, avril 15.

Dubuat-Nancay (le comte), diplomate. xxix. 1785, mai 10.

Dubucq, publiciste. xxviii. 1785, janvier 8, 15, avril 8. — xix, juin 26.

Dubuisson (Paul-Ulric). xv. 1780, juillet 27, septembre 1. — xvi. octobre 14, 20, décembre 13, 25. — xxi. 1782, septembre 11, décembre 17. — xxix. 1785, mai 1, 21, juin 23. — xxxii. 1786, mai 9. — xxxv. 1787, juillet 12.

Dubuquoy, peintre. xii. 1778, août 12.

Ducasson, capitaine de Corsaire. xvi. 1780, octobre 12.

Duchanoy, médecin. xxiv (addition). 1772, avril 12.

Duché, peintre, élève de Vien. viii. 1775, juillet 24.

Duchesne, directeur du Colisée. ix. 1776, août 18, septembre 13, 21.

Duchosal, avocat. xxxi. 1786, mars 8, 31.

Ducis (J.-Fr.), membre de l'Institut. iv. 1769, octobre 3. — xix (addition), juillet 26, octobre 14, 21, novembre 27. — xxiv. 1772, juillet 28, 30, août 12. — xi. 1777, septembre 15 (Lettre ii). — xii. 1778, décembre 5, 7, 25, 29. — xiii. 1779, janvier 13, 17, février 26. — xx. 1782, mars 1. — xxii. 1783, janvier 16, 20, 25, mars 2. — xxv. 1784, janvier 13, 18, 21, 28. — xxix. 1785, octobre 2.

Du Clairon. Voyez *Mallet Du Clairon*.

Duclos (Ch. Pinot, sieur), historiographe de France. i. 1762, juillet 2. 1763, août 25, septembre 21. — ii. 1765, août 21. — iii. 1766, mai 24. — xviii. 1767 (addition), janvier 21, août 24. — iii, mai 17. — iv. 1768, août 25. 1769, août 25. — v. 1770, mars 21, 22, août 26. 1771, mars 21, août 1, 26. — vi. octobre 19, décembre 27. — vi. 1772, avril 8, 19, octobre 27. — xxiv (addition). 1772, mars 6. — vi. avril 8, 19, octobre 27. — xxiii. 1783, août 25.

Ducoudray (chevalier), auteur dramatique. viii. 1775, avril 19.

Ducoudray (Mme), sage-femme. xxxii. 1786, mai 6.

Ducrest (marquis de), chancelier du duc d'Orléans. xxx. 1785, décembre 6. — xxxii. 1786, mai 29, août 16. — xxxiv. 1787, janvier 31, février 11. — xxxv. juillet 2. — xxxvi. octobre 7, novembre 3, 4, 5, décembre 9, 10.

Ducroc de la Cour, secrétaire de d'Alembert. xxvii. 1774 (addition), août 5. — viii. 1775, septembre 18, octobre 19.

Dudon, père et fils, procureurs généraux du Parlement de Bordeaux. xxiii. 1783, août 28. — xxv. 1784, avril 6, mai 4, 5, 7. — xxvi. août 5, septembre 16. — xxx. 1785, décembre 16 — xxxiv. 1787, février 21 (N° 77).

Dudoyer de Gastel (G.), auteur dramatique. ii. 1765, janvier 22. — xix (addition). 1768, août 24, septembre 13. — xxvii (addition). 1774, juin 21, juillet 3, 7. — x. 1777, novembre 6. — xv. 1780, juillet 9, 12. — xxii. 1783, mai 5.

Dudreneuc (Mme). xxv. 1784, janvier 15.

Dufaure de la Jarte, avocat général. xv. 1780, mars 15, avril 1. — xvi, décembre 1. — xvii. 1781, janvier 7. — xx. 1782, janvier 21, avril 16.

Dufayel (Mlle), actrice. xiv. 1779, décembre 31.

Dufé la Fresnaye, commensal de la maison du Roi. x. 1777, juin 2.

Duflos, graveur. xxxvi. 1787, novembre 20.

Dufour, libraire. ii. 1764, janvier 13.

Dufour, secrétaire du président d'Aligre. xxii. 1783, avril 17, 18.

Dufour de Villeneuve, conseiller d'État. xviii. 1781, novembre 11.

Dufour du Rinquet, agioteur. xxxiii. 1786, décembre 13. — xxxiv. 1787, janvier 19.

Dufresne (la), courtisane. Voir marquise de *Fleury*.

Dufresne, acteur. iii. 1767, février 14.

Dufresnoy, acteur. xvi (addition). 1762, avril 29. — i. mai 4.

Dufresnoy (Mme), auteur. xxxiii. 1786, décembre 3.

Dufresnoy (Ducloz), notaire. xiii. 1771, septembre 14 (Lettre iii). — ix. 1776, novembre 11.

Dugay, intendant de Bretagne. iii. 1768, janvier 20.

Dugazon (H.-Gourgault, dit), comédien, auteur dramatique. xxiv (addition). 1772, septembre 8. — xi. 1778, mars 4. — xii, août 18. — xiv. 1779, mai 13, septembre 30, octobre 18. — xvi. 1780, novembre 1. — xviii. 1781, octobre 24. — xx. 1782, avril 27, juin 3. — xxii. 1783, janvier 25, février 19. — xxv. 1784, janvier 27, mars 9, avril 2. — xxvi. juin 30. — xxxvi. 1787, décembre 2.

Dugazon (L.-Rosalie), femme du précédent, actrice. xii. 1778, août 18. — xiv. 1779, mai 13. — xvi. 1780, novembre 2. — xxii. 1782, janvier 31. — xxi. octobre 23. — xxiii. 1783, juillet 6. — xxv. 1784, février 28, avril 2, 27. — xxvi, juin 4. — xxviii. 1785, janvier 19. — xxix. mai 22. — xxxi. 1786, mars 4, 17. — xxxii. mai 16, août 4. — xxxv. 1787, août 1. — xxxvi. septembre 20 (Lettre i).

Dugazon (Mlle), actrice aux Italiens. xiv. 1779, octobre 18, novembre 1, décembre 31. — xx. 1782, avril 18.

Duhamel du Monceau (H.-L.), agronome, membre de l'Académie des Sciences. i. 1763, juillet 20. — iii. 1766, avril 9. — xv. 1780, juin 12. — xviii. 1781, décembre 7.

Du Hamel (vicomte). xxxiv. 1787, février 21 (N° 120).

Dujonguay. vi. 1773, février 8. — vii, juillet 7. — xxiv (addition), août 7.

Du Lau (comtesse). xxxii. 1786, mai 29.

Dulau (Desgrès du). Voir *Desgrès*.

Dulau, archevêque d'Arles. xxxiv. 1787, février 21 (N° 13).

Dulau, officier aux gardes. xvi. 1780, novembre 2.

Dulaurens, maire de Rochefort. vi. 1773, février 16. — viii. 1775, décembre 25. — ix. 1776, février 14. — x. 1777, juin 19. — xi. 1778, mai 10, 17, 20.

Dulin, architecte. xxix. 1785, août 18, 19.

Dulis, auteur dramatique. iii. 1768, janvier 9.

Duluques, mousquetaire. xii. 1778, novembre 18.

Dumaniant, acteur. xxxiii. 1786, novembre 26.

Dumarsais, grammairien. II. 1764, mars 14. — III. 1767, mai 7. — V. 1769, novembre 20.

Du Marsais (abbé). I. 1763, décembre 23. — II. 1764, novembre 12.

Du Mersans, poëte. XXVII. 1774 (addition), juillet 9.

Dumesnil (Châtelier). I. 1763, octobre 27, novembre 25. — II. 1764, janvier 4.

Dumesnil-Durand. Voir *Mesnil*.

Dumesnil (Mlle), actrice. I. 1762, janvier 30, mars 27, juin 1. 1763, janvier 1, juillet 31, septembre 4, novembre 7, décembre 14. — II. 1764, mars 19. 1765, mai 6, 13. — III. 1766, avril 30, mai 5. — XVIII. 1767, octobre 7. — V. 1770, avril 29, mai 9, 23, juin 10, juillet 18, 23. — XIX (addition). avril 4, juin 13, juillet 30. 1771, février 6. — IX. 1776, janvier 25, mai 1. — X. 1777, février 28. — XXVI. 1784, septembre 29.

Du Monchaux, médecin. I, 1762, mai 25.

Dumont, savant. XIV. 1779, mai 22.

Dumont, sculpteur. XIII. 1769, septembre 28 (Lettre III)

Dumont, le Romain, peintre d'histoire. XVII. 1781, mai 11.

Dumont (dit le Rebouteux), chirurgien, renoueur des camps et armées du roi. XV. 1780, janvier 30. — XVIII. 1781, août 26.

Dumoulin (abbé), janséniste. VIII. 1775, avril 24.

Dumoulin (Mlle), courtisane. XVI. 1780, novembre 1.

Dumourier (C.-F.), général. XXVII. 1774 (addition), mars 4, 6, 9, avril 1. — XXXII. 1786, juillet 6, 16. — XXXIV. 1787, janvier 27.

Du Moustier (comte), ambassadeur de France à Londres. XXVI. 1784, octobre 11.

Duni, professeur de jurisprudence. XVIII. 1768 (addition), juin 29.

Duny, compositeur de musique. XVI. 1762 (addition), juin 23. — I. 1763, janvier 4, juillet 23 — II. 1765, octobre 16, décembre 4. — III. 1766, juillet 23. 1768, janvier 27. — IV, octobre 30. — IV. 1769, avril 2. — XIV. 1779, octobre 13.

Duparc, ingénieur. XXIX. 1785, août 2.

Du Pasquier, commis de finance. XXVI. 1784, août 29. — XXVIII. 1785, mars 21.

Dupaty (J.-B. Mercier), jurisconsulte, homme de lettres. V. 1770, octobre 23. — VIII. 1775, avril 24. — X. 1777, septembre 19. — XI. 1778, janvier 19. — XIV. 1779, août 25. — XV. 1780, février 28, mars 15, 29, avril 1, août 6, 17, 20, septembre 11. — XVI, octobre 5, novembre 27, décembre 1. — XVII. 1781, janvier 7, 9, 18, mars 4, 29, mai 10, août 6, 28, décembre 31 — XX. 1782, janvier 21, mars 15, avril 16, mai 1. — XXII. 1783, mars 31. — XXIII. août 4, 6, 28, septembre 13. — XXV. 1784, avril 6, mai 4. — XXVIII. 1785, janvier 28, avril 5. — XXXI. 1786, mars 3, 7, 10, 12, 18, 19, 29, avril 9, 20, 26. — XXXII. juillet 14, août 1, 7, 11, 12, 14, 17, 19, 24, 25, 26, 31. XXXIII. septembre 12, 16, 21, 22, novembre 7, 15, 26. — XXXIV. 1787, février 7, 10, 11, 16, 18. — XXXV. juin 6, 26, 28, juillet 10, 29, 30, août 3, 4. — XXXVI. octobre 15, novembre 14, décembre 25.

Duperé de Veneur, maire de Rouen. XXXIV. 1787, février 21 (N° 121).

Duperey (Mlle). danseuse à l'Opéra. XVI. 1766, juin 27. — VI. 1772, septembre 12.

Dupernon (la), courtisane. XXI. 1782, juillet 6.

Duperron, membre de l'Académie de Rouen. XIII. 1779, février 12.

Duperron, chambellan du roi de Suède. XXVI. 1784, juin 26, 27.

Duperron, directeur de l'imprimerie royale. XXX. 1775, juin 11.

Dupin, américain. V. 1771, août 12.

Dupin (M.), fermier général. IV. 1769, février 25.

Dupin, fils. I. 1763, mai 6. — IV. 1769, février 25. 25.

Duplain (chevalier), chimiste. xxix. 1785, mai 4.

Duplain de Sainte-Albine, agioteur. xxxiii. 1786, décembre 12. — xxxiv. 1787, mars 22.

Duplan (Mlle), actrice de l'Opéra. xvi. 1766, avril 11. — iv. 1768, juin 10, août 9. — xix (addition), mai 15, août 31, octobre 27. — xxi. 1771 (addition), décembre 1. — xxiv. 1773 (addition), juillet 17, septembre 11.— ix. 1776, août 10. — xiii. 1779, mars 15, 31. — xv. 1780, mai 11. — xxviii. 1785, avril 10.

Duplessis (Chevalier), littérateur. xxix. 1785, mai 2, 4. juillet 8.

Duplessis (Jo.-Sifred), peintre. xiii. 1769, septembre 20 (Lettre ii). 1771, septembre 14 (Lettre iii). 1773, septembre 14 (Lettre ii). 1775, septembre 29 (Lettre iii). — xi. 1777, septembre 15 (Lettre ii). — xiii. 1779, septembre 25 (Lettres ii, iii). — xxiv. 1783, septembre (Lettres ii, iii). — xxx. 1785, septembre 13 (Lettre ii).

Dupont, économiste. iii. 1768, janvier 2. — iv, juin 30. — xix. 1771 (addition), janvier 27. — xxix. 1775 (addition), février 15. — viii, mai 19. — xxii. 1783, avril 5, mai 14, 16, 19. — xxviii. 1785, mars 24. — xxix, mai 19. — xxxiv. 1787, février 21 (N° 146). — xxxv, avril 20, juillet 2.

Dupont, inventeur de la tachygraphie. xxxii. 1786, août 9.

Dupont, musicien. v. 1769, novembre 24. — ix. 1776, mai 1.

Duport de Prélaville, conseiller au Parlement. xxxv. 1787, août 10. — xxxvi, octobre 2, décembre 29.

Duprat (Mlle), chanteuse de chœurs à l'Opéra (Le Blanc de Crouzol, dite Mlle). iii. 1767, décembre 27. — iv. 1768, avril 21, 24, mai 6, 9, 17, juin 4.

Dupré (la), courtisane. xxi. 1782, juillet 6.

Dupré, chimiste. vi. 1772, novembre 20.

Dupré de Saint-Maur (Nic.-Fr.), maître des comptes, membre de l'Académie. vii. 1774, décembre 2, 21. — xix. 1770 (addition), mai 17.

Dupré de Saint-Maur, fils du précédent, ancien intendant de Guyenne. xx. 1782, janvier 21. — xxv. 1784, mai 4. — xxviii. 1785, janvier 27, 30.

Dupuis (Ch.-Fr.), membre de l'Académie des Inscriptions et Belles-Lettres. ii. 1764, mai 4. — vi. 1771, décembre 12. 1773, avril 8, 25. — xxxiii. 1775 (addition), novembre 14. — xx. 1782, avril 9. — xxi, décembre 30. — xxxvi. 1787, octobre 17.

Dupuis, inspecteur de police. xxiv. 1773 (addition), août 22.

Dupuis de la Chaux. i. 1763, février 2.

Dupuis de la Chaux (Mme). *Voir* Mlle *Corneille.*

Dupuis de Marcé, conseiller au Parlement. xxxi. 1786, février 1.

Dupuy d'Emportes, littérateur. v. 1770, mars 14.

Du Quesnoy, notaire. xx. 1782, janvier 14.

Duquesnoy, avocat d'Arras. xxxiv. 1787, février 21 (N° 115).

Durameau (L.), peintre. xiii. 1767, septembre 6, 20 (Lettres i, iii). — xix. 1770 (addition), mars 2. 1773, septembre 27 (Lettre i). 1775, septembre 7 (Lettre i). — xi. 1777, septembre 9 (Lettre i). 1779, août 25. (Lettre i). — xxiv. 1783, septembre (Lettre ii)

Durancy (Mlle), actrice. xvi. 1765 (addition), novembre 27. 1766 (addition), avril 10, 14, juin 23. — iii. octobre 13, 18, 21. — xviii (addition), 31. — xviii. 1767 (addition), août 20. — iii. octobre 21. — iv. 1768, novembre 11. — xix (addition), décembre. xxiv. 1772 (addition), juillet 11. — xiv. 1779, décembre 31. — xv. 1780, mai 12. — xvi. décembre 30. — xvii. 1781, janvier 3.

Durand, acteur de l'Opéra. iii. 1766, décembre 31. — v. 1769, novembre 24. — xix. 1770 (addition), mai 15. — xxiv. 1773 (addition), août 7. — xxiii. 1781, mai 4. — xxii. 1783, juin 11.

Durand, architecte. xiv. 1779, septembre 6.

Duras (duchesse de), xiv. 1779, septembre 8, 13. — xvii. 1781, avril 16.

Duras (maréchal duc de). I. 1762, décembre 14. 1763, avril 4. — II. 1764, mars 23. 1765, février 21. — III. 1766, mai 14. 1768, février 13. — IV, avril 28, juillet 9, octobre 27, 30, 31, novembre 10, décembre 17, 20. — IV. 1769, avril 3. — V. 1771, mars 26. — VI. 1772, janvier 30. — XXIV. 1773 (addition), août 13. — VII. 1775, janvier 28, mars 29. — VIII (addition), avril 19, 27, mai 11. (XXX, addition, mai 16), juillet 2, août 4. — IX. 1776, janvier 30, juillet 10, août 8. x. 1777, juillet 28, novembre 6. — XII. 1778, novembre 14. — XIV. 1779, septembre 6, 16, 22, octobre 2, 17, 18, 19, 31, novembre 4, 10, 30. — XV. 1780, février 12, 13, 16, mars 4, septembre 3, octobre 8. — XVII. 1781, août 5. — XXXV. 1787, juillet 8. — XXXVI, décembre 2.

Duras (duc de), fils du précédent. VIII. 1775, septembre 22.

Dureau, avocat. IX. 1776, mars 2.

Durey de Morsan (J.-M.), littérateur. XVII. 1781, août 20.

Durfort (duc de). VII. 1773, septembre 9. — VIII. 1775, juin 22.

Dufort (duchesse de). V. 1771, avril 28.

Duriès, professeur de physique. XXIX. 1785, juillet 12.

Duroscouët. XII. 1779, juin 3.

Du Roullet (L. Gand Leblanc), auteur dramatique. VII. 1774, mars 24, avril 10. — IX. 1776, janvier 17, avril 23, 29. — XV. 1780, août 9. — XVII. 1781, avril 4. — XXI. 1782, septembre 11. — XXV. 1784, avril 25, 28, 30, mai 14, 16. — XXVI, août 23. — XXXII. 1786, août 4.

Du Rouve (Mme). XX. 1782, février 22.

Du Rouzeau (abbé), littérateur. XII. 1778, décembre 2.

Du Rozoy (B.-F.), littérateur. II. 1765, février 6, 18, septembre 21. — XVI (addition). 1766, mars 13. — III, juillet 12. — III. 1767, février 7, juillet 29. — IV. 1769, mars 9. — XIX (addition). 1770, juin 11, juillet 9, août 4, novembre 8. — VII. 1774, mars (XXVII, 10) 13, novembre 15, (XXIX, addition, 22), décembre 24. — viii. 1775, mai 16, octobre 2. — ix. 1776, juin 2, 11, 13. — xii. 1778, juin 1. — xiii. 1779, mars 18. — xv. 1780, juillet 27. — xvi, décembre 18. — xvii. 1781, juillet 5, 7. — xviii, septembre 21, 22, novembre 3, décembre 28. — xx. 1782, mars 3. — xxi, septembre 11. — xxiii. 1783, août 13. — xxv. 1784, mars 22. — xxxi. 1786, mars 3.

Du Rufflé (du), officier. xxiv (addition). 1773, septembre 18.

Duruflé, avocat, poëte. xxxi (addition). 1775, août 26.

Du Rumain (chevalier), capitaine de vaisseau. xxvi. 1784, août 10.

Du Saillant (Mme), abbesse. v. 1771, août 12.

Duséjour, conseiller au Parlement. iii. 1766, juin 30. — xxxiii (addition). 1775, novembre 15. — xxx. 1785, novembre 12.

Dussaillant (les), courtisanes. xxi. 1782, juillet 6.

Dussieux, littérateur. xi. 1778, janvier 7, mai 19. — xii, octobre 12. — xv. 1780, août 24.

Dussou, médecin. xxiv (addition). 1772, décembre 4.

Dutens (L.), littérateur. ii. 1764, décembre 7. — iii. 1766, septembre 12. — xiv. 1779, décembre 28.

Duthé (Mlle). vi. 1772, septembre 5. — xxiv. 1773 (addition), octobre 29. — vii. 1774, avril 4 (xxvii, addition, avril 1). 1775, mars 25. — xxx (addition), avril 16. — viii, juin 22, septembre 17. — ix. 1776, février 3, 24, mai 12. — x. 1777, décembre 3, 5. — xiv. 1779, décembre 31.

Du Theil, académicien. iii. 1767, mars 30. — v. 1770, juillet 29, novembre 13.

Duval, confiseur. xxxiv. 1787, janvier 6.

Duval, recteur de l'Université. xiii. 1779, mars 22.

Duval de la Motte, maire de Montauban. xxxiv. 1787, février 21 (N° 137).

Duval de Leyrit. Voyez *Eprémenil* (d').

Duval de Soicourt, ancien lieutenant criminel d'Abbeville. xxxiii (addition). 1775, décembre 11.

Duvaucel, grand-maître des Eaux et Forêts. xxv. 1784, janvier 1.

Duvaucel (abbé). xxv. 1784, janvier 1.

Duvaudier, avocat. xv. 1780, janvier 23, 29.

Duvaure, auteur dramatique. xix (addition). 1769, septembre 28.

Duvernet (abbé), littérateur. xv. 1780, juillet 22. — xvii. 1781, juin 16. — xxxiii. 1786, octobre 25.

Duverryer, avocat. xxv. 1784, mars 10. — xxxii. 1786, août 18. — xxxiv. 1787, février 16.

Duvigneau, lieutenant de vaisseau, suicidé.. xvii. 1781, février 25.

Duvivier, commissaire des guerres. xv. 1780, janvier 27, 29.

Duvivier, peintre. xxvi. 1784, octobre 3. — xxix. 1785, septembre 10.

Duvivier, graveur de médailles. xiii. 1773, septembre 21 (Lettre iii). 1775, septembre 29 (Lettre iii). — xi. 1777, septembre 22 (Lettre iii). — xviii. 1781, septembre 27. — xix, septembre (Lettre iii). — xxiv. 1783, septembre (Lettre iii). — xxx. 1785, novembre 28. — xxxvi. 1787, octobre 15.

E

Ech, musicien. xx. 1782, février 3.

Egmont (comte d'). xxxiv. 1787, février 21 (N° 53).

Egmont (comtesse d'). iv. 1769, juillet 10. — xiii, septembre 28 (Lettre iii). — vii. 1773, octobre 19. — xxiv (addition), octobre 19.

Egremont (milord d'). vi. 1772, septembre 5.

Egreville (d'). xxvii. 1774 (addition), mai 30, juin 5.

Eischer, maître de musique. xxiv. 1772 (addition), mai 6.

Eisen (Charles), dessinateur. xi. 1778, janvier 18.

Elbée (chevalier d'). xv. 1780, janvier 28, février 4.

Elie de Beaumont, avocat. I 1762, décembre 13. — II. 1765, septembre 14. — III. 1767, mars 29, mai 3. — V. 1769, décembre 13. — XXI. 1772 (addition), mars 1. — IX. 1776, juillet 23. — X. 1777, juillet 24. — XI. 1778, janvier 27, mars 24, avril 14, 20. — XIII. 1779, mars 23. — XIV, mai 22. — XV. 1780, juillet 10, 21, août 31, septembre 6. — XVII. 1781, juillet 28. — XX. 1782, mars 27, 30. — XXX. 1785, décembre 29. — XXXI. 1786, janvier 11.

Elie de Beaumont (Mme). II. 1764, juin 28. — XXII. 1783, janvier 14.

Elisabeth (Mme), sœur de Louis XVI. IX. 1776, octobre 9. — X. 1777, janvier 25, mars 30. — XIV. 1779, septembre 29. — XX. 1782, mai 23. — XXII. 1783, mai 1, 2. — XXXII. 1786, juillet 24, août 30.

Elisée (le père), prédicateur. I. 1763, août 25. — II. 1765, février 2. — III. 1766, avril 16, octobre 24. — XIX. 1770 (addition), mai 12. — XXIII. 1783, juillet 6.

Elleart (Caroline). X. 1777, mars 28.

Eloy (abbé). IX. 1776, mars 11, 20, mai 17.

Empereur (L'), joaillier. I. 1763, mai 1.

Enslen, aéronaute. XXIX. 1785, septembre 12. — XXXIII. 1786, septembre 28.

Entrecasteaux (d'), conseiller au Parlement d'Aix. XXVI. 1784, juin 20, août 31, octobre 13. — XXVII. décembre 1. — XXIX. 1785, septembre 7.

Entrechaux (Ailhaud d'). XXX. 1785, décembre 14. — XXXI. 1786, février 1.

Eon de Beaumont (chevalier), aventurier, littérateur, négociateur. I. 1763, décembre 21. — II 1764, avril 9, 14, 23, mai 28, juin 1, 2, juillet (XVI, addition, 1) 7, 17, 20, août 3, novembre 26, 28. 1765, janvier 8, juin 29. 1766, février 10. — V. 1771, septembre 23. — IX. 1776, janvier 6, 13, 26, novembre 17. — X. 1777, septembre 7, novembre 23, décembre 14, 22. XI. 1778, janvier 10, 21, février 16, 23, 25, mars 2, 13. — XII, juin 14, juillet 4. — XIII. 1779, février 26,

9.

mars 12, 24, 28. — xiv. avril 1, 5, mai 10, juin 29, juillet 3, septembre 3. — xv. 1780, août 18. — xvi. septembre 25, octobre 27, décembre 24. — xvii. 1781, janvier 6 — xxiii. 1783, juillet 14.

Epée (C.-M. abbé de l'), instituteur des sourds-muets. vii. 1775, août 9. — x. 1777, mai 19, octobre 16. — xiii. 1779, mars 25. — xiv. avril 12, 23. — xv. 1783, mars 7, 9. — xxviii. 1785, janvier 25, février 20. — xxix, août 22. — xxxii. 1786, août 21. — xxxiii. octobre 27.

Epinay (de la Live d'), fermier général. i. 1762, janvier 17. 1763, mai 6. — xx. 1782, février 16.

Epinay (Mme de la Live d'), auteur. iii. 1767, février 22. — xvi. 1780, novembre 27. — xx. 1782, février 16, mai 17, juin 1. — xxii. 1783, janvier 17, avril 23, 26.

Eprémenil (Jacq. Duval d'), conseiller au Parlement. iii. 1767, octobre 30. — iv. 1769, avril 3. — xix (addition), juin 18. — ix. 1776, février 5, décembre 23. — xii. 1778, août 21. — xiv. 1779, décembre 6. — xv. 1780, janvier 15, 31, février 29, mars 3, 13, avril 23, 24, mai 9, 25, juin 13, 20, 24, juillet 3, 17, 21, 24, août 3, 16, septembre 6. — xvii. 1781, juillet 5, 9, 12, août 15, 17. — xxi. 1782, décembre 24. — xxii. 1783, janvier 4, février 23, mars 18, 20. — xxiii. septembre 1, 5, 7, 14, 18, 22. — xxv. 1784, février 2, 6. — xxvi, juillet 11, 24, 25, 28, août 6, 23. — xxvii. novembre 23, 24, 30. — xxviii. 1785, janvier 21. — xxix. septembre 22, 25. — xxxi. 1786, janvier 22, mars 7. — xxxii. juillet 8, 18, août 4, 12, 24. — xxxiii, octobre 1, 6, 15, 18, novembre 3, 11, 13, 19 — xxxiv. 1787, février 11. — xxxv. avril 26, juillet 1, 2, 6, 7, 13, 25, 30, août 5, 7, 10, 14, 17, 26. — xxxvi. septembre 18, 20, 27, octobre 7, 8, 13, novembre 19, décembre 14.

Erchigny (Clieu d'), gouverneur des colonies. xxvii. 1774, février 21.

Escard (marquis d'). xiv. 1779, juin 30. — xxii. 1783, avril 25. — xxv. 1784, janvier 15.

Esclapon (baron d'). iii. 1767, février 12.

Esmangard, intendant de Caen. xxxi. 1775 (addition), août 26. — xi. 1778, mai 5. — xxxiv. 1787, février 21 (N° 67), avril 6.

Espagnac (baron d'), gouverneur des Invalides. xx. 1782, juin 5. — xx. 1783, mars 1. — xxxv. 1787, avril 30.

Espagnac (abbé), conseiller au Parlement. xix. 1770 (addition), mai 14. — x. 1777, septembre 4. — xvii. 1781, juillet 24, 25. — xxi. 1782, décembre 31. — xxxii. 1786, juin 8. — xxxiii. novembre 30. — xxxiv. 1787, janvier 24, mars 22, avril 10. — xxxv. août 5, 6. — xxxvi. décembre 7, 10.

Espagnac (abbé), frère du précédent. xxxiv. 1787, mars 1.

Esparbès (Mme d'). ii. 1765, août 28. — x. 1777, mai 27.

Esparre. Voyez *Lesparre.*

Espic de Lirou (le chevalier), littérateur. xxi. 1782, septembre 11. — xxvi. 1784, septembre 10.

Espinasse (Mlle de l'), femme auteur. iii. 1766, juin 6. — ix. 1776, mai 27, 31, juin 21.

Esseville (comte d'), économiste. iv. 1769, janvier 27. — xiv. 1779, juillet 9.

Estaing (comte d'), amiral. v. 1770, février 3. — vi. 1772, octobre 9, 28. — xiv. 1779, septembre 8, 12, 16, octobre 3, décembre 31. — xv. 1780, janvier 9, 17, 21, février 20, juin 11. — xvii. 1781, janvier 20, août 13. — xviii. septembre 7. — xx. 1782, mai 6, 10, 13, 22. — xxi. septembre 5, novembre 17, 18, 22, décembre 11. — xxii. 1783, janvier 31, février 22, mars 28, 30. — xxiii. août 6, 16. — xxv. 1784, février 9, 25. — xxxiv. 1787, février 21 (N° 48), mars 19. — xxxv. avril 22, 25, mai 19.

Estallande de Morival, impliqué dans l'affaire d'Abbeville. viii. 1775, septembre 1.

Estate (baron d'), auteur dramatique. xvi. 1780, novembre 30. — xxi. 1782, novembre 11. — xxii. 1783, février 27, mars 20.

Estherazy (comte d'), colonel de hussards. vii. 1774, février 25. — xxv. 1784, avril 15.

Estinés (Catherine), accusée innocente. xxxi. 1786, avril 26. — xxxii. avril 28. — xxxv. 1787, août 2, 10.

Estissac (duc d'), grand maître de la garde-robe du Roi. xviii. 1781, novembre 22.

Estival, auteur et acteur. xvi. 1780, décembre 30.

Estourmel (marquis d'), maréchal de camp. xxxiv. 1787, février 21 (N° 114). — xxxv. avril 25.

Estourmel (marquise d'). xxv. 1784, janvier 15.

Estrées (L.-C. Letellier, comte d'), maréchal de France. i. 1763, décembre 31.

Estrées (maréchale d'), épouse du précédent. i. 1762, avril 10. — iii. 1767, mai 17. — xxvii. 1774 (addition), janvier 16. — xxxi. 1786, janvier 5.

Ethis de Corny, avocat. xxxiii. 1786, octobre 7, 8.

Ethis, secrétaire d'intendant. xxvi. 1784, juin 8.

Etienne (d'), chevalier de Saint-Louis, inventeur d'un jardin suspendu. xxi. 1782, juillet 11, 19, septembre 7, octobre 12.

Etioles (le Normant d'). ii. 1765, février 11.

Etioles (Mme d'), actrice. xxv. 1784, mars 18.

Eu (comte d'). vii. 1773, octobre 1. — viii. 1775, juillet 13, 14, 28, août 7, 9, octobre 31.

Eufroy, médecin. xvi. 1780, novembre 14.

Eugénie (sœur), religieuse. xxi. 1782, décembre 21.

Euler (Léonard), géomètre. xxiii. 1783, octobre 29, novembre 12. — xxviii. 1785, avril 6.

Euslen, mécanicien. xxx. 1785, octobre 27.

Evrard, sculpteur. xvi. 1780, octobre 11.

Eybel, littérateur. xxi. 1782, novembre 20. — xxvi. 1784, juin 22. — xxviii. 1785, janvier 19.

F

Fabre. III. 1767, décembre 13. — XVII. 1781, février 24.

Fabre d'Eglantine (Ph.-F. Nazaire), auteur dramatique. XVI. 1780, octobre 11. — XXXVI. 1787, octobre 9.

Fabre du Bosquet, manufacturier. XXXIV. 1787, janvier 19.

Fabrony (comte de), officier. XII. 1778, août 17.

Fabry (abbé de), député des États d'Artois. XXXIV. 1787, février 21 (n° 113).

Fages (abbé de la), chanoine de N.-D. XV. 1780, juillet 24.

Fages (baron de), garde du corps. XXXI. 1786, février 24, mars 29, avril 13. — XXXII, mai 9, juillet 24.

Falbaire (Fenouillet de), auteur dramatique. III. 1768, février 3. — IV, avril 27. — V. 1770, décembre 7. — VII. 1773, octobre 8. — IX. 1776, mai 11. — XIV. 1779, décembre 17, 18. — XXI. 1782, septembre 11.

Falckenstein (comte de), empereur d'Autriche. X. 1777 avril 20, 21, 25, 26, 27, 28, mai 1, 3, 6, 9, 12, 19, 21, 27, juin 3, 20, 22, 26, 28.

Falconnet, avocat. VI. 1773, mars 12 (XXIV, addition, mars 13), mai 1, 7, 8. — XXIV (addition), août 29. — VII. 1774, août 19. — XXVII (addition), août 21. — VIII. 1775, mai 20, juin 2, août 12. — IX. 1776, juin 12, décembre 5, 6, — XI. 1778, avril 14. — XXVIII (addition), août 17. — XII. octobre 6. — XV. 1780, mars 27. — XX. 1782, mars 31. — XXX. 1785, décembre 6, 9. — XXXI. 1786, janvier 25.

Falconnet (Camille), médecin. I. 1762, février 9, mai 19, novembre 12, 14.

Falconnet (Ét.-Maurice), sculpteur. III. 1766, août 5, 30. — IV. 1768, juillet 28. — XXI. 1782, septembre 22.

Falconnet (Mme), sculpteur. XVI. 1780, octobre 27.

Fallary (duchesse de). XXI. 1782, juillet 20.

Fallet (Nic.), poëte. xxi. 1782, août 21. — xxv. 1784, mai 9. — xxxii. 1786, août 27.

Falour du Vergier, avocat. xiii. 1779, mars 12.

Fanier (Mlle), actrice. xviii. 1767, octobre 7. — ix. 1776, décembre 8. — xiv. 1779, septembre 30, octobre 18, novembre 1, décembre 4. — xv. 1780, mai 18. — xx. 1782, mars 6, juin 9. — xxx. 1785, novembre 11. — xxxi. 1786, avril 2, 23.

Fardeau (abbé). ii. 1765, mars 30.

Fare (abbé de la), deputé des États de Bourgogne. xxxiv. 1787, février 21 (N° 104).

Fare (marquis de la). vii. 1773, mai 18.

Fargès (femme Boudin), accusée d'adultère. vi. 1773, mars 31.

Farinella (La Signora), cantatrice. viii. 1775, septembre 9.

Farjonnet (abbé de), conseiller au Parlement. xix. 1770 (addition), mai 14. — x. 1772, mai 11. — xxviii. 1785, avril 16.

Fauché (Samuel), publiciste. xxi. 1782, décembre 7.

Faucher (abbé). ix. 1776, mai 20. — xxxi. 1786, février 28.

Fauconnier (Mlle), courtisane. ii. 1764, février 25. — vi. 1775, mai 26. — xxi. 1782, septembre 13.

Fauconpret de Tullus, professeur de rhétorique. xxxiii. 1786, octobre 24.

Faujas de Saint-Fond, administrateur du jardin du Roi, géologue. xxiv. 1783, décembre 18

Faulconnier, ancien conseiller en la cour des aides. xxxiv. 1787, février 14.

Faunier (Mlle), actrice. ii. 1764, janvier 12.

Faur, ex-secrétaire du duc de Fronsac. xxii. 1783, janvier 11. — xxvi. 1784, août 14. — xxviii. 1785, février 4. — xxxiii. 1786, novembre 29.

Fauvel, peintre. xvii. 1781, mai 22. — xxi. 1782, septembre 23.

Fauxambas (Carme). x. 1777, octobre 25.

Favart (C.-Sim.), auteur dramatique. i. 1762, février 15. 1763, mars 11, 13, 17, 24, juillet 4, 7, 8, août 5, octobre 2. — ii. 1765, janvier 23, août 17.— xvi. (addition), août 17. — ii. octobre 16, 30, novembre 14. — iii. 1768, janvier 27, février 9. — iv. 1769, avril 2. (xix, addition, septembre 5), octobre 26. — v. 1770, janvier 1. — vi. 1771, novembre 26, décembre 7. — vii. 1773, août 16. — xxix (addition), 1775, mars 5. — viii. 1775, août 2, 13, 15. — ix. 1776, octobre 19, décembre 18. — xiv. 1779, septembre 1, 3. — xx. 1782, janvier 1. — xxviii. 1786, octobre 31.

Favart (Marie-Justine), épouse du précédent, actrice. i. 1762, février 28, mars 31, avril 2, 11, mai 20, décembre 4, 21. 1763, juin 29, septembre 15. — xviii. 1767 (addition), décembre 16. — iii. 1768, janvier 27. — xix. 1769 (addition), juillet 15, décembre 15. — vi. 1772, janvier 15, avril 21. — xiii. 1773, septembre 21 (Lettre iii). — xiv. 1779, septembre 1.

Favart, fils, acteur. xiv. 1779, septembre 3. — xvii. 1781, avril 23. — xxi. 1782, septembre 25, 28. — xxii. 1783, avril 6. — xxxi. 1786, janvier 17. — xxxiv. 1787, janvier 3.

Favereau (frère), cordelier. xv. 1780, mars 10, 11.

Favier (les frères). xii. 1778, juillet 31.

Favier, littérateur. xxvii. 1774 (addition), mars 4, 9, 13. — xiv. 1779, juin 30. — xvii. 1781, juillet 2, août 6.

Favray (Ant.), peintre. xiii. 1771, septembre 14 (Lettre iii). 1779, septembre 25 (Lettre iii).

Fay, phénomène. xxxv. 1787, mai 5.

Fays (de), payeur de rentes. xviii. 1768 (addition), mars 25.

Fays (de), conseiller honoraire de la cour des aides. xxv. 1784, février 10.

Feijo (le père). ii. 1765, juin 17.

Félix (abbé). xiii. 1771, septembre 14 (Lettre iii).

Feller (Franç.-Xavier de), jésuite. XXII. 1783, mai 27. — XXXI. 1786, février 19. — XXXIII. décembre 14. — XXXVI. 1787, octobre 17.

Felmé (Mlle), actrice. IX. 1776, août 10.

Fénélon (chevalier de), littérateur. I. 1762, février 11. — IX. 1776, mars 20, 24, 28.

Fénot, lieutenant de police de Lausanne. XXXII. 1786, août 22.

Fenouillet de Falbaire. Voyez *Falbaire*.

Fer (de), ingénieur des ponts et chaussées. XXII. 1783, février 15, 22, mars 19. — XXIII. juillet 13. — XXIX. 1785, août 10. — XXXI. 1786, avril 4. — XXXII. juin 7. — XXXIV. 1787, mars 2.

Féral, avocat. XXXII. 1786, août 11. — XXXIV. 1787, mars 24.

Férand, conseiller au Parlement. XXXII. 1786, août 12. — XXXIII. 1786, novembre 20. — XXXV. 1787, juillet 30.

Férandini (Mme), cantatrice. XVIII. 1781, décembre 27.

Ferette (de), chanoinesse de Remiremont. XXVII. 1784, décembre 6.

Ferlet (abbé), littérateur. XXI. 1782, décembre 21.

Fermé, conseiller au Parlement. XIX. 1770 (addition), mai 14.

Ferrage (Blaise), assassin. XXII. 1783, mars 10.

Ferrein, médecin, professeur d'anatomie. IV. 1769, mars 5.

Ferry, avocat. VIII. 1775, avril 30.

Ferté-Imbault (Mme de la). IX. 1776, novembre 29. — X. 1777, décembre 26.

Ferté de Melun (abbé de la). IV. 1769, janvier 4.

Feulie, acteur. XXIV. 1772, septembre 9. — VII. 1774, octobre 20.

Feutry, littérateur. XV. 1780, février 19, mai 21, juin 5. — XXII. 1783, juin 8, 18.

Fiacre-Bouillon-Vacher, poëte. XXVIII. 1785, mars 22.

Ficher, musicien. XXII. 1783, avril 21.

Fierville, comédien. IV. 1768, novembre 15.

Figène, ingénieur, aréonaute. XXVI. 1784, mai 27.

Finet, inspecteur de police. VII. 1774, février 5. — VIII. 1775, septembre 10, octobre 20. — XXXII (addition), octobre 17.

Finette, professeur de jurisprudence. XVIII. 1768 (addition), juin 29.

Finguerlin, négociant. XXXI. 1786, avril 10.

Fiquet de Normanville, membre du Parlement de Rouen. XXIV. 1772 (addition), avril 15. — IX. 1776, janvier 10, 14.

Fitz-James (Charles, duc et duchesse de), maréchal de France I. 1763, octobre 27. — XVI (addition), décembre 31. — IV. 1769, mars 25. — VII. 1774, juin 6. 1775, mars 29. — XXX (addition), mars 28. — XXI. 1782, octobre 22, 31. — XXXII. 1786, mai 5.

Fitz-James (marquis de). IX. 1776, mars 8, novembre 30.

Flachslanden (baron de). XXXIV. 1787, février 21 (N° 57). — XXXV, avril 26.

Flamanville (de), officier aux gardes. VIII. 1775, juin 16.

Famarens (de), colonel. XXX. 1775 (addition), juillet 18.

Flandres de Brunville. Voir *Brunville*.

Flandrin (P.), vétérinaire. XVII. 1781, janvier 10.

Flesselles (de), procureur général. I. 1762, janvier 9. — IV. 1769, janvier 15. — V. 1770, mars 12. — XXIV. 1783, décembre 1, 23. — XXV. 1784, janvier 22.

Flesselles, mécanicien. XXIX. 1785, septembre 2.

Fleur de Besançon, négociant. XXIII. 1783, octobre 26.

Fleurieu (de), lieutenant de vaisseau. XXXI. 1775 (addition), août 29.

Fleury (duc de), premier gentilhomme de la chambre. XXXV. 1787, mai 26.

Fleury (cardinal). V. 1771, mai 15.

Fleury (F.-Joly de), procureur général. II. 1765, mars 11, juillet 31. — VIII. 1775, mai 25. — XIX. 1770 (addition), mai 17. — XVII. 1781, mai 20, 24, 25, 27, juin 1, 7, 8, 28. — XVIII, août 27, 29. — XX. 1782, janvier 21, mai 22. — XXI. août 10, 12, 17. — XXII. 1783, janvier 30, février 22, mars 29, avril 1, 4, 9, 11, 17, 20. — XXVI. 1784, septembre 13. — XXXIV. 1787, février 21. (N° 71), avril 12. — XXV. septembre 4.

Fleury (Jo.-Ab. Benard, dit), acteur des Français. XIV. 1779, septembre 30. — XXVIII. 1785, avril 5. — XXVIII. 1786, septembre 12. — XXXVI. 1787, décembre 2.

Fleury (Mlle), surnommée la belle ou la bête, maîtresse du prince de Nassau. IV. 1768, avril 28. — XIX (addition), octobre 16, décembre 24. — VI. 1772, novembre 21.

Fleury (bailly de), ambassadeur de Malte. II. 1765, octobre 5.

Fleury (chevalier de), lieutenant-colonel au service des Etats-Unis. XXIII. 1783, octobre 17. — XXVII. 1784, décembre 15.

Fleury (de), interprète du roi. VI. 1772, mai 23.

Fleury (marquise de). VI. 1771, décembre 25. — IX. 1776, mai 26. — XIII. 1779, janvier 9, 17.

Fleury (vicomtesse de). VI. 1772, février 13.

Flins des Oliviers (Cl.-Mar.-L.-Emm. Carbon. de), littérateur. XIV. 1779, août 25. — XVIII. 1781, août 27. — XXI. 1782, août 25.

Flipart (J.-J.), graveur. XIII. 1767, septembre 13 (Lettre III). — XXI. 1782, juillet 14, août 1.

Flir (Mlle), courtisane, maîtresse du comte d'Aranda. XXV. 1784, mars 18.

Floncel, avocat, bibliophile. VII. 1774, avril 6.

Floquet, compositeur. VI. 1772, décembre 16. — VII. 1773, septembre 5, novembre 14, 26. 1774, janvier 18. (XXVII. addition, mars 26), août 8, novembre 6, décembre 1, 9. — IX. 1776, mai 28, août 28. — X. 1777, mai 30. — XIII. 1779, janvier 10, 11, 21, 27.

— xv. 1780, septembre 21. — xvi. décembre 20, 27. — xx. 1782, mars 4. — xxi. septembre 11. — xxiv. 1783, décembre 12. — xxviii. 1785, mars 16. — xxix. mai 13, 16.

Florence, acteur. xviii. 1781, août 26. — xxix. 1785, août 6.

Florian (Mme de). vi. 1772, mai 1. — vii 1774, décembre 23. 1775, janvier 17.

Florian (J.-P.-Claris de), littérateur, membre de l'Académie. viii. 1775, octobre 20. — ix. 1776, novembre 11. — xiii. 1779, février 11, 17, 19. — xiv. novembre 6. — xvii. 1781, mars 5, 21. — xviii. novembre 28. — xxi. 1782, août 7, 25, septembre 24. — xxii. 1783, janvier 18. — xxvi. 1784, août 25. — xxviii. 1785, mars 28. — xxx. décembre 17.

Florida-Bianca (comte). xxxii. 1786, mai 22.

Florigny (Mlle), actrice. xviii. 1767 (addition), décembre 10

Foacier, notaire. xxvi. 1784, juin 23.

Fodor, musicien. xviii. 1781, décembre 8.

Foix (abbé de). ii. 1764, février 1. — iv. 1769, juin 21.

Foncemagne (de), membre de l'Académie des Inscriptions. ii. 1764, octobre 16, novembre 5, 11. 1765, janvier 11. — vi. 1772, avril 7, 9. — ix. 1776, décembre 25. — xii. 1778, octobre 5. — xiv. 1779, septembre 28.

Fontaine, architecte. xxix. 1785, septembre 10.

Fontaine, commis de la caisse du Théâtre Français ix. 1776, janvier 17, 29.

Fontaine de Lyon, aéronaute. xxv. 1784, janvier 25.

Fontaine-Malherbe (J.), littérateur. xiv. 1779, avril 20.

Fontanelle (de), littérateur. ii. 1767, novembre 1, 12. — iii. 1768, mars 26. — xix. 1770 (addition), juin 29. — viii. 1775, décembre 17. — ix. 1776, février 17, 18, septembre 6, octobre 14. — xxvi. 1784, juin 28. — xxix. 1785, juillet 27.

Fontanges (de), évêque de Nancy. xxxiv. 1787, février 21 (N° 19).

Fontanieu (P.-Éliz.), membre de l'Académie des Sciences. xxi. 1782, juillet 11.

Fontenay (abbé de), littérateur. xiv. 1779, décembre 18.

Fontenay (chevalier de), xxx. 1785, décembre 31.

Fontenelle (le Bouyer de), littérateur. ii. 1765, novembre 7. — iv. 1768, novembre 11, 12. 1769, février 25.

Fontenet (Mlle), actrice. iii. 1767, février 27.

Fontenilles (M. et Mme de). ix. 1776, mars 24, décembre 25, 28.

Fontette (d'Orceau de), chancelier du comte de Provence. vii. 1774, octobre 24. — xxxi. 1775 (addition), août 26.

Fontpertuis (Mme de), maîtresse de Joly de Fleury. xvii. 1781, mai 27. — xxii. 1783, avril 4. — xxvi 1784, septembre 13.

Foote (Samuel), acteur et auteur comique anglais. ii. 1765, juin 16, 19.

Forbin (chevalier de), officier de marine. i. 1763, juin 30.

Forbonnais (Véron de), membre de l'Institut. i. 1763, août 16, novembre 6. — iii. 1768, janvier 18. — xxix. 1785, mai 7.

Forcade, entrepreneur de travaux. xviii (addition). 1766, novembre 5.

Forcalquier (marquise de). iii. 1767, décembre 5.

Forgeot (Nic.), auteur dramatique. xviii. 1781, novembre 9. — xxi. 1782, novembre 11, 13. — xxviii. 1785, janvier 30, février 9. — xxxiv. 1787, janvier 9. — xxxv, août 21.

Formey (J.-H.-Sam.), littérateur. i. 1762, septembre 18. — iii. 1767, mars 22.

Fortiguerra (Nic.), poëte facétieux italien. ii. 1764, août 20.

Fortin, sculpteur. xxi. 1782, septembre 5. — xxiii. 1783, août 31.

Fortuné (le père), théatin. xxv. 1784, janvier 14.

Foucault (chevalier de), major. xxvii (addition). 1772,

mars 3, 15, 28. 1774 (addition), mai 2, juillet 9. — xxx (addition). 1775, août 7.

Foucher (abbé), membre de l'Académie des Belles-Lettres. II. 1765, avril 16. — XI. 1778, mai 6.

Foucherot, architecte. XVII. 1781, mai 22. — XXI. 1782, septembre 23.

Fouchy (J.-A. Grandjean de), astronome, secrétaire perpétuel de l'Académie des Sciences. I. 1762, avril 21. 1763, avril 14, juillet 20. novembre 11. — II. 1764, mai 2, novembre 14. 1765, avril 17, novembre 12. — III. 1766, avril 9. 1767, avril 29. — IV. 1768, avril 13, novembre 12. 1769, avril 5. — V. novembre 15. 1770, avril 25, novembre 14. 1771, avril 10. — VI. novembre 13. 1773, avril 22. — VIII. 1775, novembre 17. — XXIII. 1783, novembre 12.

Foucou, sculpteur. XI. 1777, septembre 22 (Lettre III). — XIII. 1779, septembre 22 (Lettre III). — XXVI. 1784, juillet 7. — xxx. 1785, septembre 22 (Lettre III).

Fougeroux de Bondaroy (Aug.-Den.), membre de l'Académie des Sciences. III. 1766, novembre 12. — VI. 1771, novembre 13. — XVIII. 1781, décembre 7. — XX. 1782, avril 10. — XXX. 1785, novembre 12.

Fougières (marquise de). XXV. 1784, janvier 15.

Foulon, maître des requêtes. V. 1771, septembre 26. — XXII. 1783, avril 19. — XXV. 1784, avril 10. — XXXI. 1786, mars 30, avril 3. — XXXII. août 29. — XXXVI. 1787, octobre 28, novembre 13, décembre 28.

Foulquier (de), conseiller au Parlement de Toulouse. XVII. 1781, juin 30.

Fouquet (Mme), nièce du contrôleur général. XXXIV. 1787, mars 5, 14.

Fouquiers (de), conseiller au Parlement de Rouen. IX. 1776, janvier 14.

Fourcroy (le comte Ant.), chimiste, membre de l'Institut. XXX. 1785, novembre 12.

Fourcroy, avocat. XXVIII. 1785, mars 10.
Fourneau, recteur de l'Université. I. 1762, octobre 4, 24.
Fournel, avocat. XXXII. 1786, avril 30, mai 28, juin 27.
— XXXIV. 1787, février 9. — XXXV. juin 11. —
XXXVI. décembre 21.
Fournier, musicien. XXI. 1782, septembre 10.
Fournier dit *Rubisson*, usurier. XVIII. 1781, octobre 9.
Fourquet, poëte. XXV. 1784, janvier 11.
Fourqueux (comte de), contrôleur général. XXXIV. 1787, février 21 (N° 60), avril 13. — XXXV. avril 20, 21, 23, 27, mai 3, 6, 8, août 1.
Fourqueux (Mme de). XI. 1778, mars 2. — XXXV. 1787, avril 20.
Fourré (chevalier), architecte. XXIV (addition). 1772, septembre 22.
Fragonard (N.), peintre. II. 1765, août 28. — XIII. 1767, septembre 6, 13 (Lettres I, II, III).
Framboisier de Bomary, directeur du bureau des nourrices. VIII. 1775, octobre 15. — XXXV 1787, mai 27.
Framery, auteur dramatique. I. 1763, mars 3.
Framery, compositeur. X. 1777, octobre 3, novembre 26. — XVII. 1781, juin 27. — XXIII. 1783, septembre 3, 4. — XXVI. 1784, octobre 9. — XXXIV. 1787, avril 14.
Francastel, directeur de théâtre. XXVIII. 1785, janvier 2. — XXX, décembre 19.
Francès, receveur général des finances. II. 1765, décembre 8.
Francien, sellier. V. 1770, janvier 30.
Franck, ex-jésuite. XXVI. 1784, septembre 20.
Francœur (F.), directeur de l'Académie de musique. III. 1766, décembre 16, 27. 1767, janvier 6. — V. 1771, février 1. — VIII. 1775, novembre 12. — XXVIII 1785, avril 4. — XXXV. 1787, août 10.
François (abbé), lazariste. XX. 1782, avril 25.
François de Neufchâteau (comte Nic.-L.), littérateur homme politique. III. 1766, septembre 6, 8, octobre 28
— VI. 1775, juin 28, 30, juillet 13, 14, 18, 29. —

xxxi (addition), août 26. — x. 1777, septembre 19. — xvii. 1781, janvier 27, juillet 26. — xx. 1782, mars 31. — xxvii. 1784, novembre 16. — xxix. 1785, août 23. — xxx. novembre 27. — xxxiii. 1786, septembre 13, décembre 13, 25.

Franklin (Benjamin). iii. 1767, septembre 19.— x. 1777, janvier 17, février 4, mars 1. — xi. 1778, janvier 10, février 22, 23, mars 20. — xii. juillet 17.— xiii. 1779, février 13. — xiv. avril 15, mai 26, août 25. — xv. 1780, avril 17. — xvi. décembre 31. — xxi. 1782, septembre 29. — xxii 1783, mars 11, 19. — xxiii, juillet 1, septembre 24, novembre 12. — xxiv. décembre 5. — xxx. 1785, octobre 20. — xxxi. 1786, mars 31. — xxxii. mai 3.

Frannoy, avocat. ix. 1776, janvier 9.

Franzl, musicien. x. 1777, février 24, 25, mars 6.

Frantzi, musicien. xviii. 1768 (addition), avril 2.

Frédéric II, roi de Prusse. i. 1762, avril 9, juillet 8, novembre 5. — ii. 1765, février 7, mai 11, août 2, novembre 1, décembre 28. — iii. 1766, octobre 26. — iv. 1769, octobre 9. — v. 1770, août 15. 1771, août 25. — vi. 1772, novembre 9. 1773, mai 5. — vii. décembre 27. — vii. 1774, octobre 6. — xxxv. 1787, mai 19.

Freire, prêtre de l'Oratoire. ii. 1764, juillet 24.

Fremin (Mme). vi. 1772, octobre 12.

Fréminet, inventeur. xxv. 1784, février 8.

Fremyot de Chantal. Voyez *Chantal*.

Fréret, secrétaire perpétuel de l'Académie des Belles-Lettres. ii. 1764, septembre 14. — iii. 1766, juin 18, août 23. 1768, janvier 7. — vi. 1772, octobre 10.

Fréron (Elie-Cath.), critique. i. 1762, janvier 4, 6, 27. (xvi, addition, février 23), mars 28, octobre 20, décembre 19. 1763, janvier 16, août 5, décembre 10, 15 — ii. 1764, janvier 5, février 5, mai 1. (xvi, addition, mai 10), juin 21, juillet 31. (xvi, addition, août 14), octobre 21. (xvi, addition, novembre 30), décembre 30. — xvi addition, décembre 12. — ii. 1765, janvier 20, 24, 31, février 14, 21. (xvi, addition, 24, 25), mars 6. (xvi, addition, 8), 22, mai 15, juin 11, 17. (xvi, addition, 25), août 2. — xvi, addition, décembre 25.—ii. 1766, janvier 25, 27, 31, février 12, 27 — iii, juin 7, 8, septembre 6, octobre 7, 8, décembre 19. — iii. 1767, mars 23, 25, 28, 30, avril 20. 1768, février 21. — v. 1771, juillet 15, 16, septembre 30. 1772, décembre 1. — vii.1774, août 18. — viii. 1775, avril 10, mai 7, août 14, 15, novembre 10. — ix. 1776, mars 12, 22, juin 9, 27.

Fréron (L.-Stan.), fils du précédent. ix. 1776, mars 22, 26, avril 11, décembre 4. — xiv. 1779, mai 11. — xvii. 1781, juillet 27. — xviii, octobre 21.

Freron (Mme). ix. 1776, mars 22. — xviii. 1781, octobre 24.

Freteau, conseiller au Parlement. ix. 1770 (addition), mai 17. — xv. 1780, août 17. — xxii. 1783, mars 17, 18, mai 25. — xxxi 1786, mars 12, 18. — xxxii, mai 18, juin 25, août 12. — xxxiii, novembre 26. — xxxiv. 1787, février 18. — xxxv, mai 13, juillet 6.— xxxvi, novembre 22, 23, 29, décembre 9, 10.

Fréval, conseiller au Parlement. xix. 1770 (addition), mai 17.

Fréville, économiste. xxi. 1782, novembre 28

Friedel (Adr.-Chr.), traducteur allemand. xviii. 1781, novembre 11. — xxiii. 1783, novembre 2, 5.

Friziéry, compositeur, aveugle-né. v. 1771, septembre 3. — ix. 1776, janvier 9. — xxix. 1785, août 21.

Fromage de Longueville, avocat. xxxii. 1786, juillet 12.

Fromaget (Mlles) xxxii. 1786, mai 20.

Froment, musicien. xviii. 1781, septembre 9.—xxi. 1782, septembre 11.

Fronsac (duc de). vii. 1774, mars 23. — viii. 1775, juin 2. — xv. 1780, février 16, 20. — xxii. 1783, janvier 23. — ii. 1785, avril 5, 13. — xxxvi. 1787 décembre 27.

Fronsac (duchesse de). x. 1777, novembre 26.

Frugoni (abbé), poëte italien. ii. 1765, juin 8.

Fuel de Méricourt (Le). journaliste. ix. 1776, mai 28, août 19, septembre 20, 22, octobre 10, décembre 13. — x. 1777, mars 9, 11, 14, 20, juillet 17. — xii. 1778, novembre 27.

Fulvy (P.-L. Orry, marquis de), poëte. xxv. 1784, janvier 4. — xxvi, août 28. — xxxii. 1786, juillet 11, août 15.

Fumel (de), commandant de Bordeaux xxii. 1783, juin 9, 11. — xxiii, juin 24. — xxxii. 1786, juin 22. — xxxvi. 1787, décembre 21, 31.

Fumar de Marseille, poëte. iv. 1768, juin 25

Furet, horloger. xxvi. 1784, juillet 4.

Fuzelier (L), auteur dramatique. xvi (addition). 1762, mai 4. — iii. 1767, juin 30, septembre 30. — xxiv (addition). 1773, juillet 17.

G

Gabiot de Salins, auteur dramatique. xxix. 1785, mai 12, 24.

Gabriel, architecte. ii. 1764, février 7, 20, septembre 6. — iii. 1767, octobre 8, 26. — xviii (addition), octobre 8, 20. — iv. 1768, juin 17. — xxix. 1775 (addition), février 15. — xx. 1782, janvier 6.

Gaignat, bibliomane. iv. 1768, avril 15, août 1. — x 1777, février 2.

Gaillard (Gabriel-Henri), membre de l'Académie des Inscriptions et de l'Académie française. ii. 1764. août 24. 1765, août 3, 29. — iii. 1766, mars 21, août 19. 1767, janvier 16, 20, 22. — v. 1771, mars 21, avril 9. — vi. 1772, mars 9. — viii. 1775, avril 22. — xiii. 1779, mars 16. — xv. 1780, août 27. — xvii. 1781, janvier 22. — xviii, décembre 7. —

xxv. 1784, février 14. — xxviii. 1785, janvier 27. — xxix, août 25.

Gaillard, directeur de spectacle. xiv. 1779, mai 9. — xxii. 1783, juin 4, 9, 11.—xxvii. 1784, novembre 16. — xxix. 1785, mai 12, 18, 21, 24, août 14.

Gaillard, négociant. xxxiv. 1787. janvier 24.

Galar (comte de). xix. 1769 (addition), mai 7.

Galard-Terraube, évêque du Puy. xxxiv. 1787, février 21 (N° 15).

Galet de Santerre, banquier. xxxiii. 1786, décembre 13. — xxxiv. 1787, janvier 4, 14, février 12.

Galiani (abbé), économiste. xvi. 1765 (addition), avril 7. — v. 1770, février 9, 15. — xix (addition), mars 18. — vii. 1774, décembre 20. — xx. 1782, juin 1. — xxii. 1783, janvier 1. — xxxvi. 1787, décembre 8.

Galiffet (de), ix. 1776, mars 6.

Galitzin (princesse de). ii. 1764, août 19.

Gallardon (de), major de la Bastille. xxxi. 1786, janvier 3.

Galliary, décorateur. xii. 1778, novembre 16.

Gallissonnière (Mme de la). xxii. 1783, mai 17.

Gamache (comte de), usurier. xiii. 1779, février 27, mars 4, 20. — xv. 1780, juin 2. — xxiii. 1783. novembre 18, — xxiv, décembre 7. — xxv. 1784, mars 18.

Ganganelli. Voyez Clément XIV, pape.

Ganthey (Dom), religieux de l'ordre de Citeaux. xxi. 1782, juillet 18. — xxii. 1783, mai 15.

Garat (Dom.-Jos.), ancien avocat, membre de l'Institut. xi. 1778, avril 14, 20. — xiv. 1779, août 5, 26. — xvii. 1781, février 24. — xviii, août 27.—xxiii. 1783, septembre 13. — xxvi. 1784, août 25. — xxx. 1785, décembre 16. — xxxiii. 1786, octobre — xxxvi. 1787, décembre 10.

Garat, neveu du précédent, célèbre chanteur. xxi. 1278, octobre 31. — xxii. 1783, janvier 13. — xxiii, juillet 26, septembre 19. — xxvi. 1784, juin 17, juillet 14. — xxxii. 1786, mai 3.

Garcerand, notaire. xiv. 1779, septembre 14.

Gardane (Jo.-Ja.), médecin. VII. 1773, novembre 27. — XXVII (addition), décembre 4. — XXVII. 1774 (addition), janvier 15.—VIII. 1775, octobre 8.—IX. 1776, mars 18, juillet 18, décembre 16. — XXXII. 1786, juin 23.

Gardel (les frères), danseurs de l'Opéra. I. 1762, février 4. — XVIII. 1767 (addition), août 20. — III, décembre 14. — IV. 1768, juin 10. 1769, juin 14.— XXIV. 1771 (addition), mars 18. 1772 (addition), août 26. — VII. 1773, juin 26. — (XXIV, addition, juillet 17), septembre 23. — XXVII. 1774 (addition), août 6. — IX. 1776, mai 4, septembre 11, octobre 24, décembre 7. — X. 1777, mars 18, juillet 11, octobre 11, décembre 1, 5. — XII. 1778, septembre 16. — XIV. 1779, novembre 19. — XVIII. 1781, novembre 1. — XX. 1782, mars 31, juin 1. — XXI, décembre 21, 24. — XXIII. 1783, juillet 29. — XXIV, novembre 30. — XXV. 1784, janvier 12, avril 26. — XXVIII. 1785, avril 4. — XXIX, août 29, septembre 21. — XXXI. 1786, février 13. — XXXII, juillet 26. — XXXIII, novembre 5. — XXXIV. 1787, février 21, mars 12, 28.

Gardel (Mme), danseuse. XXV. 1784, mars 1.

Gardel (Mlle), danseuse. III. 1767, juin 10.

Gargara (prince de). XXVIII. 1785, mars 28.

Garnier (Jean-Jacques), historiographe, membre de l'Académie des Inscriptions et Belles-Lettres. II. 1765, avril 12, août 10, mai 19. — III. 1766, novembre 14. — XXXVI. 1787, novembre 13.

Garnier (abbé). III. 1766, mars 22. — XXXIII. 1786, novembre 13.

Garnier, auteur dramatique. XIV. 1779, août 25.

Garnier, officier d'office. VIII. 1775, juillet 4, août 21.

Garnier de l'Hermitage, avocat. XIV. 1779, juin 3.

Garnier de la Séteraye, officier. XVIII. 1781, décembre 11, 30. — XX. 1782, janvier 12, 13, 14.

Garrick (David), acteur anglais. I. 1763, octobre 1. — II. 1765, janvier 15, février 10, avril 12. — XIX. 1769 (addition), juillet 1. — XX. 1782, juin 4.

Gars (de), conseiller au Parlement. xix. 1770 (addition), mai 14.

Gascq (le président de). xvii. 1781, avril 26.

Gastellier, médecin. xii. 1778, novembre 9.

Gasteaux (N.-Ma.), graveur de médailles. xxiii. 1783, septembre 14.

Gaty, médecin. ii. 1765, septembre 29, décembre 8. — iii. 1767, février 16. — vii. 1774, janvier 19. — ix. 1776, juin 30.

Gaucher (Ch.-Et.), graveur et littérateur. xxi. 1782, juillet 28. — xxxi. 1786, mars 4.

Gaudebert, architecte. xxi. 1782, décembre 27.

Gauffier (L.), peintre. xxvi. 1784, septembre 1, 2.

Gaulard, littérateur. ii. 1765, février 19. — vii. 1775, mai 19, juin 2.

Gaussin (Mlle), actrice. i. 1762, janvier 29. 1763, mars 16, avril 4. — iii. 1767, juin 23.

Gauthier (abbé), confesseur de Voltaire. xi. 1778, mars 5, 7, 8, 19.

Gauthier, fermier général. vi. 1772, novembre 13.

Gauthier (Mlle), actrice. xviii (addition). 1767, octobre 7. — xv. 1780, avril 4.

Gauthier de Mont d'orge, auteur dramatique. iv. 1768, octobre 29.

Gautier d'Agoty (Jacq.), peintre-graveur et anatomiste. xxx. 1785, décembre 30. — xxxi. 1786, janvier 25, avril 21.

Gautier de Sibert, historien. iii. 1766, juin 20. 1767, février 7. — iv. 1768, avril 12. — xxiii. 1783, novembre 15.

Gauzergue (abbé). v. 1770, février 12, avril 29.

Gavaudan (Mlles), actrices. x. 1777, septembre 15. — xxix. 1785, mai 4, 11.

Gainel. xxi. 1782, novembre 13.

Gavinier, violoniste. i. 1762, août 16. — iv. 1769, février 17.

Gaya (Mme de). x. 1777, mai 3.

Gayot (abbé), aumônier du duc d'Orléans. III. 1766, octobre 6.
Gayot, doyen de la Cour des Aides. IX. 1776, avril 30.
Gazon Dourxigué. III. 1767, février 17.
Gélin, acteur. I. 1762, janvier 8. 1763, avril 29. — II. 1764, janvier 26. — III. 1766, décembre 31. — XIX (addition) 1768, décembre. — IX. 1776, avril 24. — XIX (addition). 1770, août 31, octobre 29. — XXI (addition). 1771, décembre 1. — XXIV. 1773 (addition), juillet 17, septembre 11.
Géliotte, acteur. I. 1762, décembre 16, 24. 1763, février 6 (XVI, addition, février 22), mars 7, 12. — III. 1767, novembre 2. — IV. 1768, septembre 22.
Géminiani (F.), musicien. I. 1762, octobre 17.
Gence, poëte. XVIII. 1781, août 30.
Genet, chef du bureau des Interprètes. XVIII. 1781, septembre 14.
Genet (abbé). I. 1763, novembre 17. — VIII. 1775, novembre 21.
Genlis (comte de). VI. 1772, septembre 5. — XXI. 1782, juillet 6, novembre 20. — XXV 1784, janvier 14. — XXIV. 1787, février 11.
Genlis (S.-F. Ducrest de Saint-Aubin, comtesse de), et depuis marquise de Sillery. X. 1777, mars 19, juin 2. — XIII. 1779, mars 27. — XIV, juillet 9, 25. — XV. 1780, mars 13. — XX. 1782, janvier 15, 29, février 1, 3, 14, 15, 16, 25, avril 17, mai 17. — XXVI. 1784, juin 15, 20, juillet 13. — XXXI. 1786, janvier 6. — XXXIV. 1787, février 11. — XXXV, avril 24, mai 18. — XXXVI, décembre 10, 12, 31.
Geoffrin (Mme). III. 1766, mai 4, 21, juillet 4, septembre 19, 21, novembre 16, décembre 1, 5. 1767, avril 8, mai 12. 1768, janvier 24. — V. 1770, juin 15. 1771, août 9. — VI. 1773, janvier 18. — IX. 1776, novembre 1, 26, 29. — X. 1777, octobre 12, novembre 28, décembre 26, 30.
Geoffroy, apothicaire de l'Académie des Sciences. X. 1777, août 18.

Geoffroy (L.-Jul.), critique. xx. 1782, février 5. — xxii. 1783, janvier 1.

Geoffroy (Étienne-Louis), médecin. ii. 1764, septembre 5. — iv. 1768 (xix, addition, août 4), septembre 18. — xii. 1778, octobre 26, décembre 19. — xv. 1780, janvier 4.

Geoffroy (Gaspard), dit *Saint Hyppolyte*. xi. 1778, février 15.

Geoffroy de Limou. xxv. 1784, février 23.

Georgel (abbé), grand-vicaire de l'évêché de Strasbourg. vi. 1771, décembre 6, 12. — xiv. 1779, juillet 19, 26, 30, août 8, 9, 13, 14, 16. — xxxi. 1786, mars 11, 13, 14, 25, 30. — xxx, septembre 29.

Gérard, préteur de Strasbourg. xxvii. 1784, novembre 22. — xxxiv. 1787, février 21 (N° 123).

Gérard, serrurier. vi. 1772, janvier 12, 31.

Gérard, sculpteur. xxix. 1785, septembre 10.

Gérard (la), courtisane. xxi. 1782, juillet 6.

Gerbier (P.-J.-B.), avocat. iii. 1767, juillet 16. — iv. 1768, novembre 24. 1769, janvier 30, août 19. — v. 1770, novembre 4. — vi. 1772, février 6, mars 30, avril 11, 17, juin 19, 23. — vii. 1774 (xxvii, addition, février 10), février 20. 1775 (xxix, addition, janvier 27), février 5, 7. — viii, décembre 6. — ix. 1776, avril 13, juillet 19, novembre 15, décembre 31. — xi. 1778, mars 30, avril 5, 14, 20. — xv. 1780, juillet 21, 23. — xvii. 1781, juin 21, juillet 8. — xx. 1782, mars 13, 31, mai 27. — xxi, juillet 28, août 17. — xxv. 1784, janvier 27. — xxviii. 1785, mars 10. — xxix, juillet 15. — xxxiv. 1787, février 28, mars 16. — xxxv, avril 26, mai 7, juin 15, juillet 4, 23, 24, 29.

Gergy, abbé de Sainte-Geneviève. xiv. 1779, juillet 7.

Germain, poëte. i. 1763, mai 28. — xv. 1780, septembre 13.

Germancé (Mlle). viii. 1775, juin 16.

Gersin, musicien. xxxii. 1786, juillet 13, 15, 19.

Gervais de Colonges, mystificateur. xxxv. 1787, août 12.

Gervaise, avocat, auteur licencieux. xi. 1782, novembre 30.
Gervaise (Mlle), danseuse à l'Opéra. xv. 1780, juin 27.
Gèvres (duc de). viii. 1775, mai 13.
Gèvres (cardinal de). xxvii 1774 (addition), juillet 26, août 16.
Gherardi, acteur. xii. 1778, septembre 12.
Giac (de). vii. 1773, octobre 27.
Giambonne (Mlle de), femme Bellanger, fille d'une maîtresse de Louis XV. xxix. 1785, juillet 17, août 14.
Gianonne (de), jurisconsulte. viii. 1775, avril 30.
Gibelin (abbé). xxxiii. 1786, septembre 11.
Gibelin, peintre et littérateur. xxx. 1785, octobre 27.
Gibert, membre de l'Académie des Belles-Lettres. i. 1763, avril 13. — iii. 1766, avril 3. — iv. 1769, avril 4. — vi. 1771, novembre 15, décembre 6, 12.
Gibert, musicien. i. 1763, avril 22. — xxiv. 1772 (addition), avril 30.
Gilbert des Voisins, conseiller au Parlement. xxii. 1783, avril 17. — xxix. 1785, mai 9.
Gilbert (N.-J.-Laurent), poëte. vii. 1774, novembre 1. — viii. 1775, août 14. — xi. 1778, avril 16, décembre 11. — xvi. 1780, novembre 30.
Gilet, maréchal des logis. xxx. 1785, novembre 11, 16, septembre 13 (Lettre iii). — xxxi. 1786, mars 4.
Gilibert (de), major des Invalides. xxi. 1782, décembre 31.
Gilot (Dom. Réné), ix. 1776, juillet 9, novembre 30, décembre 8.
Gin, avocat. vi. 1772, avril 7. — vii. 1774, novembre 19. — xxx. 1775 (addition), avril 12. — x. 1777, septembre 1. - xxviii. 1785, avril 20.
Ginguené (Pierre Louis), littérateur, membre de l'Institut xxvii. 1773 (addition), décembre 29. — x. 1777, octobre 11. — xiii. 1779, février 1. — xvi. 1780, octobre 26, 28.
Giorgy (la signora). ix. 1776, octobre 30, novembre 4, décembre 27. — x. 1777, janvier 15.

Girac (Barcan de), évêque de Rennes. xiv. 1779, octobre 28, novembre 1. — xxvii. 1784, novembre 24, 25, décembre 7.

Girard (le père). i. 1763, février 11.

Girard-Duplessis, procureur du roi à Nantes. xxxiv. 1787, février 21 (N° 125).

Girard de Lourmarin, secrétaire du Roi. xxi. 1782, décembre 7.

Girardin, colporteur. xxxi. 1786, février 26, mars 18.

Girardin (marquis de). xii. 1778, juillet 3, 16. — xiv. 1779, novembre 27, décembre 17. — xv. 1780, juin 14. — xvi, octobre 19.

Girardin (Mlle), actrice. xiv. 1779, août 2. — xxi. 1782, juillet 16.

Girardot, banquier. xxi. 1782, octobre 19.

Giraud de Lachaux (abbé), professeur de philosophie. vii. 1773, novembre 15. — xxxiii. 1775 (addition), novembre 14.

Gironde (marquis de). ix. 1776, février 26.

Giroust (abbé), maître de musique de la cathédrale d'Orléans. xviii. 1768 (addition), mars 29, avril 6. — xviii. 1781, novembre 3.

Giroux, avocat. xxiii, 1783, juin 27.

Gisors (comtesse de). ii. 1765, mars 21. — xxvii. 1774 (addition), janvier 16.

Gisors, architecte. x. 1777, septembre 5. — xiv. 1779, septembre 6.

Gléon (marquis de), femme auteur. xix. 1770 (addition), novembre 17. — xxxv. 1787, juin 21.

Glocester (duc de), frère du roi d'Angleterre. vii. 1773, décembre 7. — viii. 1775, juillet 30.

Gluck (Christ.), célèbre compositeur. vii. 1774, janvier 11. mars 24, avril 3, 10, 21, 24, juillet 31, août 12, 27, novembre 3, décembre 1. — xxvii. 1774 (addition), mars 26, juillet 13, août 2, 6, 10. 1775, janvier 11, mars (xix, addition, 5), 13. — viii, juillet 17, 31, août 3, 4, 10, 13. — ix. 1776, mars 16, 24, avril 20,

21, 26, 29, mai 6, 12, 19, juin 3, 17, juillet 8, août 18, 28, septembre 15, octobre 5. — x. 1777, février 27, juin 5, août 25, septembre 6, 17, 24, 25, octobre 2, 6, 12, 31, novembre 14, décembre 18, 28. — xi. 1778, janvier 26, 30, février 9, 13, mai 1. — xii, juillet 23, novembre 21. — xiv. 1779, mai 12, 15, juin 15, 21, août 20, septembre 20, 30, octobre 8, 15. — xv. 1780, mars 12, 17, juin 12. — xvi, octobre 20. — xvii. 1781, janvier 21, février 2, mai 30. — xviii, septembre 11. — xx. 1782, janvier 5. — xxi, juillet 2, 3, août 24, septembre 11, décembre 5. — xxv. 1784, avril 8, 25, 26, 30, mai 16. — xxvi, août 23, octobre 9. — xxx. 1785, décembre 18. — xxxvi. 1787, octobre 3, décembre 7, 23.

Gobelet, marchand bonnetier, échevin. xxxiv. 1787, janvier 20, 24, février 21 (N° 117).

Gobineau, conseiller au Parlement. xx. 1782, janvier 21.

Godard, avocat. xxxv. 1787, mai 8, 11, août 4.

Godard, compilateur. xxvi. 1784, octobre 11, 17.

Godeville (Mme N.-Magd. de). vi. 1772, avril 14. — xxvii. 1774 (addition), octobre 1.

God'heu, directeur de la Compagnie des Indes. iv. 1769, août 15. — v. 1770, janvier 23.

Godin (Mme). xv. 1780, mai 27.

Godinière (de la), mari et femme. vi. 1773, avril 5, 7.

Gœzman (de), procureur général au conseil souverain d'Alsace. vii. 1773, septembre 8, novembre 30. — xxiv (addition), novembre 29. — vii. 1774, février 15, 18. — xxvii (addition), avril 1. — ix. 1776, mars 4, août 21, septembre 23. — x. 1777, février 12, 14, septembre 1.

Gœzman (Mme de), épouse du précédent. vii. 1773, septembre 16, novembre 19, 28, décembre 17. 1774, février 15, mars 1.

Gohier, avocat. vi. 1773, février 12. — xiv. 1779, octobre 18. — xv. 1780, février 12.

11.

Gois (Ét.-P.), sculpteur. XIII. 1767, septembre 20 (Lettre III). 1773, septembre 21 (Lettre III). 1775, septembre 29 (Lettre III). — XI. 1777, septembre 22 (Lettre III). — XXII. 1779, septembre 22 (Lettre III). — XXIV. 1783, septembre (Lettre III). — XXVI. 1784, septembre 1. — XXX. 1785, septembre (Lettre II).

Goislard, conseiller au Parlement. XIX. 1770 (addition), mai 14.

Goldoni (C.), auteur comique italien. I. 1762, février 1, septembre 26. 1763, février 5, mars 4, septembre 7. — XVI (addition), décembre 31. — XVI (addition), 1764, septembre 19, 20. — II. octobre 4. 1765, mars 22. — IV. 1769, janvier 12. — V. 1771, juin 18, septembre 30. — VI. novembre 5. — XXIV. 1772, septembre 26. — IX. 1776, décembre 9, 16. — XII. 1778, décembre 17. — XIV. 1779, avril 18, 25. — XXXVI. 1787, octobre 21.

Goltz (baron de), ministre plénipotentiaire du roi de Prusse. VII. 1774, octobre 6. — XXV. 1784, avril 8.

Gomel, avocat. VIII. 1775, juin 2. — XXXV. 1787, mai 25.

Gomez (Mme de), romancière. V. 1771, avril 5.

Gondin, de la Cour des Aides. III. 1766, juin 30, septembre 18.

Gondolié (Mlle), danseuse. IX. 1776, décembre 20.

Gondot, secrétaire du tribunal des Maréchaux de France. X. 1777, mai 12.

Gondouin, architecte. VII. 1773, octobre 17. 1774, décembre 15. — XXII. 1783, juin 6.

Gondouin (A.-M.), ingénieur. XXXIV. 1787, avril 18.

Gonnod, peintre. XXIII. 1783, août 31.

Gontault (duc de). XIV. 1779, novembre 11. — XX. 1782, février 22.

Gorauflo. Voyez *Lebel*. XXIII. 1783, juillet 26.

Gordon (Lord). VIII. 1775, septembre 17.

Gordon, espion anglais. V. 1769, décembre 22, 27, 31.

Gorneau, député du commerce. XVIII. 1781, novembre 18.

Gosse (H.-Al.), médecin. XXII. 1783, avril 30. — XXX. 1783, novembre 12.

Gossec, compositeur. XVI. 1766 (addition), avril 23. — XVIII. 1767 (addition), octobre 1. — XIX. 1768 (addition), décembre 11. — XXIV. 1772 (addition), juillet 19. — XXVII. 1773 (addition), décembre 6, 14. — VII. 1774, août 8. — IX. 1776, juin 3. — X. 1777, mars 17, avril 8, décembre 23. — XIV. 1779, novembre 19. — XV. 1780, mai 29. — XVI, novembre 4. — XVIII. 1781, septembre 23, décembre 27. — XX. 1782, février 3, mars 5, 20. — XXV. 1784, avril 17. — XXXII. 1786, juillet 13.

Goubelli, médecin. XII. 1778, novembre 9.

Goudar (Ange), économiste. XV. 1780, septembre 12. — XXXV. 1787, juin 21, juillet 20.

Gouffier (marquis de). II. 1766, janvier 26. — XI. 1778, mars 20.

Gouges (Olympe), femme littérateur. XXXI. 1786, janvier 19.

Gouguenot (abbé). V. 1770, juillet 31.

Gouillard, docteur en droit. XVI. 1780, octobre 5.

Gouilli (Mlle). Voir Mme *Blanc* (Le).

Goujet (l'abbé), savant bibliographe. III. 1766, juillet 6. 1767, février 11.

Goujon, libraire. XXXI. 1786, mars 18.

Goulard (Thom.), membre du Corps Législatif. XXI. 1782, août 5. — XXIII. 1783, août 1, 3.

Goulard des Audrayes, militaire. XXX (addition) 1775, juin 3.

Goupil, inspecteur de police. VIII. 1775, novembre 13. — XI. 1778, mars 29, mai 11. — XXVI. 1784, octobre 11.

Goupilleau de Villeneuve. Voir *Villeneuve*.

Gourci (abbé de). IV. 1768, avril 12.

Gourdan (la), proxenète. V. 1770, janvier 31. — VIII. 1775, septembre 7, 11. — IX. 1776, juin 19, 20, 23, août 19, 22. — XI. 1778, mai 31. — XIV. 1779, décembre 31. — XXIII. 1783, juillet 8, août 12, octobre 19. — XXIV, décembre 3.

Gourgues (président de). xix (addition). 1770, mai 14. — xxix (addition), 1774, décembre 6. — ix. 1776, août 22. — xxxv. 1787, mai 29.

Gourné (abbé de). ix. 1776, juillet 9.

Goust (Edme), architecte. xxxii. 1786, septembre 2.

Gouve (de), procureur général de Bordeaux. xvi. 1780, novembre 7.

Gouvernet (marquis de). xxxiv. 1787, février 21 (N° 47).

Goux (chevalier de). xxxiv. 1787, mars 25.

Gouy (marquise de). vi. 1772, février 6. — viii. 1775, décembre 23.

Gouzillon (de), officier de marine. xxv. 1784, février 17.

Goyon, danseur de l'Opéra. xxxi. 1786, février 13. — xxxii, juillet 26.

Goys, surnommé mylord Goys. vii. 1774, mai 16.

Gracieux, officier de cavalerie. xxxii. 1786, août 24.

Gradix, juif. xv. 1780, août 12.

Grammont, négociant. xxi. 1782, novembre 18.

Grammont, acteur de la Comédie française. xvii. 1781, février 6. — xx. 1782, janvier 20, février 7, 24. — xxi, juillet 24. — xxxii. 1786, septembre 1.

Grammont (duc de), ii. 1765, février 18. — iii. 1767, février 7, 27, juillet 29.

Grammont (duchesse de). i. 1762, novembre 1. — iii. 1767, février 27. — iv. 1769, juillet 10. — viii. 1775, novembre 10. — xvii. 1781, mai 28. — xx. 1782, février 22. — xxv. 1784, janvier 15 — xxix. 1785, mai 13.

Grammont (comte de). Voir duc de *Guiche*.

Grammont Caderousse (comtesse de). xxv. 1784, janvier 15. — xxx. 1785, septembre 13 (Lettre ii).

Grancher, armurier. xxix. 1785, septembre 2.

Grand, médecin. xvi. 1780, novembre 5.

Grand-Camp (de). xxv. 1784, avril 12.

Grand-Clos (de), médecin. xiii. 1771, septembre 14 (Lettre iii). — x. 1777, décembre 10.

Grandi (Mlle), danseuse. iii. 1768, mars 14. — vi. 1773, février 14.

Grandière (de la), maire de Tours. xxxiv. 1787, février 21 (N° 139). — xxxv, septembre 7.

Grandval (C.-F. Ragot de), acteur du Théâtre-Français. i. 1762, janvier 30, avril 22, juillet 11. 1763, juin 28, novembre 4. — xviii. 1768 (addition), mars 29. — iv, juin 2. — xxvi. 1784, septembre 26, 29.

Grangé, libraire. i. 1762, décembre 30. — ii. 1764, janvier 13.

Granger, acteur. xx. 1782, mars 7, 10, juin 25, 28. — xxi, octobre 23. — xxii. 1783, février 18. — xxiii, novembre 19. — xxviii. 1785, février 12.

Grangier (Jacques), médecin. ii. 1764, décembre 7.

Granville (Mlle), courtisane, maîtresse de M. de Jonville. vi. 1772, juillet 26. — xxvii, août 5 (addition). — vii. 1774, juillet 30. — xiv. 1779, décembre 31.

Gras de Préville (chevalier), capitaine de vaisseau. xiv. 1779, juin 16.

Grasse (comte de), lieutenant-général des armées navales. xvii. 1781, août 11. — xx. 1782, mai 22, juin 11. — xxi, juillet 13, août 21, septembre 5, octobre 8, novembre 29, décembre 12. — xxii. 1783, mars 26, 28, 30. — xxiii, août 6. — xxv. 1784, janvier 12, 17, février 13, 19, 20, 23, 26, mars 7, 17, 18, avril 16, mai 9. — xxvi, mai 30, juin 15, 16, 17, 18, 20, 21, juillet 16. — xxxi. 1786, janvier 22, février 16.

Grasse (monseigneur de), évêque. xxi. 1782, octobre 24.

Grault, valet de chambre du roi. xxx. 1775 (addition), juin 21. — xviii. 1781, novembre 12.

Gravelot (Hub.-Franç. Bourguignon, dit), dessinateur. i. 1762, septembre 13. 1765, janvier 29, février 10. — xx. 1782, février 5.

Grenier, directeur de l'Opéra. x. 1777, mars 2, juin 5.

Gresset (J.-B.-L.), poëte. i. 1762, janvier 12. — i. 1763, janvier 28. — ii. 1765, octobre 17. — vii. 1774, août 8, 15. — xxvii (addition), août 18, octobre 7. 1775, mars 14. — xxxi (addition), août 26. — x. 1777, juin 21, 23, juillet 11, 22, novembre 28.

Grétry (And.-L.-Modeste), célèbre compositeur. III. 1766, décembre 22. — IV. 1769, septembre 27. — V, décembre 14. — V. 1770, février 18, décembre 7. — VI. 1771, octobre 29, novembre 14. 1772, avril 2, mai 16. — XXIV (addition), mai 11 — XXIV (addition). 1773, mars 5. — VII. 1775, janvier 31. — VIII, avril 13, mai 2. — XXXI (addition), août 23. — IX. 1776, juin 2, 13. — X. 1777. janvier 8, mai 22, 24, octobre 11, décembre 2. — XIV. 1779, novembre 15, 17. — XV. 1780, janvier 4. — XVI, octobre 11. — XVII. 1781, mai 16. — XVIII, octobre 4, décembre 31. — XX. 1782, janvier 1, 8. — XXI, septembre 11, novembre 25, 27. — XXII. 1783, janvier 17, 18. — XXV. 1784, janvier 16, mars 18, 20. — XXVI, juin 25, octobre 22, novembre 1, 4. — XXVIII. 1785, janvier 27, avril 7. — XXX, décembre 30. — XXXII. 1786, juillet 29. — XXXIII, novembre 1, 4, 17. — XXXVI. 1787, décembre 27.

Grétry (Mlle), fille du précédent. XXXIV. 1787, mars 23, 27.

Greuze (J.-B.), peintre. I. 1763, août 26 — XIII. 1769, août 25 (Lettres I, III) — XIX. 1769 (addition), août 30. — XX. 1774 (addition), octobre 21. — VIII. 1775, juillet 31. — XXXI (addition), août 22. — X. 1777, février 21, 23, juin 17, 30, juillet 24, septembre 6, 9, octobre 10. — XII. 1778, novembre 28. — XX. 1782, avril 22. — XXXIII. 1786, décembre 3.

Gribeauval (J.-B. Vaquette de), lieutenant-général, tacticien. IV. 1769, octobre 23. — V, décembre 1. — V. 1770, novembre 20. — VI. 1773, mai 27. — XXVII. 1774 (addition), mars 13, 20, avril 1, 8, octobre 23. — XXXII. 1786, août 1. — XXXVI. 1787, novembre 1.

Griffet (le père). I. 1762, avril 25, août 17. — VI. 1771, novembre 6, décembre 12.

Griffith, auteur dramatique. II. 1766, janvier 21.

Grignet, négociant de Bordeaux. XVIII. 1781, septembre 17, 25, octobre 11. — XXI. 1782, novembre 18.

Grille (chevalier de). XIV. 1779, septembre 27.

Grimaldi (de), ministre espagnol. VIII. 1775, décembre 10.

Grimaldy (de), évêque de Noyon. XVII. 1781, juin 26.

Grimm (baron de), philosophe et littérateur. VII. 1773, décembre 23. 1774, novembre 10. — XII. 1778, décembre 6.

Grimod de la Reinière, avocat, célèbre gastronome. XII. 1778, décembre 25. — XX. 1782, février 14. — XXII. 1783, février 7, 9, 11, 13, 19, mai 27. — XXIII, juillet 1. — XXXI. 1786, mars 6, 8, 9, 27, 31, avril 19, 27. — XXXII, juillet 28 — XXXV. 1787, juillet 23, 24, 29. — XXXVI, décembre 10.

Grisel (abbé). I. 1762, février 17.

Grivois. XXVI. 1784, juin 7.

Groignard, constructeur de vaisseau. II. 1765, avril 17. — XXVII. 1774 (addition), avril 24. — XXIII. 1783, octobre 10, 11, 24. — XXVI. 1784, août 16.

Grosbois (de), premier président. XXXIII. 1775 (addition), novembre 12. — XXI. 1781, septembre 16. — XXIX. 1785, septembre 30 — XXXIV. 1787, janvier 21, février 21 (N° 90).

Grosley (Pierre-Jean), membre de l'Académie des Inscriptions et Belles-Lettres. XXX. 1785, novembre 13, 29. — XXXI. 1786, avril 5. — XXXIV. 1787, avril 17.

Grosnier (abbé). IX. 1776, décembre 3. — X. 1777, décembre 26. — XIV. 1779, mai 16.

Gross, musicien du prince de Prusse. XVII. 1781, juin 9.

Groubental de Linières, littérateur. I. 1762, juin 12. — II. 1765, septembre 2. — IX. 1776, octobre 15. — XX. 1782, mai 2.

Grouvelle, secrétaire des commandements du prince de Condé. XIV. 1779, août 2. — XXIX. 1785, juin 22.

Gruelles (Mme), femme de chambre. XVIII. 1767 (addition), janvier 5.

Gruet (N.), poëte. X. 1777, décembre 14.

Gua de Malves (abbé), mathématicien, membre de l'Académie des Sciences. XXI. 1782, octobre 23. — XXXII. 1786, juin 10. — XXXIII, novembre 15.

Guasco (l'abbé Octavien de), littérateur. II. 1766, février 4. — XXVI. 1784, novembre 12.

Gudin, poëte dramatique. IX. 1776, août 14, décembre 8. — X. 1777, janvier 19. — XII. 1778, décembre 4. — XIII. 1779, janvier 11. — XIV, septembre 5. — XXI. 1782, juillet 9. — XXIII. 1783, août 24. — XXVIII. 1785, mars 10. — XXXII. 1786, juin 10.

Gueau de Reverseaux, maître des requêtes. VIII. 1775, mai 25. — IX. 1776, février 3. — XVII. 1781, mai 21. — XXX. 1785, novembre 14.

Guédon (Mme), fille de Carlin l'Arlequin, actrice. XVI. 1780, septembre 29.

Guemenée (prince de). Voir *Rohan*. VIII. 1775, août 20. — X. 1777, mars 6.

Guéneau de Montbelliard, naturaliste. VII. 1774, décembre 25. — XVIII. 1781, décembre 7. — XXX. 1785, décembre 27.

Guénée (l'abbé Antoine), littérateur. VI. 1773, janvier 16. — X. 1777, mai 30, 31. — XXVI. 1784, novembre 12.

Guénet, médecin. VI. 1772, juillet 22.

Gueniot (le sieur). XXX. 1785, décembre 9.

Guer (chevalier de). VI. 1772, juillet 26.

Guerchy (de), ambassadeur. I. 1763, décembre 21. — II. 1764, avril 14, 26, juin 2, juillet 7, août 3, novembre 26. — XXVII (addition). 1774, mars 1. — IX. 1776, janvier 15. — XIII. 1779, mars 24.

Guérin, chirurgien du prince de Conti. II. 1766, janvier 16. — V. 1771, mars 23.

Guérin de Frémicourt, auteur dramatique. XIV. 1779, juin 27.

Guérin (MM.), musiciens. XVII. 1781, juillet 31. — XXXIV. 1787, avril 9.

Guérin, peintre. XIII. 1769, septembre 20 (Lettre II).

Guérin, professeur de l'Université. XX. 1782, avril 21.

Guerrier de Bezance, premier président. XXII. 1783, mars 6, 7.

Guettard (J.-E.), médecin-naturaliste, membre de l'Académie des Sciences. II. 1765, novembre 13.—XVI. 1767 (addition), février 14. — VI. 1771, novembre 13. — XXIII. 1783, septembre 27. — XXXI. 1786, janvier 9, mars 25. — XXXIV. 1787, avril 18.

Guibert (Mme), auteur. II. 1764, mai 9.

Guibert (de), gouverneur des Invalides. XXXIV. 1787, décembre 9, 22.

Guibert (comte J.-A.-Hippolyte de), littérateur, membre de l'Académie. II. 1764, mai 4. — XXIV. 1772 (addition), septembre 22. — VI. 1773, avril 23. — VII, novembre 27. — XXVII (addition), 30. — VII. 1774, février 24. 1775, mars 24. — VIII, juillet 14, août 18 (XXXI, addition, 27), 28, 29, septembre 4, décembre 1, 8, 31. — IX. 1776, janvier 8, mars 2. — X. 1777, août 28, septembre 26, 28. — XIV. 1779, juin 30. — XXX. 1785, octobre 22, décembre 16. — XXXI. 1786, février 13.—XXXII, juillet 18.—XXXV. 1787, juin 4.

Guibert de Préval, médecin. V. 1771, mai 6, juin 6, 10.— VI. 1772, décembre 21. — XXIV. 1773 (addition), mars 13. — VII, septembre 9, octobre 1. — XXIV. 3. — IX. 1776, mars 14, mai 15, juillet 18. — X. 1777, avril 4, 9, mai 9, 31, juin 19, 21, 30, juillet 16, août 14.

Guibeville (président de). XXII. 1783, avril 17.

Guichard (J.-F.), poëte. XVI. 1762 (addition), février 10. — XVI. 1762 (addition), février 10. — XVI. 1764 (addition), décembre 10. — IV. 1768, avril 5, 29. — IX. 1776, août 27. — X. 1777, septembre 27. — XVIII. 1781, décembre 7. — XX. 1782, mai 3. — XXVI. 1784, août 26, 27.

Guiche (duc de). XIV. 1779, juin 20. — XXXI. 1786, février 8, 9.

Guiche (duchesse de). Voir *Polignac* (Mlle de). XXI. 1782, octobre 14. — XXV. 1784, janvier 15. — XXXI. 1786, février 8, 9, 10.

Guidi, censeur royal. XVI. 1780, septembre 30. —

xx. 1782, juin 22. — xxvi. 1784, octobre 4. — xxix. 1785, juin 17.

Guidi (Louis), prêtre de l'Oratoire, théologien. xxii. 1783, mai 9.

Guignes (Jos. de), orientaliste, membre de l'Académie des Inscriptions. iv. 1768, avril 12. — v. 1769, novembre 14. 1771, avril 9. — xxiii. 1783, novembre 15. — xxxi. 1786, avril 5.

Guignon, roi et maître des ménestriers du Royaume. vii. 1774, février 9. — xxiv. 1773, mars 11.

Guigony (abbé), proxénète. xiv. 1779, décembre 31.

Guillard (Nic.-Franc.), poëte dramatique et lyrique. xxi. 1782, juillet 8, 10. — xxiii. 1783, octobre 28. — xxv. 1784, février 6, 10, 15. — xxvii, novembre 30, décembre 5. — xxix. 1785, juillet 8, 15. — xxxi. 1786, janvier 9, 20. — xxxiv. 1787, avril 14.

Guillaumie (de la), conseiller honoraire au Parlement. xxix. 1785, août 9.

Guillemin, musicien, 1er violon du Roi. v. 1770, octobre 5.

Guillet, peintre. xix. 1770 (addition), mars 2.

Guimard (Mlle), actrice. Voyez *Despreaux*.

Guimard, concierge à Versailles. vi. 1775, août 3.

Guines (Ad.-L. de Bonnières, comte, duc de), diplomate. xxvii. 1774 (addition), mars 1. — xxix (addition), novembre 25. — vii. 1775, février 7. — xxx (addition), avril 8. — viii. 29, mai 1, 10, 18, 20, 29, juin 2, 4, 6, 8. — (xxx. 8, 13, 23), août 12, 31. — ix. 1776, juillet 7, octobre 13.— x. 1777, avril 26. — xxxiv. 1787, février 21 (N° 32). — xxxvi, novembre 1.

Gustave III, roi de Suède. vii. 1774, janvier 6.

Guy, libraire. v. 1771, août 31.

Guyard, sculpteur. iii. 1768, janvier 29.

Guyard (Ad. Labille, femme Vincent, connue sous le nom de), peintre au Pastel, membre de l'Académie. xxiii. 1783, juin 14, septembre 13 (Lettre iii). — xxx. 1785, septembre (Lettre ii). — xxxvi. 1787, août 25 (Lettre i).

Guymond de la Touche, auteur dramatique. II. 1765, novembre 15.

Guyot de Merville (Mich.), auteur dramatique et historien. II. 1765, décembre 12. 1766, février 26. — XVI (addition), février 28.

Guyton de Morveau (L.-B.), chimiste, ancien avocat général au Parlement de Dijon. XVIII. 1781, décembre 7. — XXV. 1784, mai 2. — XXVI, juin 29.

H

Hage (marquis de la). VIII. 1775, mai 9, 11, 30, juin 2.

Haguenot, conseiller à la cour des comptes de Montpellier. XVI. 1780, novembre 14.

Halifax (Lord). II. 1763, juin 2.

Hall, peintre. XIII. 1775, septembre 23 (Lettre II). — XXIV. 1783, septembre 15 (Lettre II).

Hallé, médecin. XII. 1778, novembre 10, décembre 19.

Hallé (Noel), peintre. XIII. 1767, septembre (Lettres I, II, III). 1769, septembre 10 (Lettres I, II). 1771, septembre 14 (Lettre III). 1773, septembre 7 (Lettres I, II). — XI. 1771, septembre 9 (Lettre I). — XVII. 1781, juin 9, juillet 2.

Haller (baron de), médecin, anatomiste. X. 1777, décembre 22.

Halley (Edm.), astronome anglais. III. 1767, octobre 2, novembre 14.

Halley (Mme du). IV. 1768, avril 17.

Hallot, médecin. XVII. 1781, janvier 18, février 6, 17.

Hamelin, premier commis des finances. XV. 1780, septembre 16. — XXI. 1782, août 10, 12. — XXIII. 1783, novembre 20, 21.

Hamilton (Milady). XX. 1782, mars 13, 27, 28, 29, avril 4, mai 3.

Harcourt (comtesse d'). VII. 1774, février 7. — IX. 1776, août 12.

Harcourt (duc d'), gouverneur du Dauphin. v. 1769, décembre 22. — IX. 1776, janvier 24. — XXIX. 1785, juillet 25. — XXXIII. 1786, octobre 15. — XXXIV. 1787, février 21 (N° 24). — XXXV, avril 29.

Hardion (Jacques), littérateur, membre de l'Académie. III. 1766, octobre 3, novembre 1.

Hardoin de la Reynerie, avocat. XX. 1782, juin 30. — XXVI. 1784, août 9, 27. — XXXIV. 1787, avril 3.

Hardouin (le père), jésuite. II. 1764, mai 21.

Hardouin, libraire. X. 1777, juin 16.

Hardy (le père Martial). III. 1766, mars 1.

Harembures (vicomte d'), maréchal de camp. XXIII. 1783, octobre 9.

Harisson, horloger-mécanicien. II. 1764, août 16, 23. — III. 1767, novembre 14. — IV. 1768, juin 8.

Harlay (président de). I. 1763, juillet 29. — II. 1764, janvier 23.

Harriagues (Mme), petite-fille de Racine. XX. 1782, mai 2.

Harvelay (Micault d'), garde du trésor royal. XXVIII. 1785, janvier 2. — XXXI. 1766, janvier 1.

Harville (comtesse d'). XXV. 1784, janvier 15.

Harvoin, receveur général des finances. XXXIV. 1787, janvier 29, février 13, mars 5.

Hasselgréen (Mme). XXVI. 1784, juillet 9.

Haudement, marin. XXIX. 1785, mai 15.

Haudry de Soucy, fermier général. XVII. 1781, février 13. — XXI. 1782, août 10, 12.

Haun, abbé du Mont-Liban. X. 1777, février 24.

Hauré, sculpteur. XIV. 1779, avril 16.

Hautpoul (marquis d'). XXXIV. 1787, février 21 (N° 111).

Haüy (Valentin), secrétaire du Roi, interprète. XXVII. 1784, novembre 23. — XXVIII. 1785, février 20, mars 1. — XXIX, juillet 13. — XXX, décembre 15. — XXXII. 1786, août 28. — XXXIII, octobre 19, décembre 29. — XXXIV. 1787, mars 9.

Hay-Delman, musicien. XXI. 1782, septembre 11, 23.

Haydn (Fr.-Jo.), célèbre compositeur. xx. 1782, mars 29. — xxv. 1784, avril 15.

Hayer (le père), récollet, écrivain religieux. xv. 1780, août 6. — xxii. 1783, janvier 15.

Hazon, architecte. xi. 1778, février 10, 18.—xxxvi. 1787, décembre 17.

Hazou, joueur. xxi. 1782, septembre 20, octobre 22. — xxviii. 1785, mars 27, 28.

Hebert (Mlle), actrice. xvi. 1762 (addition), juin 15.

Hébert, architecte. xxvi. 1784, septembre 15.

Hébert, intendant des menus. ix. 1776, janvier 5, avril 18, décembre 16. — x. 1777, mars 10.

Hector (comte de), chef d'escadre. xv. 1780, juin 15, 23.

Héduin. x. 1777, juin 16.

Heidoux (Mlle), danseuse. vii. 1774, janvier 21.

Heinel (Mlle), danseuse à l'Opéra, maîtresse du comte de Lauragais. iii. 1768, mars 9, 28, mai 2, août 9. — xix. 1769 (addition), février 26, juin 14. 1770 (addition), août 31, décembre 12. — v. 1771, février 9, 10. — vi. 1772, février 24. (xxiv, addition, juillet 11, octobre 22), novembre 1, décembre 21. — vi. 1773, janvier 7. — vii, juin 16. — xxvii. 1774 (addition), août 6. — ix. 1776, janvier 28, février 12, mai 4. — x. 1777, janvier 21. — xiv. 1779, novembre 17. — xv. 1780, mars 6, juin 1. — xx. 1782, juin 1.

Héliot (abbé d'). xxxii. 1786, août 5.

Hell (le père), astronome. xxxiv. 1787, avril 4.

Hellot, membre de l'Académie des Sciences, chimiste. i. 1763, avril 14. — iii. 1766, mars 11, avril 9.

Helvétius (Cl.-Ad.), philosophe. i. 1763, avril 20. — ii. 1764, août 24, décembre 21. 1765, novembre 7. — iii. 1767, janvier 25. — vi. 1771, décembre 29. 1772, janvier 7, septembre 16, octobre 4. 1773, mai 7, 22.— xxiv (addition), 18. — vii. 1774, janvier 7, 9. — xxvii (addition), février 21. — xiv. 1779, décembre 28.

Helvetius (Mme), épouse du précédent. vi. 1771, décembre 29. 1772, octobre 4.

Hemery (d'), exempt de police. VII. 1774, mai 6.

Hénault (président), membre de l'Académie. I. 1762, juin 4. — II. 1764, décembre 27.—III. 1766, novembre 4. 1767, avril 20. — XIX. 1768 (addition), juillet 29, octobre 7. — V. 1770, novembre 24. 1771, avril 9. — VI. 1772, novembre 12.

Hénin (prince de). VII. 1774, février 13, août 12. — VIII. 1775, octobre 21. — X. 1777, mars 10. — XIV. 1779, septembre 26, 30, octobre 18. — XV. 1780, janvier 6. — XVIII. 1781, décembre 16.

Hénin (princesse de). XXIV. 1773, mars 3. — VII. 1774, août 23. — XVII. 1781, mai 28. — XXV. 1784, janvier 14.

Hennin, secrétaire de l'Assemblée des notables. XXXIV. 1787, février 21 (N° 145). — XXXV, mai 30.

Hennin (P.-Mich.), savant diplomate, associé libre de l'Académie des Inscriptions. XXXI. 1786, avril 25.

Henrion de Pansey, avocat. VII. 1775, mars 24. — VIII, mai 30.

Henriquez, graveur. XXIV. 1783, septembre 23 (Lettre III).

Henry, avocat du Roi à Orléans. XXXIV. 1787, janvier 4, 8.

Henry, avocat. XXIII. 1783, septembre 1.

Hérault de Séchelles (M.-J.), avocat général, membre de la Convention. XIV. 1779, août 5. — XV. 1780, juillet 5. — XXII. 1783, mai 9. — XXV. 1784, février 29. — XXVI, août 9. — XXXII. 1786, mai 28. — XXXIII, septembre 25. — XXXV. 1787, mai 29, juin 1.

Herbain (chevalier d'), amateur de musique. XVI. 1763 (addition), août 12.

Herculais (comte d'), commandant de la gendarmerie. XXIX. 1785, juillet 16, 30.

Héricourt (président). XIX. 1770 (addition), mai 17. — X. 1777, décembre 2. — XIV. 1779, décembre 4. — XX. 1782, mars 6. — XXX. 1785, novembre 11.

Hérissant (Fr.-Dav.), docteur régent de la Faculté de médecine, membre de l'Académie des Sciences. III. 1766, novembre 12.

Herissant (Veuve), libraire. xx. 1782, avril 15.

Heritier (l'), notaire. iv. 1769, octobre 31. — vii. 1773, septembre 2.

Hermilly (Vaquette d'), censeur royal. xi. 1778, février 6.

Héron, conseiller au Parlement. iii. 1768, mars 23.

Hérouville (comte d'), lieutenant général. xxi. 1782. septembre 1.

Herschell (G.), astronome. xxxv. 1787, juin 18.

Herschell (miss Caroline), sœur du précédent. xxxii. 1786, août 14.

Hervier (le père Ch.), Augustin, docteur de Sorbonne. xxv. 1784, avril 9, 11. — xxvi, octobre 20, 25. — xxvii, décembre 5. — xxix. 1785, juillet 9.

Hespelle (abbé), chapelain des Quinze-Vingts. viii 1775, septembre 25.

Hesse (de), acteur. i. 1762, février 28. — xiv. 1779, mai 24.

Hesse (prince George de). xxv. 1784, janvier 15.

Heurtier (J.-F.), architecte du Roi. xvi. 1780, novembre 17. — xxii. 1783, avril 30. — xxv. 1784, mai 4.

Heuze (comtesse de la). xi. 1778, février 13.

Hiacynthe (le père), carme prédicateur. xix. 1770 (addition), mai 12.

Hiam, écuyer. vii. 1774, août 16.

Hilliard d'Auberteuil, écrivain politique. xxiii. 1783, août 6. — xxiv. 1784, décembre 28. — xxviii. 1785, avril 8, 9, 10. — xxix, juin 17, juillet 25, octobre 2. — xxx, 11, 21.

Hirault, inventeur d'un appareil de sauvetage. xii. 1778, juillet 19.

Hiss, banqueroutier. xvii. 1781, juillet 24.

Hizelberg (Mme), virtuose. xi. 1778, janvier 8.

Hocquart, premier président du Parlement de Metz. v. 1770, février 4. — xix (addition), mai 17. — ix. 1776, janvier 27. — xxxiv. 1787, février 21 (N° 88). — xxxv, avril 25.

Hocquart (abbé). v. 1771, mars 30.

Hocquart, procureur général de la Cour des Aides. xxxiv. 1787, février 21 (N° 99). — xxxv, mai 6.

Hoffman, inventeur du politype. xxxi. 1786, mars 31. — xxxiv. 1787, mars 31. — xxxv, avril 24. — xxxvi, octobre 8, 21, décembre 8.

Hoffman (Fr.-Benoît), littérateur et critique. xxvii. 1784, décembre 14. — xxix. 1785, août 15. — xxxii. 1786, mai 26.—xxxiii, octobre 31, novembre 30, décembre 4.

Holbach (baron d'), philosophe. iii. 1766, juillet 8. — vi. 1772, octobre 27.

Holland (G.-Jonathan), philosophe. vi. 1773, janvier 18, 25, 30. — xxiv (addition), janvier 29.

Hollier (Cl.), abbé. xxi. 1782, novembre 22.

Holtzendorff (baron de). ix. 1776, octobre 21.

Holtzhey, graveur hollandais. xxviii. 1785, février 17.

Hongrie (la reine de). i. 1762, août 2.

Hooke, officier. v. 1769, décembre 15.

Hopital (comtesse de l'). ii. 1764, février 12. — vi. 1772, avril 9. — vii. 1773, juin 20.

Hornecca, banquier hollandais. xi. 1778, février 7.

Hosti, médecin. iii. 1768, février 17. — x. 1777, octobre 26.

Houbigant (le père), Hébraïsant, prêtre de l'Oratoire, xxii. 1783, janvier 15. — xxiii. novembre 10.

Houdard, membre de l'Académie des Inscriptions. xxviii. 1785, avril 5.

Houdetot (d'), officier aux gardes. vii. 1775, janvier 10, 13. — viii, mai 6.

Houdetot (Sophie de la Live de Bellegarde, comtesse d'), femme auteur. xxix. 1785, juillet 25.

Houdon (J.-Ant.), sculpteur. xii. 1767, septembre 13 (Lettrée iii). 1773, septembre 21 (Lettre iii). 1775, septembre 29 (Lettre iii). — xi. 1779, septembre 22 (Lettre iii). 1778, avril 19. — xiii. 1779, septembre 22 (Lettre iii). — xvii. 1781, mai 13, 20, octobre 3 (Lettre iii). — xxiii. 1783, octobre 27. — xxiv, septembre (Lettre iii). — xxv. 1784, avril 21. —

xxix. 1785, juin 5. — xxx, septembre (Lettre iii). — xxxi. 1786, janvier 25. — xxxiii, octobre 6, décembre 16. — xxxiv. 1787, janvier 27.

Houel (J.-P.-L.), peintre et graveur. xiii. 1775, septembre 23 (Lettre ii).

Houry (d'), imprimeur. xxv. 1784, janvier 3.

Houstel, directeur de l'Académie de chirurgie. iii. 1766, septembre 25.

Huard, aveugle-né, poëte. xxxiii. 1786, décembre 29. — xxxv. 1787, mai 5.

Huber, poëte allemand. ii. 1764, février 21. — iii. 1766, août 19.

Hubert, de l'île Bourbon, agronome. xxxiii. 1786, décembre 26, 30.

Huberty (le père). xxxiv. 1787, avril 4.

Hué, peintre. xix. 1781, août 25 (Lettre ii). — xxiv. 1783, septembre 22 (Lettre ii). — xxx. 1785, septembre (Lettre ii). — xxxvi. 1787, août 25 (Lettre ii).

Huët, peintre. xiii. 1769, septembre 20 (Lettre ii). 1773, septembre 14 (Lettre ii). 1775, septembre 23 (Lettre ii).

Huët, architecte. xviii. 1781, septembre 10.

Huët, curé. xx. 1782, mars 12.

Huez (d'), sculpteur. iii. 1767, novembre 27. — xiii. 1769, septembre 28 (Lettre iii). 1771, août 25 (Lettre iii). 1773, septembre 21 (Lettre iii). — xiv. 1779, octobre 26, novembre 15.

Huez, ancien maire de la ville de Troyes. xxxiv. 1787, janvier 19, février 21 (N° 134). — xxxvi, octobre 10.

Hullay (marquis du), premier veneur du comte d'Artois. xiv. 1779, septembre 12.

Hulot, mécanicien. xvii. 1781, juillet 10.

Humain, dragon, suicidé. vii. 1773, décembre 28. — xxvii (addition). 1774, août 4.

Hume (David), historien et philosophe. i. 1763, octobre 28. — ii. 1765, septembre 28, décembre. — iii. 1766, juillet 8, 14, 26, septembre 27, octobre 20, 23, novembre 13, 16, décembre 10, 23. 1767, janvier 8, mars 23, 30, mai 30. — iv. 1768, août 5.

Huno (Mlle), maitresse du duc de Lavallière. i. 1762. février 17.

Hunter (John), médecin écossais. xxv. 1784, avril 21.

Hureau, procureur au Parlement. xi. 1778, avril 6.

Hurel (Mlle), prix de vertu. xxxii. 1786, août 25.

Hus (Adelaïde), actrice. i. 1762, janvier 1, novembre 29. 1763, janvier 1, mars 17. — ii (addition). 1764, janvier 13. — xviii (addition). 1767, octobre 7. — xix (addition). 1769, avril 21, 25, 28, mai 18. — xxxii (addition). 1775, octobre 14. — xiv. 1779, novembre 1. — xv. 1780, avril 4.

Hus, danseur et compositeur de ballets. xxxi. 1786, février 13.

Husson (le père). iii. 1766, novembre 28.

Hutin, peintre. xiii. 1769, septembre 20 (Lettre ii).

Hutteau, avocat. viii. 1775, avril 29.

Huvineau de Bourghelles, mayeur de Lille. xxxiv. 1787, février 21 (N° 124). — xxxv, avril 25.

I

Iblets (Dom). xxiii. 1783, octobre 10.

Icart, chirurgien. xviii. 1781, novembre 19.

Imbault, musicien. xviii. 1781, septembre 9.

Imbert (Barthél.), poëte. vi. 1772, septembre 8. — vii. 1775, janvier 2, 17, 30. — x. 1777, février 9, août 30. — xiv. 1779, décembre 30. — xv. 1780, juin 9. — xvii. 1781, janvier 7, 9. — xviii, octobre 23. — xx. 1782, avril 8 — xxii. 1783, janvier 20. — xxvi. 1784, août 14. — xxviii. 1785, janvier 12. — xxix, septembre 4. — xxxii. 1786, août 26. — xxxvi. 1787, septembre 16.

Isabey, musicien. xvii. 1781, août 18.

Isnart (d'), maire de Marseille. xxxiv. 1787, février 21 (N° 119).

J

Jabineau (abbé). xii. 1778, octobre 5, 9, 13.

Jabineau, avocat. ix. 1776, juillet 23. — xxxi. 1786, janvier 18.

Jacquet, poëte. xviii (addition). 1767, septembre 12.

Jacquet de la Douay, pamphlétaire, espion. xviii. 1781, décembre 22. — xx. 1782, janvier 14, 26, 28, février 7. — xxi, novembre 2. — xxii. 1783, mars 31. — xxvi. 1784, octobre 11.

Jacquet de la Douay (Mme). xxi. 1782, novembre 2.

Jaerl, chirurgien. xxvii. 1784, décembre 14.

Jaillot, sculpteur. xxxiv. 1784, avril 2, 7.

Jallier de Savaalt, architecte. xxxii. 1786, août 10.

Jammes, avocat. xi. 1778, mars 24. — xxxv. 1787, août 10.

Janet (abbé). xxxi 1786, avril 16.

Janin, médecin. xx. 1782, février 21, mars 4, avril 8, 16.

Janinet. Voir abbé *Miolan*.

Janson (de), officier. xxx. 1775, mai 8.

Janston (de), botaniste. xvi. 1780, décembre 28.

Jaquin, aide guichetier. xxvi. 1784, octobre 4.

Jardin (N.-H.), architecte. x. 1765, juillet 25, août 5.

Jarente (de), évêque. j. 1762, février 17. — ii. 1764, février 12. — iv. 1769, août 13. — vii. 1773, novembre 12. — xxi. 1782, novembre 3.

Jarnac (comte de), maréchal de camp. xxix. 1785, juillet 25.

Jarnowick, violoniste. viii. 1775, mai 22. — ix. 1776, mai 1. — x. 1777, mars 3, 6, avril 1.

Jars (Gab.), minéralogiste, membre de l'Académie des Sciences. v. 1770, avril 25.

Jauberthon, chirurgien. xxvii (addition). 1774, juillet 2.

Jaucourt (chevalier de), savant. xv. 1780, avril 7. — xxxii. 1786, juin 22.

Jaucourt (vicomtesse de). xvii. 1781, juin 3.
Jean (baron de Neermaut). xxv. 1784, avril 20.
Jean (de), neveu de M. de Chalut, fermier-général. xxii. 1783, mars 29.
Jeaurat, peintre. xiii. 1767, août 25 (Lettre i sur le salon). xxvii. 1784, novembre 26.
Jeaurat (Edme-Séb.), astronome. xxxii. 1786, juin 13.
Jeauroy, médecin. xii. 1778, décembre 19.
Jefferies, médecin. xxv. 1785, janvier 9, 10, 12, 14, 17, 19, février 10.
Jéhanne, avocat. xxxiv. 1787, février 17.
Jérinchim (chevalier). xxv. 1784, janvier 14.
Johannot (Mathieu), père et fils, fabricants de papier. xxv. 1784, mai 2, 3, 11.
Johard, colporteur de livres. xxvi. 1784, septembre 26.
Jolain (N.-R.), peintre. iii. 1767, janvier 19. — xiii, septembre 6 (Lettre iii). — xiii. 1769, septembre 20 (Lettre ii). 1771, septembre 14 (Lettre iii) — xi. 1777, septembre 15 (Lettre ii). — xiii. 1779, septembre 25 (Lettre iii).
Jolas, avocat au Conseil. xxii. 1785, avril 12. — xxxiv. 1787, février 15.
Joliveau, secrétaire perpétuel de l'Académie de musique. i. 1763, janvier 11. — iv. 1769, octobre 18. — v. 1770, février 25.
Jolivet, médecin. i. 1763, avril 27. — ii. 1764, juin 24.
Joly (les frères), avocats. vii. 1775, janvier 5. — xxiv. 1787, février 4. — xxxv, juillet 29.
Joly (le père Joseph-Romain), littérateur. iii. 1766, juin 7. 1767, mai 25.
Joly de Maizeroy (P.-G.), tacticien, membre de l'Académie des Inscriptions et Belles-Lettres. xxxiii. 1775 (addition), novembre 14. — xv. 1780, février 13.
Joly de Saint-Just, poëte. xxxiii. 1786, décembre 31.
Jonas, escamoteur. vii. 1774, janvier 29, mars 12.
Jones (Paul), célèbre marin des États-Unis. xv. 1780, mai 18, 20, juillet 18. — xxviii. 1785, avril 26.

Jonquières (de), avocat. I. 1763, juin 7. — V. 1771, septembre 6.

Joré (Mme), marchande de la Halle. XXXIII. 1786, décembre 18.

Jossan (de), petit-fils de Mlle Adrienne Lecouvreur, critique. XIX. 1769, mai 23 (addition). — XXIV. 1773 (addition), septembre 30.

Joubleau de la Motte, avocat. XXXV. 1787, septembre 1.

Jouffroy (de), sous-lieutenant des gardes du corps. XXIX. 1785, août 16, septembre 1.

Jouin de Saureuil (chevalier), littérateur. XXVI. 1784, octobre 31.

Journet, intendant d'Auch. VIII. 1775, novembre 9.

Jousse, conseiller au Châtelet d'Orléans. XVIII. 1784, août 26.

Jouvency (chevalier de), substitut du procureur général. XXVIII. 1785, février 8.

Jouvenet (J.), peintre. XIII. 1771, septembre 14 (Lettre III).

Jude (Mlle), danseuse à l'Opéra. VII. 1774, mars 29.

Juigné (de), archevêque de Paris. X. 1777, juin 20. — XVIII. 1781, décembre 24, 26. — XXI. 1782, novembre 21. — XXIII. 1783, juin 20. — XXVIII. 1785, février 18, 21, 26. — XXXIII. 1786, novembre 18, décembre 4, 12, 15, 17. — XXXIV. 1787, janvier 17, 22, 28, février 3, 21 (N° 8). — XXXV, mai 26, 28, juin 3. — XXXVI, décembre 22, 26.

Juigné (marquis de). XXXII. 1786, juin 22.

Juillé (de). XX. 1782, mai 8.

Juilly (baronne Thomassin de). XXXI. 1786, février 22.

Juliart, peintre. XIII. 1769, septembre 10 (Lettre I).

Julien, acteur. XIX. 1771 (addition), juin 18. — XXIV. 1772 (addition), août 23. — IX. 1776, août 26. — XIV. 1779, décembre 31. — XV. 1780, avril 3. — XXVII. 1784, décembre 4.

Julien, esclave. XXXV. 1787, avril 29, mai 11, 29, juin 1, 19, juillet 3. — XXXVI, septembre 10.

Julien (P.), statuaire. xiii. 1779, septembre 22 (Lettre iii). — xix. 1781, septembre 24 (Lettre iii). — xxiv. 1783, septembre 22 (Lettre iii). — xxx. 1785, septembre 28 (Lettre iii).

Jumelin, médecin. x. 1777, décembre 24. — xi. 1778, janvier 1.

Jumilhac (de), archevêque d'Arles. iii. 1766, juillet 6. — xviii (addition). 1767, novembre 7.

Junker, censeur royal. xvii. 1781, mars 5.

Junquières (de), auditeur des Comptes. xi. 1778, janvier 6.

Jussieu (Bernard de), botaniste. v. 1770, juillet 26. — x. 1777, novembre 9, 16.

Jussieu (Ant.-Laurent), botaniste, neveu du précédent. x. 1777, novembre 9.

K

Kars'ch (Anne-Louise), poëte. ii. 1764, septembre 12.

Kempelen (de), mécanicien. xxiii. 1783, juin 12, 13. — xxvii. 1784, novembre 23.

Keppel (A., vicomte de), amiral anglais. xii. 1778, août 17. — xiii. 1779, janvier 20. — xiv, juillet 20, 22.

Kéralio (le chevalier F. Guinement), littérateur. xviii. 1781, décembre 7. — xx. 1782, avril 9. — xxv. 1784, avril 20. — xxvi, novembre 12. — xxix. 1785, juillet 13.

Kéralio (Mlle), fille du précédent. xxxiii. 1786, novembre 28.

Kercado (le sénéchal de). xiii. 1779, février 26. — xiv, juin 29, juillet 3, septembre 3. — xv. 1780, août 18. — xvi, septembre 25.

Kergariou (de), lieutenant de vaisseau. xv. 1780, juin 23.

Kerlarec (de), capitaine de vaisseau. iv, 1768, mai 16, 25.

Kersaint (comte de), capitaine de vaisseau. xx. 1782, mai 22.

Kersalaun (comte de). xxxv. 1787, mai 1, 20, 21, 23, 24,

27, juillet 3, septembre 10. — xxxvi, septembre 12, 13, octobre 7, 8, 10, 12, 13, 23.

Keyser (de). i. 1762, septembre 31.

Klopstock, poëte allemand. i. 1762, avril 18. — xvi. 1764 (addition), septembre 15. 1765 (addition), janvier 15.

Kornman (Guill.), banquier. xxxv. 1787, mai 20, 22, 24, 25, 28, 29, 30, 31, juin 1, 2, 6, 10, 11, 12, 15, 24, 25, juillet 6, 13, 14, 18, 20, 23, 28, août 1, 2, 13, 17, 29. — xxxvi, octobre 11, 26.

Kreutzer, violoniste. xxxiv. 1787, avril 9.

Kruger (Jean-Chrétien), poëte allemand. xvi. 1765, mars 6.

Kuerguelen (de), capitaine de vaisseau. vii. 1774, novembre 28. — xviii. 1781, décembre 18, 30. — xx. 1782, janvier 31. — xxii. 1783, janvier 20.

L

La Barre (chevalier de la), brûlé à Abbeville pour sacrilége. iii. 1766, août 6. 1768, mars 10.

Labbat (abbé). i. 1763, août 3.

La Beaumelle (L.-Angliviel de). xix. 1770, (addition), août 27. — v. 1770, septembre 16. — xxvii. 1774, février 14. — viii. 1775, août 15. — ix. 1776, juin 9.

La Blelterie (abbé de). iii. 1767, avril 25, novembre 13. — xviii (addition). 1768, mai 26. — iv. juillet 29. — vi. 1772, juin 4.

La Borde (J.-Benjamin), premier valet de chambre du roi Louis XV, littérateur. xvi. 1764, août 21. 1765, mai 9. — iii. 1768, février 6. — iv. 1768, octobre 9, décembre 12. 1769, juillet 9, 29, septembre 19. — xix (addition), juillet 8, 15. — v. 1770, septembre 23, décembre 12. — xix (addition), décembre 31. 1771, août 14, 30. — xxi (addition), octobre 3. — vi, novembre 28. — xxiv. 1772 (addition), août 26, octobre

2, 26. — vi, octobre 12, novembre 8, 15, 29, décembre 2, 3. — vii. 1773, juin 1, 11, 20. — xxiv, août 23. — xxvii. 1774 (addition), janvier 30, février 19, mai 14, août 4. — viii. 1775, octobre 21. — x. 1777, octobre 27, 30, novembre 23. — xi. 1778, mai 19. — xii, octobre 12, 19. — xviii. 1781, novembre 1.

La Borde (de), épouse du précédent. xvi. 1780, décembre 31.

Laborde (J.-Jos. de), banquier de la cour. i. 1763, juin 14, novembre 1. — xviii. 1769 (addition), août 30. — xiv. 1779, octobre 24. — xxii. 1783, avril 25, 27. — xxxiii. 1786, octobre 19. — xxxv. 1787, avril 26, mai 10. — xxxvi, octobre 7.

Laborde, fils du précédent. xiv. 1779, octobre 24.

La Borde, avocat. vi. 1771, décembre 3.

La Borde des Martres (de). xviii. 1768 (addition), juin 13. — xix. 1769, novembre 25 (addition).

Labourée, avocat. xxiv. 1773 (addition), octobre 25.

Labre (Joseph), surnommé le vénérable, célèbre trappiste. xxiii. 1783, août 11, septembre 15, novembre 4. — xxv. 1784, avril 7.

La Caille (abbé de), astronome. i. 1762, mars 25, novembre 15. — ii. 1764, novembre 14. — iv. 1768, novembre 4.

La Cassaigne, apothicaire. xiii. 1779, janvier 7.

Lachabeaussière (Xav. Poisson de), auteur dramatique. xvii. 1781, août 8. — xviii, novembre 3. — xx. 1782, février 23, mars 8. — xxii. 1783, mars 16, 24. — xxv. 1784, mai 5. — xxxv. 1787, mai 7.

Laclos (Choderlos de), maréchal de camp, littérateur. xx. 1782, avril 29, mai 14, 28, juin 13. — xxv. 1784, avril 15. — xxxii. 1786, juin 3, 14, 25, août 19.

La Combe, libraire. iii. 1768, janvier 12. — iv, mai 21. — xviii (addition), juillet 1. — xix (addition), juillet 31, septembre 23. — v. 1769, novembre 19. — viii. 1775, septembre 19. — xi. 1778, mai 14.

La Condamine (C.-M. de), astronome. i. 1763, juillet 3,

10, — II. 1764, octobre 19, novembre 7, 10. 1765, mars 24, novembre 13, décembre 8. — XVI. 1766 (addition), février 14. — II, juillet 30, août 1, septembre 1, novembre 27, décembre 12. — III. 1767, juin 6. — XIII, septembre 13 (Lettre III). — VI. 1772, octobre 18. — XXIV. 1773 (addition), janvier 19, 26. — VI, avril 22. — VII. 1774, février 9, mars 6.

La Coste (de), député du commerce. XXVIII. 1785, mars 24. — XXIX, mai 11.

La Coste (abbé de). I. 1762, janvier 6, 27, mai 10. 1763. mai 14.

La Cour (Mlle), surnommée Palais d'or, courtisane. XVIII. 1768 (addition), janvier 7. —XXI. 1782, juillet 6.

La Cretelle (Pierre-Louis), avocat et littérateur. XVIII. 1781, août 27. — XX. 1782, mars 7.—XXII. 1783, février 1. — XXVII. 1784, décembre 15. — XXIX. 1785, juillet 25. — XXXI. 1786, février 19. — XXXII, juillet 17, 21, 25, août 5, septembre 4. — XXXIII, 13, 14, 24, 25, 26. — XXXIV. 1787, janvier 30, février 6, 8. — XXXV, avril 30, mai 5, 16, 21, juin 16.

La Croix, avocat. VI. 1772, avril 14. — VII. 1773, juillet 7. 1774 février 8. — XXVII (addition), août 27, 30. — VIII. 1775, juin 4. — IX. 1776, février 20, 22, 26, mars 2, mai 13. — X. 1777, septembre 6. — XXV. 1784, janvier 13, 14. — XXVI, juin 9. — XXXI. 1786, avril 26. — XXXII, 28. — XXXIII, septembre 6, décembre 10. — XXXV. 1787, août 25.

La Croix (abbé de), géographe. XX. 1782, janvier 25.

La Croix de Frainville, avocat. X. 1777, avril 7. — XXVI. 1784, juin 9.

La Dixmerie (Nic.-Bricaire de), littérateur. I. 1762, janvier 28. — II. 1764 (XVI, addition, juin 6), juillet 15, décembre 14. 1765, juillet 9. — XVIII. 1767 (addition), août 8, novembre 4. 1768 (addition), juillet 1. — V. 1770, juillet 24. — XXVII. 1774 (addition), mai 13. — VIII. 1775, juillet 11. — XI. 1778, mars 21, avril 17. — XII, août 17, novembre 29. — XIII. 1779, janvier 3, mars 13. — xiv, mai 10, 30, août 25. — xv. 1780, juillet 18.

La Faye, trésorier des gratifications des troupes. x. 1777, juin 1.

Lafayette (marquis de), général. xiv. 1779, avril 22. mai 14. xviii. 1781, décembre 9. — xx. 1782, février 11, mars 16, juin 27. — xxi, septembre 29. — xxii. 1783, mai 24. — xxiii, juin 30. — xxv. 1784, février 9. — xxviii. 1785, février 24. — xxxii. 1786, juillet 11. — xxxiii, octobre 6, 7, 8. — xxxiv. 1787, février 21 (N° 45), mars 14, 19. — xxxv, avril 30, juin 4, 12, 28.

La Ferté (de), intendant des menus. xvi. 1764, octobre 2. — ii. 1765, janvier 25. — ix. 1776, janvier 5. — xv. 1780, avril 30. — xvii. 1781, août 20. — xx. 1782, avril 14. — xxv. 1784, janvier 28, février 23. — xxxiii. 1786, novembre 18, 22, décembre 23.

Lafond (Mlle), danseuse. xxiv (addition), 1772, septembre 9.

Lafond de Ladebat, armateur. xvii. 1781, juillet 11, 15.

La Foret (Mlle), actrice. xv. 1780, juin 26.

La Foret (Mlle), courtisane, maîtresse du prince de Lamballe. xviii (addition). 1767, septembre 26, novembre 4. — xxi. 1787, juillet 6.

La Fortelle (de), lieutenant de roi de Saint-Pierre-le-Moutier. xiii. 1779, février 26. — xiv, septembre 3.

La Fosse, médecin. xii. 1778, décembre 19.

La Fosse, peintre. xxxiii. 1786, décembre 24.

La Frénaye, notaire. xvii. 1781, mars 1.

La Galaisière (de), conseiller d'État. xxxii. 1786, avril 29. — xxxiv. 1787, février 21 (N° 65).

La Garde (de), avocat. viii. 1775, juillet 9.

La Garde (de), bibliothécaire de Mme de Pompadour. xviii (addition). 1767, octobre 24.

La Garde (Mme), femme du fermier général. vi. 1771, décembre 29.

La Garde (baronne de), maîtresse de l'abbé Terray. vi. 1771, octobre 10. — vii. 1774, février 2.

La Garenne (de), commandant du Guet. XXXI. 1773, septembre 24.

Lage de Chaillon (de), ancien notaire, administrateur général des postes. XXX. 1785, octobre 14.

Laget Bardelin, avocat. XX. 1782, juin 11. — XXXIII. 1786, novembre 13, 14.

La Grange (marquis de), lieutenant général. XXV. 1784, janvier 17, février 15. — XXVIII. 1785, mars 12, 13.

La Grange (chevalier de). XVII. 1781, juillet 23.

La Grange (Jo.-L.), géomètre. III. 1766, décembre 21.

Lagrange (Jo. Chancel de), poëte dramatique. V. 1771, mars 17.

Lagrenée (L.-J.-F.), peintre, élève de Vanloo. XIII. 1767, septembre 6 (Lettres I, II). 1769, septembre 10 (Lettre I). 1771, septembre 7 (Lettres I, III). 1773, septembre 7 (Lettres I, II). 1775, septembre 7 (Lettres I, II). — XI. 1777, septembre 9 (Lettres I, II). — XIII. 1779, août 25 (Lettre I). — XIX. 1781, août 25 (Lettre I). — XXIV. 1783, août 25 (Lettres I, II). — XXX. 1785, août 25 (Lettre I). — XXXVI. 1787, août 25 (Lettre I).

La Guerre (Mlle), actrice, maîtresse du duc de Bouillon. VI. 1772, août 27. — VIII. 1773, juillet 16, 19, 21, octobre 23, novembre 26. — IX. 1776, mai 19, août 10. — XII. 1778, septembre 13. — XIII. 1779, janvier 7, décembre 31. — XV. 1780, mai 12, août 9. — XVII. 1781, février 13. — XXII. 1783, février 9, 16. — XXIII, juillet 11.

La Hante (de), fermier général. XXVI. 1784, octobre 8.

La Harpe (J.-F. de), littérateur et critique. I. 1763, août 20, octobre 30, novembre 9, 21, décembre 1. — XVI (addition), décembre 19. — II. 1764, janvier 7, mars 19, juillet 29, août 2, 4, novembre 23, décembre (XVI, addition, 12), 30. 1765, janvier 30, 31. — XVI (addition), février 25. — II, juin 19, août 7, 15. 1766, janvier 25. — III, mars 5, août 19, 25, novembre 21. — III. 1767, janvier 16, 22, mars 12, avril 11, juillet 28, août 15, 19, 22, octobre 27, décembre 8, 27.

1768, mars 26. — IV. avril 1. — XVIII (addition), 1, 18, 20, mai 12. — IV, août 17, 25, octobre 22. — V. 1769, novembre 19. — XIX (addition). 1770, février 9. — V, février 20, 24, avril 3 (XIX, addition, 19), août 26 (XIX, addition, octobre 30, novembre 1), novembre 23, décembre 4, 20, 22. 1771, juillet 23, août 9, 26. — VI, octobre 1, 19, 26. — VI. 1772, mai 14, octobre 8, décembre 3, 5, 25. — XXIV (addition). 1773, février 27, mars 8. — VI, mars 24. — VII, juin 27. — XXIV (addition), août 6, octobre 7. — VII. 1774, avril 2, août 18. — XXVII (addition). 1774, mars 2. — VII, avril 2 (XXVII, addition, juin 20), août 18. — XXVII (addition), septembre 13. — XXIX (addition), décembre 29. — VIII. 1775, avril 26, mai 25 (XXXI, addition, août 26, 27), septembre 24, novembre 9, 14 (XXXI, addition, 27), 30. — IX. 1776, mai 13, 15, 24, 27, juin 10, 11, 21, 25, 27, juillet 3, 19, août 2, 15, 19, septembre 5, 6, octobre 14, novembre 27, décembre 11, 13, 25. — X. 1777, janvier 20, 51, mars 14, 24, octobre 31, novembre 7, 14. — XI. 1778, janvier 28, mars 5. — XII, juillet 13, 14, 18, août 17, 30, octobre 12, novembre 5, 8, décembre 14. — XIII. 1779, février 11, mars 16. — XIV, juin 21, août 5, septembre 10, octobre 15. — XV. 1780, janvier 24, août 27. — XVIII. 1781, août 27, novembre 22, décembre 11, 13, 15, 16. — XX. 1782, janvier 15, avril 13, 27, mai 9, juin 3, 10, 14, 19, 21. — XXI, juillet 22, août 18, 25, 28. — XXII. 1783, juin 10. — XXIII, juin, 16, 29. — XXIV, décembre 16, 19. — XXV. 1784, mars 3, 6, 8, 11. — XXVI, juin 15. — XXVIII. 1785, mars 14. — XXXII. 1786, août 27, 30. — XXXIV. 1787, janvier 31. — XXXV, juin 4, août 25, septembre 17. — XXXVI, décembre 10.

La Harpe (Mme de), épouse du précédent. IX. 1776, novembre 1.

La Haye (chevalier de), roi d'armes de France. XXIII. 1783, novembre 26.

La Haye (de), joueur. xvii. 1781, février 7.

Laideguive, notaire. viii. 1775, décembre 25.

Laignelot (Jos.- Franç.), conventionnel. xx. 1781, mai 5, 6.

Lainé, acteur de l'Opéra. xv. 1780, mai 12.—xxxv. 1787, juin 9.

Laïs, acteur de l'Opéra. xviii. 1781, septembre 9. — xxv. 1784, avril 17. — xxxi. 1786, mars 26. — xxxiii, septembre 22.

Lalande (Lefrançais de), astronome. i. 1762, avril 21. — ii. 1764, mai 2. — iii. 1766, avril 9, juin 30, octobre 22. — xxiv. 1772 (addition), octobre 19. — vi. 1773, mai 6, 9, 13, 14, 27. — xiii, septembre 21 (Lettre iii). viii. 1775, novembre 4. — ix. 1776, août 30. — x. 1777, août 12. — xii. 1778, octobre 18. — xiii. 1779, mars 22, 29. — xiv, mai 10. — xvi. 1780, novembre 17. — xviii. 1781, novembre 30, décembre 6. — xx. 1782, avril 10. — xxii, janvier 7, 30, février 15, mai 27. — xxiii, juin 30. — xxv. 1784, février 1, — xxvi, mai 29. — xxx. 1785, décembre 19. — xxxi. 1786, janvier 6. — xxxii, juin 13. — xxxiii, novembre 13, 14. — xxxvi. 1787. novembre 13.

Lalanne, banquier. xxxiv. 1787, mars 22.

La Laure (de), avocat. v. 1771, août 31.

Lallemant, gentilhomme et imprimeur. xxix. 1785, septembre 1.

Lallemant, ordonnateur de la navigation. xxv. 1784, mars 19. — xxvi, août 3. — xxx. 1785, octobre 15.

Lallouëte, médecin. xii. 1778, novembre 10, décembre 19.

Lally (comte Arthur de), baron de Tollendal. iii. 1766, août 11. — iv. 1768, décembre 3, 20. — v. 1771, avril 20. — vii. 1773, septembre 17, 20. — ix. 1776, juin 16. — x. 1777, février 5.

Lally-Tollendal (T.-G. marquis de), fils du précédent. xi. 1778, février 13. — xii, juin 2. — xiv. 1779, décembre 6. — xv. 1780, janvier 15, 31, mars 3, 13, avril 24, mai 9, 25, juin 20, 24, juillet 3, 17, août 3,

16, septembre 6. — xvi, octobre 6. — xvii. 1781,
août 15, 17. — xxi. 1782, décembre 24.—xxii. 1783,
janvier 4, 28, février 25. — xxiii, août 30, septembre
1, 4, 14, 18, 22. — xxv. 1784, mars 8, 14. —
xxix. 1785, août 9. — xxxii. 1786, août 4. — xxxiii,
octobre 1, 6, 15, 18, 19, novembre 3, 11, 13, 16, 19,
décembre 6, 7. — xxxv. 1787, septembre 15. —
xxxvi (Lettre iii sur le salon).

La Louptière (de), poète. iii. 1767, décembre 25. —
x. 1777, décembre 23. — xi. 1778, mars 19. —
xxvii. 1784, décembre 28.

La Luzerne (Guill. de), évêque de Langres. vi. 1773,
avril 6. — vii. 1774, mai 17, septembre 10. —
xxxiv. 1787, février 21 (N° 16).

La Luzerne de Briqueville (de). xviii. 1766, juillet 27,
août 18. — xv. 1780, février 21, 29, mars 19.

La Marche (abbé de). viii. 1775, octobre 24.

La Marche (comte et comtesse de). Voir *Conti*.

La Marck (comte de). xxvi. 1784, juin 20, 27, juillet 9.

La Marck (Ant., de Monet, chevalier de', naturaliste.
xviii. 1781, décembre 6.

La Martinière (de), premier chirurgien du Roi. vi. 1773,
mai 11. — vii, octobre 18. — ix. 1776, mai 11, septembre 2. — xiv. 1779, mai 15.

Lamballe (prince de). iii. 1767, juin 28. — xviii. 1767,
septembre 26, novembre 4, 5. 1768 (addition), janvier 5, 7, février 13, mai 6.

Lamballe (princesse de), surintendante de la maison de
la Reine. xviii. 1767, septembre 26, novembre 4, 5.
— vii. 1774, avril 21, juin 6. — xxix. 1775 (addition),
février 21, 24, mars 2. — xxxii, septembre 28, 29,
octobre 2. — viii, novembre 26. — ix. 1776, février
21, mars 18. — x. 1777, février 8. — xxi. 1782,
décembre 31. — xxii. 1783, mars 29. — xxv. 1784,
janvier 15. — xxxii. 1786, août 22. — xxxv. 1787,
juillet 22. — xxxvi, octobre 15.

Lambert, conseiller d'État, contrôleur général.

xxxiv. 1787, février 21 (N° 63). — xxxv, mai 30, août 31. — xxxvi, septembre 30, octobre 7, novembre 3, 19, décembre 28.

Lambert (Mlle), actrice. ix. 1776, novembre 21.

Lambert de Saint-Omer, conseiller au Parlement. xix. 1770 (addition), mai 17.

Lambesc (prince de). v. 1770, novembre 29. — xv. 1780, avril 2.

Lambin de Saint-Félix, pseudonyme. Voyez *Lotin* (Prosp.)

Lambon, avocat. vii. 1775, février 6. — viii, mai 3, 20. — xxiii. 1783, octobre 24.

La Mesle, négociant de Bordeaux, auteur. xxviii. 1785, avril 13.

Lameth (baron Alex.), lieutenant général. xviii. 1784, décembre 19, 23.

Lamoignon. Voyez *Malesherbes*.

La Mothe (chevalier de), officier. xxx (addition). 1775, juin 20.

La Motte (J. de Valois, comtesse de), aventurière. xxix. 1785, août 18, 21, 23, 27, septembre 9, 15. — xxx, octobre 23, novembre 28, décembre 1, 12, 16. — xxxi. 1786, janvier 12, 30, février 1, 24, 26, mars 13, 23, 24, 30, avril 1, 5, 11, 19. — xxxii, avril 30, mai 6, 9, 26, 27, 30, 31, juin 1, 3, 15, 17, 19, 22, juillet 5, 14, août 22. — xxxv. 1787, juin 13, 14.

La Motte (Mlle), actrice. iv. 1768, août 17.

La Motte (Mme de), assassinée par Desrues. x. 1777, avril 7, 25.

La Motte, 1er violon de l'Empereur. viii. 1775, mai 22.

La Motte-Fablet (de), député des États de Bretagne. xxxiv. 1787, février 21 (N° 109).

La Motte-Piquet (comte Toussaint-G. de), chef d'escadre. xvii. 1781, mai 30. — xxi. 1782, août 23. — xxii. 1783, février 22. — xxv. 1784, février 23.

La Nauze, académicien. i. 1762, avril 20.

Lançon (de), procureur général. xxxiv. 1787, février 21 (N° 89).

Landrin de Rubel, auteur dramatique. VIII. 1775, juin 22. — X. 1777, août 21. — XIV. 1779, mai 24. — XXI. 1782, août 19, 21, 30.

Landry, receveur général des finances. XVII. 1781, avril 30.

Landumier (Mlle), dite la Caille, figurante à l'Opéra. VI. 1773, janvier 31. — XXVII (addition), décembre 15.

Lange, épicier. XXV. 1784, avril 29.

Lange de Saint-Suffren (de), chef de la sénéchaussée d'Aix. XXXIII. 1786, décembre 10.

Langeac (chevalier de l'Espinasse de), poëte. IV. 1768, août 21, 23, septembre 4, 27, octobre 20, 24. — XIX. 1769, septembre 2. — V. 1770, août 26. — XXII. 1783, mars 11, 12.

Langeac (marquis de). V. 1771, mars 23. — XXVII. 1774 (addition), mai 30, juin 5. — XIV. 1779, mai 13.

Langeac (marquise de). III. 1767, février 20, août 3. — IV. 1768, avril 24, août 21. — V. 1770, juillet 24; — V. 1771, mai 24, juillet 14. — XXI (addition), octobre 2. — VI, 10. — VI. 1772 (addition), mars 27, juillet 7. — XXIV (addition), 26, septembre 2. — XXVII. 1774 (addition), mai 30, juin 5, 12, 17. — XXXI (addition), septembre 10. — VIII. 1775, juillet 10, août 15, décembre 15. — IX. 1776, novembre 23.

Langeron (marquis de), lieutenant général. XXXIV. 1787, février 21 (N° 42).

Langeville (de), économiste. VII. 1774, septembre 6.

Langle (marquis de), littérateur. XXXI. 1786, février 14, 16, 27.

Langle (de), officier de marine. XV. 1780, juin 23. — XXIX. 1785, août 18. — XXXIII. 1786, septembre 7. — XXXV. 1787, juin 12.

Langlois (président). XXX. 1775 (addition), juillet 2, 21. IX. 1776, janvier 14.

Langlois (chevalier), capitaine de dragons. XVII. 1781, juin 18.

Langlois de la Fortelle, président. iv 1768, avril 29.

Languinais (de), principal du collége de Meudon. ix. 1776, mai 7. — x. 1777, décembre 19, 28.

Lanoue (Jean Sauvé de), acteur et auteur dramatique. xvi. 1765 (addition), avril 30, août 27.

Lantara (Simon Math), peintre. xiii. 1779, janvier 8.

Lantier (E.-F. de), littérateur. xii. 1778, septembre 3. — xiv. 1779, juillet 2. — xx. 1782, février 12, 16, 18. — xxv. 1784, janvier 23. — xxix. 1785, août 12. — xxxi. 1786, février 7.

Lany (Mlle), danseuse à l'Opéra. i. 1762, janvier 8. 1763, janvier 18. — ii. 1764, janvier 26. — xviii. 1767 (addition), août 20. — xix. 1769 (addition), juin 16.

Lany, maître des ballets à l'Opéra. xix. 1768, octobre 4, décembre 13. — xxxi. 1786, mars 21.

La Pérouse. Voir *Pérouse.*

La Place (P.-Ant. de), littérateur. i. 1762, janvier 28. — xvi (addition), octobre 15, 22. — ii. 1765, mai 4 — iv. 1768, mai 21. — ix. 1776, novembre 18, 25. — x. 1777, avril 9, mai 4, 9, 17. — xvii. 1781, mai 30. — xx. 1782, janvier 4, mars 1. — xxv. 1784, janvier 28. — xxvi. juin 2, novembre 10.

La Planche, commis de finance. xxviii. 1785, février 1, 8.

La Platière (comte de), littérateur. xxxiii. 1786, septembre 21, octobre 11.

La Polinière (de), garde de la porte du roi. xxxv. 1787, septembre 4.

Laporte (abbé Jos. de), ex-jésuite, compilateur. i. 1762, janvier 4, 6, 28 (xvi, addition, février 23), avril 14, juin 7. — ii. 1764, juillet 30, 1765. janvier 7. — iii. 1766, octobre 8. — xviii. 1768 (addition), juillet 1. — v. 1769, novembre 14. — vi. 1773, mai 26. — xiv. 1779, décembre, 13, 14, 22.

La Porte (de), médecin. xii. 1778, décembre 19.

La Porte d'Anglefort. Voir *Anglefort.*

Lar (marquis et comte de). viii, 1775, août 13.

Larboullerie (de), capitaine aux gardes. xxx. 1785, novembre 11.

Larcher (P. Henri), helléniste. iii. 1767, juillet 24.—xxxiii. 1775 (addition), novembre 14.

Largillière, sculpteur. xv. 1780, juin 4, 6.

La Ribardière (de la), auteur dramatique. xvi. 1763 (addition), mai 23. — ii. 1763, janvier 24.

Larive, acteur tragique. xix. 1770 (addition), décembre 12. — xxix. 1775 (addition), janvier 27. — viii. mai 3, novembre 1. — x. 1777, mai 9, octobre 2, novembre 6. — xi. 1778, février 21, 23. — xiv. 1779, mai 26, septembre 30, octobre 18, 23, novembre 1, 14, décembre 31. — xv. 1780, juin 24. — xvii. 1781, mars 18. — xviii. août 26. — xx. 1782, janvier 20. — xxii. 1783, juin 1, 2. — xxiii. septembre 20. — xxv. 1784, janvier 18, février 28, mars 3. — xxxiv. 1787, avril 7.

La Rive (Mme), épouse du précédent. xxii. 1783, juin 1.

La Rivière (de), économiste. iii. 1767, août 15. 1768, février 21, 23, mars 1.— xix. 1770 (addition), mars 18.

La Roche (de), escroc. xxxiii. 1786, décembre 18. — xxxiv. 1787, janvier 4, 31.

La Roche (marquise de). xxxi. 1775 (addition), août 21. — ix. 1776, mai 28.

La Ronsière (de), capitaine de vaisseau. xxvi. 1784, mai 29.

La Roque (de), valet de chambre de la reine. xxix. 1785, août 17.

La Roque (de la), barnabite, évêque des Îles du Vent. xxvii. 1773 (addition), décembre 16.

La Roué, secrétaire du procureur général. vi. 1772, mars 9.

La Roue (de), curé de Saint-Côme. xxxvi. 1787, novembre 22.

Larrivée (H.), acteur de l'Opéra. i. 1762, octobre 12, novembre 24. 1763, avril 29, mai 22, juin 9.— iii. 1766, décembre 31, 1767, février 28. — xviii (addition), août 20. — xix. 1768, décembre 1769 (addition), mai 8. 1770 (addition), septembre 11, décembre 12. — vi. 1771, décembre 26. 1772, janvier 6, mai 27. — xxiv (addition), juillet 12, août 26. — xxiv. 1773 (addition), juillet 17, septembre 11. — viii. 1775, novembre 15. — xi. 1778, janvier 30. — xv. 1780, mai 12. — xx. 1782, mars 5. — xxiii. 1783, août 26. — xxxii. 1786, avril 29.

Larrivée, née Lemierre, actrice de l'Opéra. i. 1762, janvier 8, février 18, juillet 20, novembre 24, 1763, mars 7, avril 29, mai 20. — ii. 1764, janvier 26. — iii. 1767, février 28 — xviii (addition), août 20. — iv. 1768, juin 10, août 9. — xix (addition). 1769, mai 8, novembre 30 — vi. 1771, décembre 26. — xxiv. 1772, (addition), juillet 12, août 26. 1773, juillet 17, septembre 11. — xxvii (addition), décembre 3

La Ruë (Mme de). xxviii. 1785, avril 6.

La Ruë de), mathurin. xii. 1778, juin 8.

La Ruë-d'Elbœuf (de), inventeur de la poste par eau. xxiii. 1783, août 23.

La Ruette (J.-L.), acteur et compositeur de l'Opéra-Comique. i. 1762, février 28. — xvi. 1763 (addition), janvier 26. — xix. 1769 (addition), décembre 15. 1771, juin 19. — xxiv. 1772 (addition), septembre 3. — xiv. 1779, avril 12. — xvii. 1781, mars 18.

La Ruette (Mme de), actrice. Voir *Villette* (Mlle). xix. 1771 (addition), juin 18. — xvii. 1781, mars 18.

La Ruette (Mlle), actrice. xix. 1769 (addition), décembre 15.

La Rure (marquis de la). xxviii 1785, janvier 25.

La Rure (de la). Voir comtesse de *Moret*.

La Salcette (de), avocat général. xxx. 1775 (addition), mai 14.

La Salle (marquis de), auteur dramatique. xvi. 1766 (addition), avril 20. — xv. 1780, août 22. — xvii. 1781, mars 24. — xxx. 1785, novembre 26

La Sepousse (abbé de), grand-vicaire de l'évêque d'Arras. xxv. 1784, mai 11.

La Serre (abbé J. Ant. de.), littérateur. xx. 1782, avril 25.

Lassone, premier médecin de la reine. iv. 1768, novembre 12. — x. 1777, août 28, novembre 21. — xi. 1778, février 1, octobre 26, novembre 7, 23, décembre 17, 19. —xiv. 1779, juillet 19, novembre 8, 10, décembre 8.— xv. 1780, janvier 4. — xvi. décembre 10.— xvii. 1781, février 6, 17. — xx. 1782, janvier 9. — xxviii. 1785, avril 2. — xxx. septembre (Lettre iii). — xxxvi. 1787, septembre 23.

La Thébaudière (de), procureur général au Cap. xviii. 1781, octobre 19.

La Thuillière (de), négociant. xxi. 1782, novembre 18.

La Tour (abbé de), littérateur. xvi. 1762 (addition), octobre 31.

La Tour (de), curé de Caseaux. xxxii. 1786, avril 28.

La Tour (père de), jésuite, principal du collége Louis-le-Grand. xviii. 1766, octobre 25.

La Tour, nièce de Mme de la Mothe-Valois. xxxi. 1786, février 23.

La Tour (de), président d'Aix. xxxiv. 1787, février 21.

La Tour d'Auvergne (comte de). viii. 1775, juillet 19.

La Tour du Pin (chevalier de). xxx. 1775 (addition), mars 20. — ix. 1776, décembre 31.

La Tour du Pin (de la), commandant de Dijon. xxx. 1775 (addition), avril 25.

La Tour du Pin (abbé de), prédicateur. ii, 1765, juin 26.

La Tour du Roch (de), militaire. xxvii. 1774 (addition), janvier 16.

L'Attaignant (abbés de). Voir *Attaignant*.

La Tude. Voir *Mazers de la Tude*.

Laudron (comte de). xxvii. 1784, décembre 23.

Laugier (abbé), historien. iv. 1769, avril 7.

Laujon (P), auteur dramatique, littérateur. — xvi. 1762, (addition), janvier 11. — i. 1763, juin 14. — ii. 1765, août 6. — v. 1770, décembre 12. 1771, avril 20. — vi. 1772, mai 8, novembre 29. — x. 1777, septembre 24, 25, 27, octobre 11, novembre 2. — xx. 1782, avril 26, juin 11.

Launay (abbé de), poëte. v. 1769, novembre 29. — xxiv (addition), 1773, mai 9. — xv. 1780, septembre 13. — xvii. 1781, juin 17. — xviii. octobre 7.— xxviii. 1785, janvier 5.

Launay (chevalier de). xxvi. 1784, octobre 11. — xxxii. 1786, juillet 23.

Launay (Mme de), proxénète. xiv. 1779, décembre 31. — xxxv. 1787, juillet 18, 21, août 6.

Launay (les frères De), graveurs. x. 1777, février 1. — xi. 1777, septembre 22 (Lettre iii). — xxiii. 1783, octobre 27. — xxiv. (Lettre iii).

Launay (Bern. Jourdan de), gouverneur de la Bastille. xxii. 1783, avril 7. — xxxii. 1786, mai 31, juin 12, 23, 28, 30, juillet 9, 15, 23, août 2. — xxxiv. 1787, février 4, 15, mars 5. — xxxv. juillet 18, août 23.

Launoy, architecte. xiv. 1779, septembre 6.

Lauraguais (duc de Brancas, comte de), auteur dramatique, littérateur. i. 1762, janvier 1, 20, février 11. (xvi, addition, mars 31), avril 17. 1763, juillet 11, 16, 18, 20, 28, août 6, 10, septembre 24, novembre 24. — ii. 1765, avril 10. — iii. 1766, mai 30, août 16 (xviii. addition 21), septembre (xviii. addition. 7) 21, 23, novembre 23. 1767, janvier 25, mars 9, avril 1. 1768, mars 28. — iv. 1769, avril 3. — xix (addition), mai 23, juin 27, juillet 2 (viii), 30.— iv. août 1, 11, 15. — xix. (addition), novembre 5, 16. — v. 1770, avril 7, 9, 21. — xix. (addition), mai 1, 4, octobre 22. — xxi. 1771 (addition), juillet 2, 6, septembre 1. — v. 10. — vi. novembre 1. — vi. 1772, février 24, novembre 27. vii. 1773, juin 7. 1774, février 13, avril 30.— viii. 1775, juin 22. — xxxi. (addition) septembre 10. — xxxii. octobre 5. — ix. 1776, mai 31. — xii. 1778, octobre 9, 11. — xv. 1779, mai 19. —

xviii. 1781, décembre 16. — xxiii. 1783, juin 22, octobre 13.

Laure (Mlle), danseuse à l'Opéra. xxxiii. 1786, octobre 12.

Laurencin (comte de). xxv. 1784, janvier 25, février 1.

Laurent (P.-Jo.), ingénieur. xviii. 1767 (addition), septembre 10. — vii. 1773, octobre 13. 1774, mars 25, décembre 10. — viii. 1775, septembre 9. — x. 1777, avril 8. — xix. 1785, juin 30.

Laurent (Mlle), actrice. xxx. 1785, décembre 8.

Laurez (chevalier de), poëte. i. 1762, mars 18. — v. 1770, septembre 22. — vii. 1774, octobre 15. — viii. 1775, juillet 17. — xiii. 1779, janvier 18.

Laus de Boissy (Louis de), littérateur. ix. 1776, août 31. — x. 1777, août 4, 21. — xv. 1780, juillet 18. — xvi, octobre 26 — xx. 1782, janvier 7, 9. — xxi, septembre 13. — xxii. 1783, mai 27. — xxv. 1784, mars 27. — xxxv. 1787, juin 5.

Lauzun (duc de). vii. 1775, mars 11. — ix. 1776, mars 20, 28, septembre 14, octobre 7, novembre 30. — x. 1777, octobre 12.

Lauzun (duchesse de). xx. 1782, janvier 17, 18. — xxv. 1784, janvier 14, 15.

Laval (duchesse de). xxv. 1784, janvier 15.

Laval (vicomtesse de). xxii. 1783, janvier 5. — xxv. 1784, janvier 15. — xxvii, novembre 24. - xxxi. 1786, janvier 1.

Laval, danseur de l'Opéra. i. 1762, janvier 8. — iii. 1766, décembre 31. — vii. 1767, septembre 26. — xix. 1768 (addition), octobre 4. — x. 1776, novembre 29.

Laval-Montmorency (duc de). x. 1777, mai 15. — xv. 1780, janvier 14. — xxxiv. 1787, février 21.

Lavarenne (fauconnier de), conseiller à la cour des aides. — xxix. 1785, juillet 29.

La Varinière (de), artificier. ix. 1776, mai 25. — xxii. 1783, janvier 3, février 10.

Lavater (J. Gaspar), créateur de la Physiognomie. XXXIII. 1786, octobre 23.

Lavau, armateur de Bordeaux. — XVIII. 1781, septembre 17, 25, octobre 11.

Lavau (Mlle), actrice. XXVIII. 1785, avril 6, 24, 30.

Lavaysse. Voir *Calas*. II. 1765, août 11.

Lavenant, agent de change XVII. 1781, avril 7.

Laverdy (de), contrôleur général. I. 1763, décembre 31. — II. 1764, janvier 10, avril 13, août 26, décembre 16, 30. 1765, janvier 12, juillet 25, août 3. — III. 1766, juillet 1. — XVIII. 1767 (addition), janvier 17. — III, avril 3, octobre 13, novembre 14. — XVIII (addition), décembre 21. – IV. 1768, novembre 30. 1769, septembre 6. — X. 1777, octobre 8.

Lavie (président de). XV. 1780, février 28, août 20.

Laville, avocat. XVIII. 1766 (addition), octobre 4. 1767 (addition), janvier 28. — X. 1777, mars 4.

Lavocat (abbé). II. 1765, décembre 30.

Lavoisier (Ant.-Laur.), chimiste, membre de l'Académie des sciences. III. 1766, avril 9. — V. 1770, novembre 14. — VII. 1774, juillet 10. — X. 1777, mai 12. — XVIII. 1781, novembre 29, décembre 1. — XX. 1782, avril 10. — XXI. juillet 12. — XXIII. 1783, novembre 12. — XXV. 1784, avril 21. — XXIV. 1787, janvier 31, février 25, avril 18.

Lebarbier (J.-Ja -F.), l'aîné, peintre et dessinateur. XXXVI. 1787, août 25 (Lettre I).

Le Barbier, littérateur. XXVIII. 1785, février 12.

Le Bas, censeur. X. 1777, mars 30, mai 17.

Le Bas (Ja.-Ph), graveur et dessinateur. XIII. 1771, (Lettres I, II, III, sur le Salon.) — XI. 1777, août 25 (Lettre III, sur la peinture). — XXII. 1783, avril 16.

Le Bas de Lyerville, conseiller honoraire au parlement de Rouen. XXIII. 1783, juillet 25.

Lebeau (C.), historien, de l'Académie des inscriptions. I. 1762, avril 20. — II. 1764, novembre 13. 1765, avril 16. — III. 1766, avril 8, novembre 14. 1767, avril 3, 28 — v. 1769, novembre 14. 1770, avril 24, novembre 4. 1771, avril 9. — vi. novembre 13.

Le Beau, professeur. ii. 1764, novembre 13. 1765, novembre 12. — xxi 1782, juillet 21.

Le Beau (abbé), de Schosne. i. 1762, novembre 12. 1763, avril 13, novembre 15.

Lebègue de Presle, médecin et censeur royal. iii. 1779, mars 9.

Le Bel (le père), confesseur de Monadelschi. iii. 1768, janvier 17.

Le Bel, valet de chambre, pourvoyeur de Louis XV. xiv. 1779, juillet 15.

Le Bel, secrétaire de Bastard, chancelier du comte d'Artois. xiv. 1779, août 3, 5, décembre 13, 16, 21. — xv. 1780, juillet 6, 10. — xvii. 1781, juillet 25, 28, 30, 31, août 2, 6, 19, septembre 30. — xxiii. 1783, juillet 20, 24, 26.

Le Bel (Antoine), peintre. xiii. 1769, septembre 10 (Lettre i). 1771, septembre 14 (Lettre iii).

Le Blanc (abbé). xviii 1768, juillet 1 (addition).

Le Blanc, avocat. iv. 1768, mai 6. — vi. 1772, juin 23, juillet 26. — xix (addition). 1769, décembre 19, 20, 28. xxx. 1775, août 13 (addition)

Le Blanc, poëte et auteur dramatique. i. 1763, juin 11. — xvi (addition), novembre 28. — ii. 1765, août 7. — iii. 1767, avril 19. — vi. 1772, février 1, mars 6, 7, 8, 15, 23. — xxiv. (addition), avril 28, 29. vii. 1775, février 7. — xx. 1782, février 4. — xxvi. 1784, juillet 4, 17.

Le Blanc (Mme), femme du précédent. iii. 1767, avril 19. — vi. 1772, mars 7, octobre 23. — vii. 1775, février 7. — xiii. 1779, mars 14.

Le Blanc (Mlle). Voir Mlle *Duprat*, chanteuse à l'Opéra.

Le Blond (abbé), membre de l'Académie des inscriptions. v. 1770, novembre 13. — vi. 1771, novembre 13. — xxxiii. 1786, novembre 14.

Le Bœuf (Mlle), cantatrice. xviii. 1781, décembre 8. — xxi. 1782, septembre 27. — xxii. 1783, mars 6.

Le Bordier, conseiller à Rouen. ix. 1776, janvier 14.

Le Breton, directeur de l'Opéra. ii. 1765, août 6. — iii. 1766, décembre 31, 1767, janvier 3. — iv. 1769. (xix. addition, février 5), octobre 13, 18. — vii. 1773, novembre 28, décembre 1, 24, 1775, mars 25. — viii. juillet 31. x. 1777, février 16, mars 2, juin 5, décembre 15. — xiii. 1779, janvier 30. — xv. 1780, mars 17, 20, avril 3, mai 15, 20.

Le Breton (And.-Fr.), imprimeur. v. 1770, mars 13, 24. 1771, août 18, 23, 24, septembre 7. — vi. décembre 20. — vi. 1773, février 13. — vii. 1774, février 7. — ix. 1776, août 2, 15 — x. 1777, janvier 5, 10, 31, février 1, mars 14, avril 6, mai 11. — xii. 1778, août 16. — xiii. 1779, janvier 19.

Le Brun (Louise-Élisabeth, née Vigée), peintre. viii. 1775, septembre 12. — xxii. 1783, février 24. — xxiii juin 14, — xxiv. août 23 (Lettres i, ii). — xxvi. 1784, juillet 14. novembre 7. — xxx. 1785, août 25 (Lettre ii). — xxxi. 1786, février 8. — xxii. août 14, 27. — xxxiii. octobre 10. — xxxiv. 1787, avril 13. — xxxvi. août 25 (Lettre i).

Le Brun, sculpteur. iii. 1768, janvier 6.

Le Brun (MM.) frères, critiques. i. 1763, janvier 30, avril 11.

Le Brun, secrétaire du chancelier Maupou. xix. 1771, janvier 24 (addition). — xxi (addition). octobre 2, décembre 28. — xxiv. 1772, juillet 14 (addition).

Le Brun, secrétaire des commandements du prince de Conty. xvi. 1762, avril 12, décembre 21 (addition). — xvi 1763, mars 3, 4. — xiv. 1779, juin 28. — xviii. 1781, octobre 27, 29. — xxxiv. 1787, janvier 30.

Le Brun (Mme), femme du précédent. xviii. 1781, octobre 27, 29.

Le Brun, hautbois. viii. 1775, mai 22. — ix. 1776, mai 1.

Le Brun, acteur. xxxiv. 1787, mars 25

Le Camus (cardinal). iii. 1768, août 6.

Lécardé, concierge, greffier de la Conciergerie. xxxii. 1786, août 24.

Le Carpentier, architecte v. 1771, juillet, 3 — vii. 1773, juillet 23.

Le Cauchois, avocat. xxxi. 1786, avril 11, 23, 24 — xxxii. juin 27, août 24. — xxiii. octobre 22, 27, 31.

Le Chapelier, avocat, à Rennes. vii. 1775, février 7.

Le Chauve, procureur. xxxi. 1775, septembre 23.

Le Clerc (Mme), cantatrice. xxiii. 1783, août 23.

Le Clerc, premier commis du Trésor royal. ix.

Le Clerc, fils du précédent, receveur général des finances d'Orléans. xxxi. 1786, février 23.

Le Clerc (Mlle), courtisane. xviii. 1767 (addition), septembre 28, octobre 7. — iv. 1768, avril 28, 29.

Le Clerc, géographe. xxxii. 1786, septembre 5.

Le Clerc, médecin. x. 1777, avril 4, juin 30.

Le Clerc de Montmeroy. iv. 1768, septembre 30.

L'Ecluse, directeur de spectacles. xii. 1778, juillet 13, septembre 7. — xiii. 1779, mars 19. — xiv. avril 12.

Le Coigneux (abbé), conseiller au Parlement. xxviii. 1785, avril 16. — xxxvi. 1787, décembre 29.

Le Comte, vinaigrier du roi. iv. 1769, mars 9.

Le Corrège, commis. xxxiii. 1786, décembre 13.

Le Coulteux de la Noraye, banquier. xxix. 1785, juillet 31, août 31, octobre 2. — xxxi. 1786, mars 29. — xxxiv. 1787, mars 22. — xxxv. avril 20.

Le Coulteux du Moley (Mme), femme du banquier. xi. 1778, janvier 25. — xxi. 1782, décembre 23.

Le Coutre, acteur. xxxiv. 1787, mars 21.

Ledoux, architecte. xxi. 1771 (addition), septembre 30. — xxiv. 1772, juillet 20. — vii. 1773, novembre 8. — xxvi. 1784, septembre 6 — xxx. 1785, octobre 31. — xxxiv. 1787, mars 7. — xxxvi. octobre 4, novembre 6, 10, 16, décembre 15.

Ledru, dit Comus, physicien du roi (charlatan). vii. 1773, juin 21.—xxiii. 1783. juin 24, septembre 30.—xxiv. novembre 26, décembre 6. — xxv. 1784, avril 9.

Le Duc (abbé). x. 1777, mars 17. — xxx. 1785, octobre 14.

Lefebvre de Beaurezay, littérateur. iii. 1766, avril 21, mai 1.

Le Febvre-Gineau (L.), professeur de physique. xxxiii. 1786, décembre 16. — xxxvi. 1787, novembre 13.

Lefèvre, auteur dramatique. xix. 1770 (addition), novembre 12. — x. 1777, janvier 22. — xxii. 1783, mars 11, avril 16, 25. — xxxv. 1787, mai 25.

Lefèvre, prêtre de l'Oratoire iii. 1766, septembre 6.

Le Fèvre, musicien. xxvi. 1784, novembre 4.

Le Fevre d'Amecourt, membre du Parlement. xix. 1770 (addition), mai 17. — xxvii. 1774 (addition), janvier 16. — ix. 1776, juillet 1.—xvii. 1781, juillet 25. — xxii. 1783, avril 17, 19 — xxiii. août 7. — xxv. 1784, février 2, avril 4, mai 15, 17. — xxx 1785, décembre 31. — xxxi. 1786, janvier 2.

Le Fèvre de Villebrune, traducteur-poète. xvi. 1780, décembre 1. — xx. 1782, février 11.

Legendre (abbé), poète lyrique. i 1763, mars 1. — iii. 1768, janvier 31.

Le Gentil, membre de l'Académie des sciences. iii. 1767, juillet 22. — xxiii. 1783, novembre 12. — xxx. 1785, novembre 12 — xxxiv. 1787, avril 18.

Léger, curé de Saint-André. xvii. 1781, août 18. — xviii. septembre 10.

Legorlier (le Président). xix 1770 (addition), janvier 8.

Legouvé, avocat. iv. 1768, novembre 23, décembre 1. — (xix. addition, 11), 16.—xix 1769 (addition), juillet 28. — viii. 1775, octobre 14

Le Grand, poète. xv. 1780, juillet 29.

Le Grand (Ja-Gu), architecte. xxii. 1783, février 4. — xxiii. novembre 7, 17.

Le Grand, interprète du roi. xxvi. 1784. septembre 15.

Legrand de Laleu (L.-Aug.), avocat. xxxi. 1786, mars 12,

17, 27, 29, avril, 2, 20, 27. — xxxii août 14, 17, 19, 26. — xxxiii septembre 16, 21. — xxxv. 1787, mai 13, juillet 10, 29, août 4.

Legros, acteur de l'Opéra. ii. 1764, mars 6, 26, 31. — iii. 1766, décembre 31. 1767, juin 10, août 3. 1768, février 3, 10. — iv. juin 10. — v 1769. novembre 21. 1771, juillet 17, août 14 — vi. 1772, décembre 4. — vii. 1775, mars 16, juin 29. — viii. novembre 5, 13. — ix. 1776, avril 24, août 10, octobre 6. — x. 1779, mars, 18, 28, avril 8.

Legros, coiffeur. iii. 1766, mars 20. — iv. 1768, mai 5. — xix. 1770 (addition), juin 4.

Le Gros (Mlle), fille de l'acteur. xviii. 1781, décembre 27.

Le Hoc, secrétaire général des finances. vii. 1775, mars 30. — xxxiii. 1786, novembre 17.

Le Jay, libraire. vii. 1773, septembre 16. — x. 1777, juin 16.

Le Jeune, acteur i. 1762, avril 3.

Lekain (H.-L.), acteur tragique. i. 1762, janvier 29. — ii. 1765, avril 15, 18, août 15, novembre 16. — iii. 1767, avril 12. — xviii. (addition), août 20. — iii. 1768, janvier 30, février 14. — iv. avril 21, octobre 23, 31, novembre 15, décembre 2, 9. — iv. 1769, février 17, 19, octobre 29. xix. 1770 (addition), mars 25. — v. juillet 18, septembre 10. — v. 1771, février (xix, addition 2), 6, mars 18. — xix (addition), juin 11, 13. — vi. 1772, mars 2 — xxiv (addition), octobre 22. — vii. 1774, janvier 1, 14, mars 4, 19, juin 27. — xxvii (addition), septembre 25. — ix. 1776, janvier 25, 28, juillet 17, 20, septembre 13. — x. 1777, janvier 9, octobre 2, novembre 6. — xi. 1778, janvier 16, février 11, 14. — xiv. 1779, octobre 18. — xxxv. 1787, mai 16.

Lekain (Mme), actrice. xviii. 1767, octobre 7.

Le Laboureur, commandant du guet. xix. 1770 (addition), août 12. — xxiv. 1772 (addition), septembre 26. —

xxx. 1775 (addition), mai 5. — xxxi (addition), septembre 24.

Le Long, maître des comptes. xv.

Lemaire, commis de finance. xxxi. 1786, avril 3. — xxxvi. 1787, novembre 13.

Le Maitre, avocat. viii. 1775, avril 30. — xxx. 1785, décembre 5, 14, 17, 20, 25, 26, 29. — xxxi. 1786, janvier 6, 8, 11, 12, 15, 17, 18, 21, 24, 25, 28, février 11, 17, mars 5, 12.

Le Maure (Mlle), cantatrice. i. 1762, septembre 10, octobre 12. — iv. 1768, septembre 21. — v. 1771, juillet 14, 17, 31, septembre 22, 25. — vi. 1772, juillet 11. — xxxi. 1786, janvier 6.

Le Mercier de la Rivière (Henri), économiste. iii. 1767, juillet 26, décembre 20. — iv. 1768, juin 5. — xxxv. 1787, juillet 5.

Lemierre, académicien, poëte et auteur tragique. i. 1762, août 26, septembre 10. 1763, avril 30, septembre 29, novembre 3. — ii. 1764, février 15. — xvi (addition), mars 7. — ii. 1766, janvier 14, février 2. — iii. mai 29, août 14, septembre 19, décembre 18. — iii. 1767, juin 22. — iv. 1768, août 17, 25. 1769, février 25, octobre 12. — xix (addition), décembre 4. — v. 1770, juillet 27, août 11. — vi. 1771, octobre 26. 1772, mai 8. — vii. 1773, juin 4. 1774, juin 16. — xxvii. (addition), septembre 16. — x. 1777, mai 6, septembre 29. — xi. septembre 15 (Lettre ii). — xiii. 1779, janvier 16. — xiv, juin 1. — xv. 1780, avril 13, mai 2, 17, juin 8, 24, 25, 30, juillet 15, 24, août 11. — xvi, décembre 2. — xvii. 1781, janvier 22, 26. — xxiii. 1783, août 25. — xxv. 1784, février 14. — xxix. 1785, juin 16. — xxx. décembre 30. — xxxii. 1786, juin 29, août 25.

Lemierre (Mlle). Voir Mme *Larrivée*.

Lemire (Noël), graveur à la pointe. vi. 1773, février 6, 11.

Le Moine, sculpteur. iii. 1767, janvier 28. — xiii. septembre 20 (Lettre iii). — xix. 1769 (addition), juillet 17. — xiii. septembre 28 (Lettre iii). — v. 1771, septembre 18. — xiii. (Lettre iii). — vi. novembre 13. — vii. 1774, février 7. — xi. 1778, mai 26.

Le Moine, compositeur en musique. xii. 1778, décembre 11. — xx. 1782, juin 14. — xxxiii. 1786, octobre 31, décembre 4, 20.

Le Monnier (abbé). vi. 1773, janvier 14, février 5. — vii. 1774, novembre 6, décembre 4. — xxxv. 1787, mai 3.

Le Monnier, avocat de Toulouse. viii. 1775, juillet 1.

Le Monnier (Anicet-C. Gale), peintre d'histoire, élève de Vien. xxx. 1785, septembre 13 (Lettre i). — xxxvi. 1787, août 25 (Lettre i).

Le Monnier, médecin. xxvii. 1774 (addition), mai 17.

Le Monnier, astronome, membre de l'Institut. ii. 1764, mai 2. — v. 1769, novembre 15. — xxxiii. 1786, décembre 16. — xxxvi. 1787, novembre 13.

Le Monnier, secrétaire du comte Maillebois. iv. 1768, octobre 19. — viii. 1775, août 15.

Lempereur (L.-Sim.), graveur. iii. 1766, janvier 19. — xiii. 1767, septembre 20 (Lettre iii). — xix. 1781, septembre 24 (Lettre iii).

Le Moyne, conseiller de la Cour des aides. xxxi. 1775, septembre 17.

Lenoir (Jean-Ch.-P.), lieutenant général de la police de Paris. iv. 1769, janvier 15. — vii. 1774, septembre 23. 1775, mars 21. — viii. avril 23, mai (xxx, addition, 5), 8, 9, 14, 25, novembre 9, 22, décembre 19. — ix. 1776, juillet 30, août 2, 8, décembre 23. — x. 1777, juin 3, décembre 29. — xii. 1778, août 23, octobre 26. — xiv. 1779, août 20. — xvii. 1781, mars 6, 8. — xviii. novembre 24, décembre 30. — xxi. 1782, juillet 4. — xxii. 1783, mars 12, mai 25. — xxiii. novembre 17, 21. — xxv. 1784, février 7, 10, 20, 29, avril 4. — xviii. 1785, janvier 30, mars 5. — xxix. juillet 7, 25, septembre 2, 14. — xxx. décembre 12, 27. — Portraits. xxx. septembre 22 (Lettre iii) — xxxiii. 1786, novembre 7. — xxxiv. 1787, février 21 (N° 61). — xxxv.

avril 22, mai 20, 25, 29, juin 6, 10, 11, juillet 6, 14, août 13, 29, septembre 5 — xxxvi. octobre 11, 13, 26, décembre 25.

Le Noir (abbé), conseiller au Parlement. xxx. 1775 (addition), août 13. — xxxv. 1787, août 17.

Le Noir, peintre. xiii. 1779, septembre 25 (Lettre iii).

Le Noir de Rouvray, planteur. xvii. 1781, mai 23. — xxviii. 1785, avril 8. — xxix. juillet 3.

Le Noir le Romain, architecte. xix. 1769 (addition), février 10. — viii. 1775, avril 16 — ix. 1776, juillet 10. — xvii. 1781, juillet 30, août 2. — xviii. septembre 26, 27, octobre 14, novembre 1.

Léon (prince de), fils du duc de Chabot. xxxiv. 1787, mars 9.

Léonard (Nic.-Ger.), poëte et littérateur. iv. 1769, juin 26. — vi. 1772, octobre 31. — vii. 1773, décembre 13.

Le Paige, avocat. iii. 1766, décembre 4.

Lepaute (J.-And. et J.-Bapt.), horlogers du roi. xxii. 1783, février 12, 17. — xxvii. 1784, décembre 14.

Lepaute (Mme), femme de J. André. xvi. 1780, octobre 19.

Lépicier (N.-Bernard), peintre du roi. xiii. 1767, septembre 6 (Lettre i). 1769, septembre 10 (Lettre i). 1771, septembre 14 (Lettre iii). 1773, septembre 7 (Lettre i). 1775, septembre 23 (Lettre ii). — xi. 1777, septembre 9 (Lettre i). — xiii. 1779, septembre 25 (Lettre iii). — xix. 1781, août (Lettre ii). — xxiv. 1783, septembre (Lettre ii). — xxvi. 1784, septembre 17.

Lépinay, fermier général. xxxi. 1786, février 14.

Lepine (de), médecin. ii. 1764, septembre 4, octobre 14. 1765, mars 5, 15. 1766, février 12. — iii. 1768, février 10. — iv. juillet 13, août (xix, addition, 4), 6. — x. 1776, avril 8.

Lépine, neveu de Beaumarchais, suicidé. xx. 1782, février 8.

Le Pot d'Auteuil, notaire. xxiii. 1783, août 13.

Le Prêtre, avocat, auteur dramatique. ix. 1776, septembre 18. — xx. 1782, avril 2, 10, 11. — xxii. 1783, juin 5, 7.

Le *Prêtre de la Martinière*, officier. xxvii. 1773 (addition), décembre 18, 23. 1774 (addition), janvier 13.

Le *Preux*, médecin. v. 1770, février 5. — vi. 1772, juillet 22. — ix. 1776, juillet 15, 18. — xii. 1778, novembre 2, 7, 9, décembre 19. — xiv. 1779, novembre 8, décembre 8, 17. — xxii. 1783, janvier 23. — xxvi. 1784, juillet 19.

Leprince (J.), peintre. xiii. 1767, septembre 13 (Lettres ii, iii). 1769, septembre 20 (Lettre ii). 1771, septembre 14 (Lettre iii). 1773, septembre 14 (Lettre ii). 1775, septembre 23 (Lettre ii). — xi. 1777, septembre 15 (Lettre ii). — xviii. 1781, novembre 6, 7, 11.

Le *Prince*, sculpteur. x. 1777, novembre 10.

Le *Quatre*, imprimeur, à Montargis. x. 1777, juin 16.

Lequesne, marchand de soie, correspondant de Linguet. — xiii. 1779, mars 11. — xiv. avril 8. — xvi. 1780, octobre 8, 15, 24. — xvii. 1781, juillet 12, août 5, 20. — xx. 1782, mai 20. — xxi. août 30, novembre 4 — xxii. 1783, mars 22. — xxiii. juin 20. — xxiv. décembre 10, 17. — xxvi. 1784, mai 26, 28, juin 11, juillet 7. — xxxiv. 1787, février 11, 17, 20.

Le *Rat*, commissaire. xx. 1782, juin 10.

Le *Rez de Chaumont*, intendant des Invalides, économiste. xxx. 1773 (addition), mai 19, 28. — xxix. 1785, juillet 25.

Le *Roi* (veuve). viii. 1775, juin 28.

Le *Roi*, commissaire de la marine. xxvi. 1784, août 21.

Le *Roi*, médecin. xii. 1778, décembre 18. — xiv. 1779, décembre 13.

Le *Roi* (Pierre), horloger de roi. iii. 1767, novembre 14. — iv. 1769, avril 5. — xxix. 1785, septembre 2.

Le *Roi*, oratorien, professeur de philosophie. iii. 1767, décembre 10. — xxvii. 1774 (addition), février 7.

Le *Roi*, militaire. xii. 1778, octobre 21.

Le *Roi-Bellivet*, conseiller à Rouen. ix. 1776, janvier 11.

e Roi de la Fandinière, brocanteur. VI. 1772, novembre 14.
Leroi de Montech, avocat. IX. 1776, mars 2.
Le Roi de Rouillé, conseiller au Parlement. XIX. 1770 (addition), mai 17.
Leroi de Senneville, avocat. IX. 1776, mars 3
Leroi de Senneville, fermier général. XXIV. 1775 (addition), juin 13.
Le Roux (Mme), attachée à la comtesse d'Artois. XXIV. 1780, décembre 31.
Le Roux, avocat. VIII. 1775, juillet 1.
Le Roux, chirurgien de Dijon. XXII. 1783, mars 12.
Leroy (J.-B.), membre de l'Académie [des siences. III. 1766, avril 9. — V. 1767, avril 24. — X. 1777, mai 12. — XXII. 1783, avril 29. — XXIII. novembre 12. — XXVI. 1784, septembre 5. — XXXI. 1786, avril 25.
Lescaut (Mlle), actrice. XV. 1780, avril 5. — XX. 1782, avril 18. — XXVII. 1784, novembre 28.
Lescop (Élisabeth), condamnée réhabilitée. XII 1778, août 19, septembre 1. — XIV. 1780, juin 3.
Lescure (marquis de), colonel. XXIV. 1783, décembre 14.
Lescure (chevalier de), poëte. XI. 1778, mai 2.
Le Sesne, armateur. XVI. 1780, décembre 11, 24. — XVII. 1782, janvier 6.
Le Seurre, commis des finances. XXVI. 1784, juin 2, 3.
Lespalier (Mme), prix de vertu. XXIII. 1783, août 25, septembre 1.
Lesparre (duchesse de). XV. 1780, juillet 20. — XXV. 1781, janvier 15.
Lespinas, négociant, assassiné. XXI. 1782, septembre 9, 11, 14.
L'Espinasse (Mlle de). Voir Espinasse.
Lessing (Gott-Ephraïm), littérateur. II. 1764, décembre 22. — III. 1766, juillet 16.
Le Sueur (abbé), maître de musique de l'Église de Paris. XX. 1782, mars 20. — XXXIII. 1786, décembre 18. — XXXIV. 1787, avril 1. — XXXV. avril 21. — XXXVI, octobre 17.

Le Sueur, aveugle-né. xxviii. 1785, février 20.

Le Sueur (Jac -Phil.), sculpteur. xviii.1781, septembre 17.

Le Tellier, avocat de Chartres. xvii. 1781, mai 7.

Le Tellier (Mlle Victoire), phénomène. xxxii. 1786, août 8.

Le Tenneur, chirurgien. xxii. 1783, mars 23.

Lethière (Gu.-Guillon), peintre, élève de Doyen. xxvi. 1784, septembre 1. — xxix. 1785, septembre 10

Létorière (marquis de). v. 1770, octobre 15 — xxvii. 1774 (addition), mai 24, 28. — xx. 1785, décembre 12.

Le Tourneur, traducteur. vi. 1771, octobre 13. — viii. 1775, avril 22. — xv. 1780, avril 6, 7.

Le Trosne (G.-Fr.), économiste. xiv 1779, décembre 19, 21. — xv. 1780, mai 5, juin 7.

Le Vacher de Charnois (J.-C.), journaliste et romancier. xiv. 1779, septembre 10. — xvii. 1781, janvier 3. — xx. 1782, avril 27. — xxiii. 1783, septembre 11. — xxxv. 1787, août 1.

Le Vacher de Charnois (Mme), épouse du précédent. xx. 1782, juin 8. — xxiii. 1783, septembre 11. — xxx. 1785, décembre 1.

Le Vacher de la Feuterie (A.-F.-Thomas), médecin. xiv. 1779, novembre 9, décembre 17.

Le Vacher de la Terrinière, avocat. xxvii. 1784, décembre 30.

Levasseur (J.-C.), graveur du Roi. xiii. 1767, septembre 13 (Lettre iii). 1775, septembre 29 (Lettre iii). — xxiv. 1783, septembre (Lettre iii). — xxxvi. 1787, août 23 (Lettre iii).

Levasseur. Voir *Rousseau* (J.-J.).

Levêque (Mme), depuis madame Beaumarchais. iv. 1768, avril 19. (xviii, addition, 19.)

Levesque de Pouilly, littérateur. iii. 1766, avril 6. — xxxiii. 1786, novembre 14. — xxxvi. 1787, novembre 13.

Le Vieil (Pierre et Jean), peintres sur verre. xxxiv. 1787.

Levis (F. duc de), maréchal de France. xxxiii. 1786, novembre 8.

Levret (André), accoucheur. xv. 1780, janvier 26.

Leyrit (Duval de). Voir *d'Eprémenil*.

Lezonnet (de), conseiller au Parlement. xix. 1770 (add.), mai 14.

Liancourt (marquis de). v. 1770, novembre 29. (Voir *Rochefoucault*).

Liancourt (duc de). xix. 1781, août 25 (Lettre ii). — xxviii. 1785, janvier 11. — xxix. juillet 25. — xxxiii. 1786, octobre 20, novembre 14. — xxxvi. 1787, novembre 26.

Liégon, architecte. v. 1769, novembre 18. — xix. 1770 (addition), septembre 14. — vi. 1771, décembre 23. — vi. 1772, janvier 30, février 3, 4. (xxiv, addition, avril 6), mai 22, 29. — xxiv (addition), octobre 22. — xxiv. 1773 (addition), janvier 19. (vi. 22). — xxiv (addition), février 8, (vi. 22, 25). — vi. avril 4. — xxiv (addition), mai 28 — vii. juin 14. — xxiv. août 14. — vii. 1774, mars 7, septembre 18.

Lieutaud (Jos.), médecin du roi Louis XVI. — vii. 1774 (xxvii. addition, mai 17), juillet 11. — xiv. 1779, juillet 19, novembre 10. — xvi. 1780, décembre 10. — xvii. 1781, janvier 6.

Lieutaud. Voir *Rauquil-Lieutaud*.

Lignac (abbé de). i. 1762, juin 19.

Ligne (C.-J., prince de). général. vi. 1772, janvier 13. — x. 1777, novembre 9. — xxv. 1784, mars 18.

Lignerolles (de), lieutenant de vaisseau. viii. 1775, juin 5.

Ligny (avocat). vii. 1774, août 24.

Lilancourt, gouverneur du Cap. xviii. 1781, octobre 19.

Lilleroy (baron de), officier. xxxii 1786, mai 29.

Lillier (Mademoiselle), actrice de l'Opéra. xxxiv. 1787, mars 21

Limbourgs-Sirem (comte de). ix. 1776, décembre 7. — x. 1777, septembre 15. — xvii. 1781, février 22.

Lind (Jacques), médecin anglais. iv. 1769, janvier 11.

Linguet (Sim.-N.-H), avocat, né à Reims, en 1736,

mort sur l'échafaud en 1794. I. 1762, mai 12. — III. 1766, mai 19, juin 1, 11, juillet 6 — III. 1769, février 1. — XVIII (addition), mai 26. — IV. 1769, octobre 20. — V. 1769, décembre 25, 29. — V. 1770, juin 17, 21, juillet 12, août 10, novembre 1. — XIX (addition), décembre 29. — V. 1771, janvier, 27.— XIX (addition), avril 12, août 4, septembre 26. — VI. octobre 18, 20. (XXI, addition, 28). — VI. 1772, janvier 13, 18, 19, février (XXI. addition). 28, 29, mars (XXI. addition, 1). 4, 28, 30, avril 11, 14, 17, mai 18, 21, juillet 26, août 1, 7, 30, septembre 13. — VI. 1773, janvier 31, mars 31, avril 1, mai 2. — VII. juin 29, juillet 7, 19, 29, septembre 24, octobre 12. — VII. 1774, février 20, septembre 28, octobre 17. — VII. 1775, février 5, 6, 7, 8, 21, mars 7, 12. — VIII. juin 6, 8, juillet 29. (tome XIII), septembre 14, 29, octobre 16, décembre 23. — IX. 1776, janvier 12, février 19, 20. mars 2, avril 5, 6, 8, 13, juin 1, 26, août 2, 4, 8, 19, 27, septembre 9, 17, octobre 13, 14, novembre 14, 15, décembre 5. — X. 1777, mars 3, avril 7, 30, mai 8, 11, juillet 26, octobre 24, décembre 9, 12. — XI. 1778, avril 8, 10, 12, 13, 25, 27. — XII. juin 12, juillet 24, août 7, 29, 31, octobre 6, 21, décembre 25 — XIII. 1779, janvier 18, mars, 6, 11, 29. — XIV. avril, 8, 19, juin 11, juillet 4, août 23, 24, 26, septembre 10, 25, octobre 27. — XV. 1780, janvier 21, février 9, 22, mars 9, 16, 29, avril 22, 28, juin 29, juillet 19, 21, 24, septembre 14, 15. — XVI. octobre 2, 6, 10, 15, 17, 23, 24, 31, novembre 11, 21, décembre 3, 19, 21, 23. — XVII. 1781, février 24, juillet 5, 9, 12, 13, août 5, 6, 20. — XX. 1782, mars 31, mai 16, 19, 20, 23, 27, juin 8, 27.— XXI. juillet 18, 27, août 24, 30, septembre 7, 24, novembre 4, décembre 24. —XXII. 1783, janvier 5, 19, février 8, 20, mars 5, 22, avril 6, 7, 8, mai 7.— XXIII. juin 20, juillet 16, septembre 10. — XXIV. décembre 10, 17. — XXV. 1784, janvier 6, février 13, 25, 27, mai 5. — xxvi. mai 26, 28, juin 11, 30, juillet 3, 5, 7, octobre 10. — xxvii. décembre 24, 27. — xxviii. 1785, mars 17, 25, avril 3. — xxix. mai 30. — xxxi. 1786, février 10, mars 15, juillet 18. — xxxii. mai 15, juillet 22, 23, août, 4, 7, 20, 25, 26, 29, septembre 3, 4. — xxxiii. septembre 6, 7, 8, 11, 17, 18, octobre 30, décembre 10, 20. — xxxiv. 1787, janvier 11, 15, 23, 26, février 3, 11, 16, 17, 20, 25, 26, 27, mars 4, 11, avril 1. — xxxv. juin 16, juillet 18, août 2, 30, septembre 1. — xxxvi. octobre 30, novembre 2.

Linière (comte de), auteur dramatique. xii. 1778, décembre 29. — xiv. 1779, mai 18. — xxv. 1784, mars 18. — xxxii. 1786, mai 26.

Linière (comtesse de). xxv. 1784, mars 18.

Lioy, avocat de Naples. xvii. 1781, avril 18.

Lippi (Lorenzo), peintre et poëte florentin du XVIIe siècle. xvi. 1780, septembre 29.

Lirou (chevalier de). Voir *Espic*.

Lise (Mlle), ingénue. xi. 1778, avril 19.

Littret de Montigny, graveur. iii. 1767, juillet 21.

Live d'Epinay. Voir *Epinay*.

Livoy (le père Timothée de), religieux barnabite, littérateur. xxiv. 1772 (addition), septembre 12.

Lochard, avocat. vii. 1773, octobre 12.

Loche, oculiste. xxv. 1784, mars 18.

Lœuillard d'Avrigny. Voir *Avrigny*.

Loir (N.-P.), peintre, académicien. xiii. 1779, septembre 22. — xxix. 1785, août 23.

Loiseau de Bérenger, fermier général. xxviii. 1785, janvier 2, 28.

Loiseau de Mauléon, avocat. ii. 1765, avril 4. — iii. 1766, mai 18. — v. 1769, décembre 30. 1770, mai 2, décembre 19. — vi. 1771, octobre 25. — xxviii. 1785, janvier 28.

Lolme. Voir *Delolme*.

Lolotte (Mlle), courtisane. xxi. 1782, juillet 6.

Lombard, acteur. xvi. 1763 (addition), décembre 24.

Loménie (de), conseiller au Parlement de Bordeaux xx. 1782, avril 3.

Londes (abbé de). i. 1762, juillet 22.

Longueil (de), auteur dramatique. xix. 1769 (addition), janvier 21.

Longuerue (L. Dufour, abbé de), orientaliste. xxii. 1783, avril 29.

Lonjeau (Mlle), actrice. xviii. 1781, décembre 19.

Looz (de), capitaine de vaisseau. xxvi. 1784, mai 29.

Loque, marchande de bierre. xix. 1770 (addition), juillet 30. — xxiv. 1773 (addition), mars 15.

Loquin, accusé d'assassinat. xxi. 1782, septembre 11, 14, 25, octobre 1, 4, 12.

Lorges (chevalier de), peintre. vii. 1774, juin 18, juillet 15. — x. 1777, juillet 28, août 29, septembre 5, 7.

Lorges (duc de). xiv. 1779, juin 21. — xxv. 1784, mars 18.

Lorgna (Ant.-M.), géomètre. xxi. 1783, novembre 13.

Loriot, machiniste. vii. 1773, août 27.

Lorry (Anne-Charles), médecin. xvi. 1764 (addition), septembre 8. — ix. 1776, juillet 18. — x. 1777, avril 8. — xi. 1778, février 1. — xii. décembre 20. — xv. 1780, janvier 4. — xx. 1782, mars 10. — xxiii. 1783, septembre 25, novembre 3

Lorta, sculpteur. xiv. 1779, septembre 2.

Loth (le père), minime, prédicateur. xxxi. 1786, avril 19.

Lottin (Ant.-Prosper), libraire. xvi. 1780, décembre 19.

Louët, musicien. xxvi. 1784, juillet 14.

Louet, de Blois, président. xxxiii. 1775. novembre 4 (addition).

Louis, architecte. ix. 1776, août 21. — xv. 1780, avril 26. — xxii. 1783, janvier 17, 18. — xxiii. septembre 27. — xxv. 1784, mars 18. — xxix. 1785, juin 11. — — xxxv. 1787, juin 24.

Louis, professeur d'anatomie. ii. 1764, juin 12. — v. 1771, novembre 17. — xxiv. 1773 (addition), septembre 3. — xviii. 1781, mai 15.

Louise (Mme), tante du roi Louis XVI. xxiv. 1772 (addition), juin 17.

Louise de Savoie, femme du comte de Provence. v. 1774, mai 19. — vi. novembre 26, décembre 7. — vii. 1773, septembre 15, 21, octobre 5. 1774, avril 21. 1775, janvier 14, mars 2, juin 24, août 8, 27, septembre 1, novembre 12, décembre 12. — ix. 1776, septembre 25. — x. 1777, avril 26. — xii. 1778, novembre 18. — xiv. 1779, juillet 27. — xv. 1780, juillet 20, septembre 15. — xvi. 28, novembre 10. — xviii. 1781, octobre 15. — xx. 1782, janvier 2 — xxi. septembre 20, 23, octobre 19. — xxv. 1784, janvier 15. — xxxv. 1787, août 16.

Lourdet (abbé), professeur de langue hébraïque. xxxi. 1786, février 19. — xxxvi. 1787, novembre 13.

Lourdet de Santerre, auditeur des comptes, auteur dramatique i. 1762, décembre 21. — vi. 1772, avril 25. — xxiv (addition), juillet 3. — xii. 1778, octobre 30, novembre 24. — xviii. 1781, décembre 24, 31. — xx. 1782, janvier 1, 13, 17. — xxi. septembre 11, novembre 15, 27, décembre 5, 6.

Loutherbourg, peintre. ii. 1765, août 28. — xiii. 1767, août 23 (Lettres ii, iii). 1769, septembre 10 (Lettre ii). 1771, septembre 14 (Lettre iii). 1773, septembre 14 (Lettre ii). 1775, septembre 23 (Lettre ii). 1779, septembre 23 (Lettre iii).

Louvay de la Saussaye, littérateur. viii. 1775, mai 30, juillet 13.

Louvel, censeur viii. 1775, août 26, septembre 19.

Louvois (marquis de). xvi. 1766 (addition), avril 14. — vi. 1773, février 14. — viii. 1775, mai 21, 23, juin 7. — xxxiii (addition), décembre 4. — ix. 1776, février 21. — xiv. 1779, août 7. — xviii. 1781, décembre 18. — xx. 1782, mai 23. — xxii. 1783, mai 11. — xxviii. 1785, janvier 21. — xxix, août 21.

Lowendal (comte de). xvii. 1781, juillet 24.

Loyson (de), procureur général. xxxiv. 1787, février 21,

Lubeau, courtier. xxxiii. 1786, décembre 27.
Lubersac (abbé de), dessinateur. xii. 1778, août 24.
Lubersac (de), évêque de Chartres. xxix. 1785, septembre 12.
Luc d'Arche, membre du Parlement de Bordeaux. xv. 1780, février 28.
Luce, boursier de Louis le Grand xviii. 1781, septembre 18.
Luce, organiste. ix 1776, décembre 7.
Luchet (J.-P.-L. de la Roche du Maine, marquis de), littérateur. xxx. 1785, novembre 17.
Luçon (de), officier. xx. 1782. janvier 31, février 4.
Lucotte, architecte. ii. 1765, juillet 21.
Lugeac (marquis de), lieutenant général des armées du Roi. i. 1763, décembre 31. — xxx. 1775 (addition), juillet 10. — xxi. 1782, novembre 4.
Luneau de Boisgermain, homme de lettres. ii. 1764, juillet 6.— iii. 1767, avril 19, octobre 10. 1768, janvier 11. — iv. 1769, octobre 20. — v. décembre 23, 29. — v. 1770, février 14, mars 10, 13, 16, 24. — xix (addition), décembre 27. 1771, août 18, 23, 27, 31, septembre 6, 7, 8, 21.— vi. décembre 5, 9, 20.—vi. 1772, janvier 20, avril 21, mai 10, juin 19, 23, 29, juillet 1. 1773, février 15. — ix. 1776, juillet 22, août 2, 16. — x. 1777, janvier 31, février 18, avril 6, mai 11, — xii. 1778, août 15, 16, 22.
Lungais (abbé), gentilhomme breton. ii. 1765, juin 23.
Luxembourg (famille de). ii. 1764, février 12, juin 18. — xviii. 1768 (addition), janvier 27.—xi. 1778, mai 16. — xx. 1782, janvier 17. — xxi. novembre 10. — xxv. 1784, janvier 15. —xxvi. juin, 14. — xxxiv. 1787, février 21. — xxxv. août 11.
Luynes (cardinal de). i. 1762, février 17. 1763, janvier 6, mars 26. — iv. 1768, avril 15. 1769 mars 13 — viii. 1775, novembre 21.
Luynes (duchesse de). xxv. 1784, janvier 15. — xxviii. 1785, avril 1. — xxxi. 1786, janvier 1.

Luzar (baron de). xxiii. 1783, juillet, 28.
Luzi (Mlle), actrice. i. 1763, février 17, juin 3. — iv. 1768, décembre 9. — v. 1771, mars 18. — xxiv. 1772, novembre 27. — vii. 1775, janvier 17. — xiv. 1779, septembre 31, novembre 1, décembre 31.— xvii. 1781, avril 25, 30.
Luzuries (Mlle), peintre. xvii. 1781, février 3.
Lyonnois (Mlle), danseuse de l'opéra. i. 1762, janvier 8. — iii. 1766, décembre 31.

M

Ma, missionnaire. xxxi. 1786, janvier 27.
Mabile, littérateur. xv. 1780, février 28.
Mably (abbé Gabriel Bonnot de). i. 1763, avril 18. — ii. 1765, avril 5, novembre 8. — iii. 1766, juin 9. 1768, mars 1. — iv. octobre 17. — xxiv. 1772 (addition), juillet 27. — xxii. 1783, février 25. — xxv. 1784, janvier 29, 31, mars 27. — xxvi, juin 18, juillet 6, août 7. — xxviii. 1785, février 4, 17, avril 28. — xxix. mai 9, juin 16, septembre 16. — xxxvi. 1787, novembre 13.
Macarty, abbé. i. 1762, avril 16.
Macbride (David), chirurgien anglais. — xiv. 1779, novembre 8.
Machault (Louis-Charles), évêque d'Amiens. xvii. 1781, avril 19, 27, mai 8, 9.
Machy, peintre. ii. 1764, septembre, 1. — xiii. 1767, septembre 20 (Lettre iii).— xix. 1770 (addition), mars 2. 1771, septembre 14 (Lettre iii). 1773, septembre 14 (Lettre ii). 1775, septembre 23 (Lettre ii). — ix. 1776, avril 24. — xi. 1777, septembre 15 (Lettre ii). — xix. 1781, août 25 (Lettre ii). — xxiv. 1783, septembre 22 (Lettre ii).— xxx. 1785, septembre 22 (Lettre ii).
Macquart (Jacques-Henri), médecin. ii. 1764, septembre 4. — xii. 1778, novembre 10, décembre 19.

Macquer (Pierre-Joseph), médecin. iv. 1769, avril 5. — xii. 1778, décembre 19. — xxi. 1782, juillet 12. — xxv. 1784, février 20.— xxvii. novembre 13.

Madame. Voir *Adelaïde, Clotilde* et *Louise.*

Madinier, banquier. xxxi. 1786, mars 7.

Maffle (abbé), prédicateur. xvii. 1781, avril 6, 16.

Magellan (de). xiii. 1779, mars 9.

Magnanville, auteur dramatique. xix. 1770, novembre 17.

Magon (Mlle). xiv. 1779, décembre 27.

Maigret de Serilly, financier. xxxv. 1787, juin 6, 16, juillet 5.

Maillard (Mlle), actrice. xx. 1782, mai 19. — xxii. 1783, mars 6. — xxiii. juillet 11, août 26. — xxv. 1784, février 23. — xxvii. novembre 30. — xxxiii. 1786, septembre 22.

Maillard du Mesle, ancien intendant de Lille. xxxiii. 1775 (addition), novembre 26. — xvii. 1781, mai 7.

Maillardière (vicomte de la). xi. 1778, mars 15.

Maillebois (comte de), lieutenant-général. iii. 1767, novembre 14. — v. 1771, avril 10. — viii. 1775, août 15. — xxxiii (addition), novembre 15. — ix. 1776, juin 24, décembre 11.

Maillot (Ève de), auteur dramatique. xxviii. 1785, février 10.

Mailly (maréchal de). xxxi. 1786, mars 7. — xxxiv. 1787, février 21.

Mailly (marquise de). viii. 1775, septembre 20.

Mailly (de), peintre en émail. xiii. 1767, septembre 13 (Lettre iii). — x. 1777, octobre 17, 26.

Mairan (J.-J. Dortous de), membre de l'Académie, physicien. — i. 1763, mars 28. — iv. 1769, juin 3. — v. novembre 29. — v. 1771, février 17, 20, août 7. — vi. novembre 13.

Mairaud, organiste. xxiv. 1772 (addition), août 23.

Mairet, graveur. xxv. 1784, janvier 10. — xxvi. mars 20.

Mairobert. Voir *Pidansat.*

Maison-fort (de la), amateur aéronaute. xxix. 1785, juin 23

Maison-neuve (Mlle de), actrice. 1. 1763, mai 3.
Maizeroy (de). Voyez *Joly de Maizeroy.*
Malartic (président de). xxxiv. 1787, février 21.
Malboroug (duchesse de). xxiii. 1783, août 14.
Maldéré (comte de), officier. xiii. 1779, février 27, mars 19, 20. — xv. 1780, juin 2. — xxiii. 1783, novembre 18. — xxiv. décembre 7. — xxv. 1784, mars 18.
Malesherbes (Chr. Gu., de Lamoignon de). xvi. 1763 (addition), octobre 5. — iv. 1768, avril 12 (xix, août 18), décembre 6. — xix. 1770 (addition), mai 14 — v. 1771, février 26, mars 21, avril 9. — vii. 1774, décembre 21, 26. 1775, janvier 19, février 7, 11. — xxix (addition), février 3, 24. — viii, mai 26, juin 1. (xxx, addition, 12), juillet (xxx. addition, 6, 8, 23) 11, 16, 19, 20, 28, 30, août 7, 8, 15, 16, 19, 20, 23, 24, octobre 22, 24, 26, 27, 28, novembre 6, 9, 11, décembre (xxxi, addition, 7). 8, 11, 14, 15, 19, 31. — ix 1776, janvier 23, 30, février 19, mars 11, 22, avril 8, 19, mai 11, juin 14, juillet 10, 22, septembre 10. — x. 1777, février 3, mai 11. — xi. 1778, mai 20. — xiv. 1779, août 20. — xx. 1780, avril 16. — xxi. 1782, août 24. — xxii. 1783, mars 20, avril 17. — xxix. 1785, mai 9. — xxx, décembre 29. — xxxi. 1786, avril 27. — xxxii, août 6. — xxxiii, décembre 21. — xxxiv. 1787, janvier 26, février 21 (N° 143). — xxxv, juillet 24, août 9, 23. xxxv, avril 23, mai 20, 21, juin 4, août 7. — xxxvi, octobre 14, novembre 19, 24, 25, 26, 29.
Malezieu (abbé de), conseiller au Parlement xix. 1770, mai 17 (addition).
Malines (abbé), chantre de la Sainte-Chapelle. — iv. 1768, novembre 14.
Mallet, jurisconsulte. viii. 1775, juillet 13. — x. 1777, mars 4, 5
Mallet Duclairon, littérateur. xvi. 1764 (addition), mai 25, juin 7, 16. — ii. 1765, février 6. — ii. 1766, janvier 8. — xvi (addition), juillet 2. — xix. 1770 (addition), juillet 6.

Mallet du Pan (J.), publiciste. xvii. 1781, août 20. — xxii. 1783, février 8. — xxvi. 1784, juin 28. — xxx. 1785, octobre 8. — xxxiv. 1787, février 16.

Maloët, médecin. xviii 1767 (addition), août 1. — iii. décembre 5. — x. 1777, novembre 27. — xiv. 1779, novembre 9. — xvii. 1781, janvier 15.

Malon (de). iii. 1766, juin 26.

Malouin (Paul-Jac.), médecin, membre de l'Académie des sciences. xi. 1778, janvier 9. — xii, novembre 9. — xv. 1780, juin 12.

Malter (les frères). xiv. 1779, avril 12.

Malzan (comte de). xxxiv. 1787, avril 10.

Mandeville (Mlle), actrice. ii. 1766, janvier 16. — xix. 1768 (addition), décembre 15. 1769 (addition), décembre 15.

Manezy (de), maire de Nancy. xxxiv. 1787, février 21 (N° 127).

Manfredy, violoniste. xviii. 1768 (addition), avril 2.

Mangenot (abbé Louis), poëte et chanoine du Temple. iv. 1768, novembre 22.

Mangot de Danzay, maître des requêtes. xxx. 1775 (addition), juin 23.

Mann (abbé A.-T.), antiquaire. xxi. 1782, juillet 3.

Manoury, avocat. — xv. 1780, août 4.

Manuby, avocat. xv. 1781, août 31.

Manuel (Louis-Pierre), procureur-général de la commune de Paris. xxxi. 1786, février 11, 12. — xxxii, avril 29, 30, mai 17.

Mara (Mlle), cantatrice. xx. 1782, mars 20, 29, avril 12, 29. — xxii. 1783, avril 29. — xxiii, juin 16. — — xxvi. 1785, août 16. — xxxi. 1786, juillet 27.

Marandon, poëte. xxx. 1785, octobre 18.

Marat (Jean-Paul). xxxiv. 1787, avril 18.

Marbœuf (comtesse de). ix. 1776, décembre 21. — xxxiii. 1786, novembre 8.

Marcenay (de). xx. 1782, janvier 26.

Marchais (Mme), économiste. ix. 1776, avril 29. — xv. 1780, mai 25.

Marchand (J.-Henri), avocat, censeur royal. III. 1766, mars 17. 1767, mai 22, octobre 4. — IV. 1768, avril 21. — V. 1770, décembre 9. — XX. 1785, avril 20. — XXX. 1785, novembre 5, 27.

Marchand, intendant du prince Guemenée. XXI. 1782, octobre 11.

Marchand de Varennes, fermier général. XI. 1778, février 17.

Marcol, procureur général au Parlement de Nancy. XXXIV. 1787, février 21.

Marduel, curé de Saint-Roch. XXXV. 1787, juillet 14. — XXXVI, décembre 4.

Maréchal (milord), gouverneur de Neufchâtel. I. 1765, mai 15, juillet 13. — XIV. 1778, avril 28.

Maréchal (Sylvain), littérateur. XXIII. 1783, juillet 28. — XXVII. 1784, décembre 31. — XXIX. 1785, juillet 6, 9. — XXXI. 1786, janvier 12. — XXXII, mai 26, juin 14.

Maret (Nicolas, dit frère Jean), ermite. XXXV. 1787, mai 7.

Maret (Hughes), docteur en médecine, secrétaire perpétuel de l'Académie de Dijon. III. 1766, novembre 21. — XVIII. 1781, décembre 7. — XXXI. 1786, janvier 25. — XXXII, juin 27.

Mareüil (de), capitaine de cavalerie. II. 1786, septembre 22.

Margantin, notaire. XXIII. 1783, octobre 13.

Margeret (Mme de), abbesse. VII. 1775, août 4.

Margerou (abbé), professeur des sourds-muets. XXIII. 1783, septembre 8.

Marguet, avocat. II. 1765, septembre 1. — XXV. 1784, mai 17. — XXVI, juin 8. — XXIX. 1785, septembre 30.

Marié (Madelaine), bienfaitrice. XXXIII. 1786, novembre 9.

Mariette, conseiller de la cour des aides. — XXXI. 1786, février 9.

Mariette, avocat aux conseils. — I. 1762, décembre 13. — XXIX. 1775 (addition), janvier 29.

Marignan, acteur aux Italiens. xviii. 1767, décembre 5.
Marignan (Mlle de). xviii. 1781, novembre 11.
Marignié, auteur dramatique. xxii. 1783, février 27. — xxiii, octobre 6.
Marigny (abbé de). i. 1762, juillet 22.
Marigny (A.-F. Poisson, marquis de Menars et de), frère de Mme de Pompadour, directeur général des bâtiments. — i. 1762, novembre 30. — ii. 1764, février 19, septembre 16. — iii. 1767, octobre 8 (xviii, addition, 8), 9, 16, 21, 28 (xviii, addition, 20), novembre, 28. 1768, janvier 11, 14, 29. — iv, novembre 10. — iv. 1769, février 14. — v. 1771, août 3. — vi. 1772, octobre 4. — xxiv (addition), octobre 4. — vii. 1774, février 19. — xvii. 1781, mai 11, juin 2. — xx. 1782, février 22, mars 18. — xxii. 1783, mai 16, 17.
Marigny, commandant de vaisseau. xxvi. 1784, juin 17.
Marin (Fr.-Louis-Cl.), censeur royal. i. 1762, juin 18. 1763, janvier 23, mars 6, octobre 8, 17. — xvi. 1765 (addition), mars 15. — ii, août 30. — xvi. 1766 (addition), mars 31. — iii, décembre 16. — iii. 1767, octobre 19. 1768, mars 6. — xviii (addition), juillet 1. — xxi. 1771 (addition), septembre 2. — vi, octobre 13, 17. 1772, mars 22 (xxiv, addition, juin 24), septembre 5. — xxiv. octobre 29, novembre 26, décembre 4. — xxiv. 1773, avril 26. — vii, juillet 2, septembre 8, octobre 20 (xxiv. 25), décembre 5. — xxvii, (addition), 4, 24. — vii. 1774, janvier 3 (xxvii, addition, 3, 12, 31), février (3, 26), 9, 15, mars 28, 30 (xxvii, mai 5, 8), septembre 3, 9, 23.
Marin (chevalier), chef d'escadre. xxv. 1784, février 23.
Marinier, auteur dramatique. — xxi 1782, octobre 5, 6, 18.
Marivaux (de), littérateur. i. 1763, février 12, mars 26. — ii. 1764, février 25. 1766, janvier 24.
Marivetz (baron Et.-Claude de), physicien. xxii. 1783, janvier 7, février 15, mai 1. — xxxv. 1787, juin 16.
Marmontel (J.-F.). i. 1762, février 15, mars 4, 16, 31,

avril 9, mai 2, 5, juillet 19, 20, novembre 2, 29. 1763, février 7, mars 28, avril 23, mai 12, juillet 13, novembre 1, 23, décembre 22. — II. 1764, février 4, août 24, octobre 4, décembre 14, 30. 1765, août 13, décembre 16 (xvi, addition, 24). 1766, janvier 30, février 19, 27. — III, mai 23, 24, août 23. 1767, février 13, 21, 26, mars 3, 15, 20, mai 22, août 5, 14, 25, septembre 1, 7, octobre 4 (xviii, addition, novembre 17, décembre 22), décembre 12. — IV. 1768, janvier 12, 30, février 1, 2, 6, 16. — IV, avril 5, 22, août 5, 23, septembre 10 (xix, addition, 29), décembre 12. — IV. 1769, janvier 5, 18. — xix (addition), septembre 29. — v. novembre 8. — v. 1770, février 18, septembre 7. 1771, juillet 16. — vi, octobre 29, novembre 14, 18. — vi. 1772, avril 8, mai (xxiv, addition, 11), 19, octobre 18. 1773, janvier 10, 22. — xxiv (addition), septembre 10, 12, 22. — vii, décembre 12. — vii. 1774, mars 4. 1775, janvier 31. — viii, avril 13, juin 27. — ix. 1776, mars 9, mai 21, juin 10, 21. — x. 1777, mars 15, 26, avril 8, mai 10, 22, juin 22, juillet 23, 28, août 25, octobre 6, 13, octobre 31. — xi. 1778, janvier 11, 19, 22, 23, février 9, mars 2, mai 21, 29. — xii, juin 6, octobre 19. — xiii. 1779, mars 8. — xiv, avril 1, mai 16, 18, juin 21, octobre 15. — xv. 1780, février 24, mars 3, juillet 14, août 30. — xvi, octobre 30, novembre 15, décembre 26. — xvii. 1781, juin 4. — xviii, décembre 7, 17. — xx. 1782, avril 15. — xxiv. 1783, décembre 2, 4. — xxvi. 1784, juin 29. — xxvii, novembre 16, décembre 15. — xxviii. 1785, janvier 27. — xxix, juin 16, août 25. — xxxi. 1786, janvier 3, 4, 10, 11, février 8, avril 27. — xxxii, août 25. — xxxiii, septembre 11. — xxxiv. 1787, janvier 31. — xxxv, août 25.

Marmotant, avocat. vi. 1773, avril 7.

Marot, receveur de tailles. xvii. 1781, août 19, 23. — xxviii. 1785, février 8.

Marquet, conseiller au parlement. xv. 1780, août 19.

Marquise (Mlle). Voir Madame de *Villemonble*.

Marran, aumônier. xxxiv. 1787, janvier 27.

Marrobert (de la), conseiller au Parlement de Rouen. — ix. 1776, janvier 14.

Mars (Mlle), actrice. xii. 1778, juin 7.

Mars, avocat, rédacteur de la *Gazette des Tribunaux*. — xxviii. 1785, janvier 28. — xxxi. 1775, août 21.

Marsan (prince de). vi. 1772, août 25. — xxx. 1775 (addition), mai 25.

Marsan (princesse de). ii. 1764, février 12. — vi. 1772, septembre 7. — vii. 1773, novembre 6. — viii. 1775, août 23, septembre 18. — xxi. 1782, octobre 11, novembre 8. — xxii. 1783, janvier 8, mars 8. — xxx. 1785, décembre 26. — xxxi. 1786, mars 13. — xxxii, juin 9.

Marsan (de), acteur. ii. 1765, janvier 5.

Marsinville (abbé de). xvii. 1781, août 12.

Marsollier des Vivetières (Ben.-Jos.), auteur dramatique. — xxi. 1782, septembre 10. — xxii. 1783, janvier 30. xxviii. 1785, avril 29. — xxxii. 1786, mai 16, août 4.

Marteau, avocat. xxix. 1785, mai 23.

Martin (abbé), vicaire de Saint-André des Arts, littérateur. vii, 1774, août 7. — xxx. 1775 (addition), août 4. — ix. 1776, janvier 20, décembre 14. — x. 1777, juillet 10, 14, août 7. — xiii. 1779, mars 7, 11, 17, 20.

Martin (Dom), bénédictin. ix. 1776, juillet 9.

Martin (Mlle), fabricante de rouge. — xxxii. 1786, mai 10, juillet 19.

Martin, mécanicien. xxix. 1785, septembre 2.

Martin, peintre. — xiii. 1775, septembre 7 (Lettre i).

Martin de Marivaux, avocat. vii. 1775, janvier 26. — viii, juin 19, juillet 27, août 1, 19. — xxvi. 1784, juillet 16, 26, 30, août 29, septembre 21. — xxviii. 1785, mars 21. — xxxv. 1787, juin 15.

Martineau, avocat au parlement. x. 1777, février 11. — xx. 1782, juin 30. — xxi, août 17, 19. — xxx. 1785, juin 23 — xxxi. 1786, janvier 11, 12, 15. — xxxii, juillet 11, 31. — xxxiv. 1787, janvier 20, avril 3.

Martineau, avocat au conseil. — XXII. 1783, juin 3.

Martinet, graveur du cabinet du roi. XXI. 1782, août 22.

Martini, compositeur. VI. 1772, novembre 29. — VII. 1775, mars 2. — XXIV. 1783, décembre 30.

Martinville (Mme de). XXIV. 1773 (addition), mars 3.

Marville (de), littérateur. III. 1766, mai 27.

Marville (de), conseiller d'État. XXXIV. 1787, janvier 3.

Mary (abbé). XXIV. 1772 (addition), mars 26.

Mascagni, professeur d'anatomie à l'Université de Sienne. XXXI. 1786, avril 26.

Massari (Luigi), Romain, poëte improvisateur. XXIII. 1783, août 10, 13, 21.

Massé, peintre. III. 1767, octobre 8.

Massiac (marquise de). XI. 1778, février 7.

Massif (de), gentilhomme de Bordeaux. XXIII. 1783, juillet 14.

Masson, trésorier de France. II. 1765, août 13.

Masson de Morvilliers, avocat. XVIII. 1781, décembre 7. — XXXI. 1786, mars 9.

Mathieu (Antoine), négociant. XX. 1782, juin 30.

Mathon de la Cour. (Ch.-Jos.), homme de lettres. XVI. 1765 (addition), octobre 15. — II. 1765, novembre 11. — III. 1767, avril 18. — XXVII. 1774 (addition), octobre 19.

Matignon (Mme de). XX. 1782, janvier 14.

Matné de Morville (Mlle), femme auteur. XXVII. 1774 (addition), octobre 19. — XXV. 1784, février 27.

Maty, docteur. II. 1764, décembre 6. — III. 1766, juillet 30, août 4, octobre 14. 1767, juin 16.

Maubert (le père). III. 1768, mars 17.

Mauclain (Roger de), capitaine au régiment du Roi. XXVIII. 1785, mars 27.

Maudoux (l'abbé), confesseur de Louis XV. VII. 1774, mai 8.

Mauduit (Ant.-René), professeur de mathématiques. XXXIII. 1786, novembre 14.

Mauduyt de la Varenne (P.-J.-E.), médecin. XI. 1778,

janvier 9, février 1.— xii, décembre 20. — xvii. 1781, mai 17, 18.— xviii, décembre 7.

Maugerie (de la). xviii. 1766 (addition), juillet 27, août 18. — ix. 1776, avril 18. — xv. 1780, février 21, 29, mars 19.

Maugiron (comte de). iii. 1767, avril 23.

Maultrot, avocat. xxi. 1782, juillet 7. — xxiii. 1783, juillet 6, 10, 16, août 5, 8, 15. — xxxiii. 1786, novembre 8.

Maupeou (Réné-Charles), magistrat, vice-chancelier. i. 1763, décembre 31. — viii. 1775, avril 3, 4.

Maupeou (Ren.-Nic.-Ch.-Aug.), chancelier, (1768-1774), fils du précédent. iv. 1768, novembre 24, décembre 1. — v. 1770, mars 10, 21, avril 1 (xix, addition, mai 14), décembre 2, 10, 13, 25. 1771, janvier 9 (xix, addition, 24), février 23, mars 9, 17 (xix, addition, 22), 26, 30, avril (xix, addition, 2, 8), 8, 11, 15, 16, 19 (xix, addition, 20, 25, 27), mai 3, 10, 15 (xix, addition, 17, 18, 23, 27), juin 21 (xix, addition, 7, 15, 25, 28, xxi, addition, juillet 18), août 15 (xxi, 21), septembre 4, 14, 20.—vi, octobre 22, novembre 16, décembre 4. — xxi (addition), décembre 16, 28. — vi. 1772, janvier 26 (xxi, addition, février 8, 13, 17), février 19 (xxiv, addition, mars 7, 13, 14, 26), mars 25, avril 1, 3, 7 (xxiv, addition, 14, 26, mai 15, 24, 27, juin 17, juillet 4, 17), juillet 17 (xxiv, addition, octobre 11, 17, 21, 25, décembre 3, 13), décembre 30. 1773, janvier 8 (xxiv, addition, février 14, 20, mars 9), mars 27, mai 12 (xxiv, 15).—xxvii. 1774 (addition), janvier 20. —vii, avril 30 (xxvii, addition, juin 27), septembre 3, 26 (xxix, addition, novembre 8, 15), novembre 20, 24, 30, décembre 17, 26. 1775, février 18, 22, mars 25. — xxx (addition), avril 14. — viii, juin 9, 17, décembre 31. — ix. 1776, janvier 3, février 24, novembre 3, 5. — x. 1777, avril 27. — xxi. 1782, août 11.

Maupertuis (P.-L. Moreau de), géomètre et astronome, membre de l'Académie des Sciences. iii. 1766, septembre 1, novembre 27. — vi. 1773, avril 22.

Maurepas (J.-Fred. Phelippeaud, comte de), ministre de Louis XV. vii. 1774, mai 15, 23. — xxvii (addition), juillet 15. — vii. octobre 15, novembre 13 (xxix, addition, 16), décembre 13, 23. 1775, janvier 17, mars 2. — xxx (addition), avril 14. — viii, mai 27, juin 6, 8, 18, 29, septembre 19, novembre 9, 15, 19, 21, 24, décembre 6, 14. — ix. 1776, avril 8, 19, mai 24, 30, juin 4, 10, juillet 27, septembre 13, octobre 26, 28. — x. 1777, juin 20, octobre 5, 20, 24, décembre 12. — xi. 1778, janvier 10, février 1 — xii. juillet 8, août 15, octobre 27, novembre 2. — xiii. 1779, mars 12, 24. — xiv, avril 1, août 2. — xv. 1780, février 27, mars 30, avril 10. — xvi, novembre 16. — xviii. 1781, septembre 7, novembre 12, 13, 19, 22, 27, décembre 8. — xx. 1782, janvier 2, avril 10. — xxi, novembre 12.

Maurepas (comtesse de). ix. 1776, juin 4. — xi. 1778, mai 26. — xviii. 1781, septembre 7, novembre 22. — xxii. 1783, mars 26.

Mauroy (de), descendant de Racine, maître des eaux et forêts. xii. 1778, août 5. — xxxvi. 1787, octobre 4.

Maury (Jean Siffrein), cardinal. vi. 1772, septembre 18. — viii. 1775, septembre 6. — xxxi, (addition) septembre 26. — x. 1777, septembre 29. — xiii. 1779, janvier 26. — xvii 1781, mars 14, avril 30, mai 10. — xviii, décembre 23. — xxv. 1784, avril 6, mai 11. — xxvii, décembre 28. — xxviii. 1785, janvier 1, 11, 27, février 4 mars 10. — xxxi. 1786, février 15, 17, 20, 28. — xxxv. 1787, juin 4.

Maussion de Candé, conseiller au parlement. ix. 1776, février 29.

Maximilien archiduc), frère de la reine. xxiii. 1783, août 14. — xxix. 1775 (addition), février 7, 17, 26, mars 5.

May (abbé), jurisconsulte canoniste xxiv. 1772 (addition), août 4.

Mayer (Ch.-Jos.), littérateur. xxx. 1785, novembre 3, 14.

Mayer, compositeur. xv. 1780, juillet 1, 3, 6. — xxi. 1782, septembre 11, 25.

Mayeur de Saint-Paul (F.-M.), acteur et auteur dramatique. xx. 1782, mai 13.

Maynon d'Invaux (de), contrôleur général. xix. 1768 (addition), octobre 21.

Mazarelli (Mlle). Voir marquise de *Saint-Chamont*.

Mazarin (duc de). i. 1763, mai 19. — xxi. 1782, juillet 6.

Mazarin (duchesse de). iv. 1768, novembre 10. 1769, septembre 15, 21. — vi. 1772, avril 7, 9. 1773, mars 6. — xvii. 1781, mars 25. — xx. 1782, mai 21.

Mazers de La Tude (Henri), prisonnier célèbre. xxxv. 1787, août 4, septembre 4. — xxxvi, octobre 16, 18.

Mazières, fermier général. viii. 1775, juillet 4, août 21. — x. 1777, octobre 23.

Mazon (Mlle), écuyère. vii. 1774, août 16.

Meaujan (de), maître échevin de la ville de Metz. xxxiv. 1787, février 21, (N° 126).

Méchain (Pierre-Fr.-And.), astronome. xx. 1782, avril 10. — xxxiv. 1787, avril 18.

Méhégan (abbé de). i. 1762, février 5. — ii. 1766, février 12. — iii, décembre 19.

Méhul (Et.-H.), célèbre compositeur. xx. 1782, mars 20.

Mélun, archtiecte. xvii. 1781, juin 29. — xxix. 1785, juillet 5.

Mellini, graveur. xiii. 1771, septembre 13 (Lettre iii).

Mellion (Jacques), mécanicien. xxix. 1785, septembre 24.

Melon, envoyé à l'Isle de France. xxxiii. 1786, décembre 30.

Melun (comte et comtesse de). Voir *Morley*.

Ménageot (F.-Gu.), peintre. xi. 1777, septembre 9 (Lettre i). — xiii. 1779, août 25 (Lettre i). — xvii. 1781, janvier 4. — xix, septembre 10 (Lettre i). — xxiv. 1783, septembre 13 (Lettre i). — xxviii. 1785, avril 4. — xxx, ssptembre 13 (Lettre i). — xxxiv. 1787, janvier 31.

Ménager, chirurgien. vii. 1773, juillet 19.

Ménard (Léon), antiquaire, membre de l'académie des inscriptions. iv. 1768, avril 12.

Ménard de Souzi, diplomate. xxxi. 1775 (addition), août 25

Menars (marquis et marquise de). Voir *Marigny*.

Ménassier. xxxiii. 1786, octobre 3.

Menc, maître des requêtes, littérateur. xxvii. 1784, novembre 13.

Mendès, juif. ix. 1776, février 26.

Ménesson, auteur dramatique lyrique. xix. 1771 (addition), octobre 29.

Mengotti (François), littérateur. xxxiii. 1786, novembre 14.

Menou (comte de), commandant de la ville de Nantes. xxvii. 1774 (addition), mars 3, 15, 28, mai 2, juillet 9. — xxx. 1775 (addition), août 7,

Mentelle (Edme), géographe historiographe du comte d'Artois. xviii. 1781, décembre 7.

Menthe (la femme), prix de vertu. xxiii. 1783, août 25.

Mention, secrétaire de Beaumarchais. xxix. 1785, juin 30.

Méon, professeur de dessin. x. 1777. mai 10.

Mérard, sculpteur. x. 1777, décembre 22.

Mérard de Saint-Just. (Simon-Pierre), littérateur. xiii. 1779, février 1.

Mercier (L.-Séb.), littérateur. v. 1771, août, 16. vii. — 1774, septembre 22. 1775, mars 23. — viii, mai 30, juin 6, juillet 3, août 8. — ix. 1776, février 17, septembre 19, octobre 31. — x. 1777, janvier 16. — xv. 1780, mai 22, 23. - xvii. 1781, février 12, 14, août 1. — xx. 1782, janvier 27, avril 20, juin 25, 28 — xxi, juillet 30, août 4, novembre 22. — xxiii. 1783, juillet 23. — xxv. 1784, avril 22, mai 3. — xxvi, juin 23, juillet 18, octobre 13. — xxix. 1785, mai 31. — xxxii. 1786, avril 28, mai 4. — xxxiv. 1787, janvier 28. — xxxv, juin 18. — xxxvi, octobre 26, novembre 29.

Mercier de Saint-Léger (l'abbé Bart.), bibliothécaire de

Saint-Germain. II. 1764, juin 24.— VII. 1765, mars 24.
— XXVII. 1774 (addition), août 24, 28. — XXIX. 1785,
juin 13. — XXXII. 1786, août 3.

Mercier, bibliothécaire du duc de Lavallière. II. 1765,
février 5. 1766, janvier 27. — III, juillet 28.

Mercier de la Rivière. Voir *Le Mercier*.

Mercy-Argenteau (comte de), ambassadeur d'Autriche. —
XXX. 1775, mars 23. — XIV. 1779, mai 29.

Mérdard (Mme), bouquetière de la reine. XVIII. 1781, novembre 4.

Méreaux, compositeur. XXVII. 1774 (addition), avril 4,
octobre 2. — X. 1777, juillet 24, décembre 8. — XVIII.
1781, septembre 9, décembre 8. — XXIII. 1783, août
17, 26. — XXXVI. 1787, septembre 16.

Mérian, membre de l'Académie de Berlin. — III. 1767,
juin 5.

Mérico, traducteur. III. 1766, juin 21.

Mérino (père André), poëte. XXXI. 1786, avril 6.

Merlincourt (de). XXII. 1783, mars 18. — XXV. 1784,
février 27.

Merville (comte de la), économiste. — XXI. 1782, octobre
27, 30, décembre 26. — XXV. 1784, mars 7.

Merville. Voir *Guyot de Merville*.

Mesenquère (de la), poëte latin. XXVI. 1784, novembre 8.

Meslay (président de). VI. 1772, août 27.

Mesliers (Jean), curé d'Etrépigny. II. 1764, septembre 30.

Mesmer, médecin magnétiseur. XV. 1780, janvier 11,
juillet 13. — XVI. octobre 9, 13. — XVIII. 1781, septembre 13. — XXI. 1782, août 1, 8, octobre 26. —
XXIII. 1783, juin 21, juillet 1, septembre 1. — XXV. 1784,
janvier 14, février 19, avril 9, 24. — XXVI, mai 25, 26,
28, juin 12, juillet 19, août 20, 21, 31, septembre 1, 2,
3, 5, 6, 11, 12, 13, 14, 24, octobre 6, 29, novembre
4, 7. — XXVII. 17, 24, 30, décembre 4, 7, 16, 26.
— XXVIII. 1785, janvier 17, avril 18, 27. — XXIX, septembre 22, 25. — XXX, octobre 15, décembre 19. —
XXXI. 1786, janvier 25, février 11, mars 16.

Mesnard (Mlle), maîtresse du duc de Chaulnes. vi. 1773, février 17.

Mesnières (président et présidente de). ii. 1764, mai 26. — iii. 1767, décembre 5. — xxix. 1785, octobre 5. — xxx. décembre 7.

Mesnil-Durand (baron de), tacticien. xii. 1778, octobre 19. — xiv. 1779, avril 13. — xxx. 1785, octobre 20.

Messier (Charles), astronome. xxiv. 1783, décembre 9.

Metastasio (l'abbé P.-B. Trapassi, dit), poëte italien. ii. 1765, septembre 10. — xx. 1782, janvier 5, mai 7, juin 2.

Metin (Etienne), sauveteur. xxxiii. 1786, septembre 9.

Métra, nouvelliste. xxxi. 1786, février 5.

Meude (de), poëte, élève de J.-J. Rousseau. xxiii. 1783, septembre 1.

Meuron, colonel suisse. xx. 1782, mars 27.

Meusnier de la Place (J.-B.-Ma.-C.), général de division, mathématicien, membre de l'Académie des Sciences. xxv. 1784, avril 21. — xxvii. novembre 13. — xxviii. 1785, avril 6. — xxxii. 1786, août 23.

Meusnier de Querlon (A.-Gab.), littérateur et journaliste. ii. 1765, juillet 7. — iii. 1766, (xvi, addition, février 20) juin 8. — xv. 1780, avril 15.

Mey (abbé), xix. 1768 (addition), juillet 20.

Meyrieu (de), conseiller au parlement. ix. 1776, janvier 3. — xxvi. 1784, juin 23.

Meysieux (de). i. 1763, février 8.

Mical (abbé), mécanicien. xi. 1778, mai 4. — xiii. 1779, février 1.

Micault de Courbeton, commissaire général des poudres et salpêtres. x. 1777, août 24.

Micault d'Harvelay. Voir *Harvelay*.

Michalon sculpteur. xxix. 1785, septembre 10.

Michau (de), conseiller au parlement. x. 1777, février 4.

Michaudière (de la), prévôt des marchands. vi. 1772, février 4. — xi. 1778, avril 30.

Michaut, musicien. xxii. 1783, avril 21.

Michel, mécanicien. xxvi. 1784, juin 2.

Michel, musicien. xviii. 1781, septembre 9.

Michelin, portier de Beaumarchais. xxxv. 1787, mai 30.

Michelot (Mlle.), figurante à l'Opéra, maîtresse du duc de Bourbon. x. 1777, juillet 18. — xi. 1778, février 17. — xiv. 1779, décembre 31. — xvi. 1780, novembre 16, décembre 1, 17.

Michu, acteur de la Comédie italienne. ix. 1776, août 26. — x. 1777, octobre 3. — xvi. 1780, octobre 18, 20.

Midoucet, capitaine de navire marchand. xxii. 1783, avril 29.

Miger (Simon-C.), graveur et littérateur. xiii. 1779, septembre 22 (Lettre iii). — xxiv. 1783, septembre 29 (Lettre iii).

Mignonneau, publiciste. xxv. 1784, février 16.— xxvi juin 26 — xxviii. 1785, février 27

Mignot (abbé Etienne), membre de l'Académie des Inscriptions. ii. 1764, mai 4. 1765, novembre 12. — iii. 1766, novembre 14. — vi 1771, novembre 13.

Mignot (l'abbé Vinc.), neveu de Voltaire. xvi 1762, (addition) novembre 8. — xxvii. 1774 (addition), mars 22. — xii. 1778, juin 5, 11, 27, août 26, octobre 4.

Milcent (J.-B.), auteur dramatique. xxviii. 1785, janvier 18. — xxix. mai 14, 21, juin 23

Milé (Francisque), peintre. xiii. 1769, septembre 10 (Lettre i). 1771, septembre 14 (Lettre iii). 1775, septembre 23 (Lettre ii).

Mille avocat. vii. 1775, octobre 16, 20, 22. — ix. 1776, novembre 30, décembre 23.

Millet. xxvii. 1784, décembre 3.

Milleville (de), officier. viii. 1775, mai 21.

Millico, chanteur et compositeur. xxvi. 1784, août 23.

Millière (de la), maître des requêtes. x. 1777, août 28. — xxxiv. 1787, janvier 26.

Millin de la Courvault, médecin. xxvi. 1784, juillet 19.

Millner, manufacturier. xxix. 1785, septembre 2.

Millot (abbé), historien, membre de l'Académie. ix. 1776

mars 3. — x. 1777, décembre 5. — xi. 1778, janvier 19, avril 1. — xxviii. 1785, mars 25. — xxix. juin 16.

Mills (Charles), historien anglais. v. 1771, août 24.

Milly (comte de), associé honoraire de l'Académie des Sciences. xxxiii. 1775 (addition), novembre 15. — xxvi. 1784, septembre 23. — xxx. 1785, novembre 12.

Milot, sculpteur. xxx. 1785, septembre 28 (Lettre iii).

Mimi (Mlle), pensionnaire de couvent. v. 1771, août 7, 12. vii. — 1773, mars 25.

Mingard, élève de l'école militaire de Berlin. v. 1769, décembre 5.

Minguet, contrebandier. xxii. 1783, mars 18.

Miolan (abbé), aéronaute. xxvi. 1784, juillet 8, 10, 11, 22, 27, août 3.

Mique, architecte. xxix. 1775 (addition), février 15.

Mirabeau (vicomte Riquetti, marquis de), économiste, surnommé *l'Ami des hommes*. iii. 1767, juin 11, juillet 9, décembre 20. — xix. 1768 (addition), octobre 21. — xxiv. 1772 (addition), novembre 26. — ix. 1776, septembre 12, octobre 15, 19. — x. 1777, avril 7, 17. — xiii. 1779, mars 9, 12. — xvii. 1781, juillet 2, 12, 23. - xxii. 1783, janvier 23. - xxxi. 1786, janvier 22.

Mirabeau (marquise de). ix. 1776, septembre 15, octobre 15, 19. — x. 1777, avril 7, 17. — xvii. 1781, juillet 2, 12, 23.

Mirabeau (H.-G Riquetti, comte de), fils du précédent. iii. 1767, janvier 28. — ix. 1776, octobre 15, 19. — xxi. 1782, décembre 30, 31. — xxii. 1783, janvier 29, mars 9, 12, 31. — xxiii. septembre 29. — xxv. 1784, janvier 8, 26, 31, avril 15, 18, 20, 21, mai 13. — xxvi. juin 4, 6, juillet 29, septembre 20. — xxviii. 1785, janvier 12, février 3, 11, avril 14. — xxix. mai 25, juin 7, 8, 21, juillet 6, 8, 10, 14, 15, 18, 21, 23, 24, 30, 31, août 3, 31, octobre 2. — xxx. 11, 21, novembre 8, décembre 7, 17, 20. — xxxi. 1786, février 10, 11, mars 15, 29. — xxxii. mai 15. — xxxiii. octobre 23. — xxxiv. 1787, janvier 24, février 11, 25, mars 12,

16, 18, 20, 22, 23, avril 10, 17. — xxxv. mai 5, 16, juin 12, 21, juillet 5, 6, 8, 23. —xxxvi. octobre 7, 8, 21, décembre 10, 19, 31.

Miramont (chevalier et marquis de) ix. 1776, décembre 31.

Mirasson (le père Isidore), barnabite, littérateur. xxiv. 1772 (addition), septembre 6.

Mirbeck (de), avocat. xi. 1776, novembre 14 — x. 1777, février 17. — xxi. 1782, août 15, 19, 20, 23. — xxxv. 1787, juin 29.

Miré (Mlle), danseuse à l'Opéra ii. 1764, septembre 18.

Mirepoix (maréchale de). vi. 1771, décembre 26. 1772, avril 9. — xx. 1782, février 20.

Mirepoix (marquis de). xxxiv. 1787, février 21.

Mirlavaud (de), trésorier des grains au compte du roi. vii. 1774, février 1.

Mirosménil (Armand-Thomas Hue de), garde des sceaux. vii. 1774, octobre 22, décembre 7, 13, 26. 1775, janvier 17, mars 22, 27. — viii. avril 27, 30, (xxx, addition, août 14) novembre 9, 10, décembre 19. — ix. 1776, janvier 10, juin 26, août 8. — x. 1777, juin 20, juillet 5, octobre 3, 17, novembre 23, 24, décembre 2, 25. — xi. 1778, avril 20. — xii. août 20. — xiv. 1779, août 13. — xxii. 1783, avril 17, mai 13, 20, 26, 28, 30. —xxiii. juin 19, juillet 15. — xxiv. novembre 26. — xxv. 1784, mai 13. — xxvi. juin 4. — xxxi. 1786, janvie r1. — xxxii. juin 20. — xxxiv. 1787, avril 9, 12, 13, 14, 16. — xxxv. avril 30, juin 8, 15. — xxxvi. octobre 25.

Mirosménil (de), fils du précédent, avocat du roi au Châtelet. xxxiii. 1786, octobre 29, novembre 2.

Missa (Henri-M.), médecin. xviii. 1768 (addition), mars 25. — xxxi. 1786, mars 10.

Misse, auteur dramatique. xxx. 1785, octobre 19.

Mitantier, avocat. xv. 1780, mai 8.

Mithon (de), officier de marine. xxv. 1784, mars 7.

Mittié, médecin. xxvi. 1784, septembre 28.

Mobert (de), conseiller de l'élection. XXII. 1783, avril 27.
Modène (abbé de). XXIII. 1783, septembre 26.
Modène (chevalier de), gouverneur du Luxembourg. XIV. 1779, décembre 31.
Modène (Mme de). XXV. 1784, janvier 14.
Moëller, directeur de spectacle. XVIII. 1781, novembre 11, 12.
Moëtte (J.-B.-R.), architecte. XVIII. 1781, août 28.
Moëtte, sculpteur. XXIV. 1783, septembre 29 (Lettre III).
— XXX. 1785, septembre 28 (Lettre III).
Moisset, supérieur général de la congrégation de l'Oratoire. XXXI. 1786, mars 28. — XXXII, mai 1, 29.
Moissy (de), auteur dramatique. XIX. 1766 (addition), juillet 27. 1770 (addition), janvier 27. — VI. 1771, novembre 27. — X. 1777, novembre 12.
Moitte, graveur. XIII. 1767, septembre 13 (Lettre III). — X 1777, mai 10. — XVII. 1781, mai 11.
Molac (marquis de), lieutenant général des armées du roi. — XXI. 1782, novembre 26.
Molé, acteur. I. 1762, janvier 29, mars 27, avril 22. 1763, janvier 17, avril 4, juin 4, 27. — XVI. 1764 (addition), mai 16. — II. 1765, février 15, avril 18, 20. — III. 1766, mars 24, octobre 1, 5. — III. 1767, janvier 7. février 6, 7, 12, 19, 22, 23, mars 2. — XVIII (addition), août 20. — III. 1768, janvier 30. — XVIII. (addition), mars 18, 29. — IV. mai 8, décembre 9. — XIX. 1769 (addition), juillet 4 (IV, addition, octobre 3), novembre 27. — V. 1770, février 7 (XIX, addition, juin 24), juillet 18 (30) 1771, février 6. — VI. 1772, septembre 30, octobre 7, novembre 25. — VII. 1775, janvier 28. — XXIX. (addition), 31. — IX. 1776, août 18. — X. 1777, août 15. — XI. 1778, février 21, 25, avril 6. — XII, octobre 29, novembre 16. — XIV. 1779, septembre 6, 30, octobre 18. — XV. 1780, juin 24. — XVI, novembre 5. — XVIII. 1781, septembre 29, 30. — XX. 1782, mars, 7, 10. — XXI, août 20, octobre 24. — XXII. 1783, janvier 20. — XXIV, décembre 8. — XXV.

1784, mars 8, 14, 15 — xxxiii. 1786, septembre 12, 24.
— xxxvi. 1787, septembre 19, octobre 22, décembre 1.

Molé (Mme), actrice, épouse du précédent. viii. 1775, avril 17. — xii. 1778, octobre 29, novembre 16. — — xiii. 1779, février 3. — xiv, novembre 1. — xx. 1782, juin 9. — xxi. août 20, septembre 18.

Molès, graveur xiii. 1775, septembre 29 (Lettre iii).

Moline (Pierre-Louis), auteur dramatique. xvi. 1785 (addition), mars 27, avril 29, mai 25. — vi. 1771, octobre 7. — xxvii. 1774 (addition), août 2. — viii. 1775, mai 13, 14. — ix. 1776, septembre 18 — x. 1777, décembre 8. — xii. 1778, août 6. — xv. 1780, juillet 1, 4. — xviii. 1781, septembre 9, novembre 3, 11, décembre 8, 28. — xxi. 1782, septembre 11. — xxvi. 1784, octobre 9. — xxxiii. 1786, octobre 29, novembre 2, décembre 18. — xxxv. 1787, juillet 12. — xxxvi, octobre 31, décembre 6.

Molinos, architecte. xxii 1783, février 4. — xxiii. novembre 7, 17.

Moller (H.-F.), auteur dramatique allemand. xx. 1782, juin 16.

Mollet (Mlle), actrice. vii. 1775, mars 16.

Monac (Mme Péan de). xxxiii. 1786, décembre 17.

Monaco (prince et princesse de). xxvii. 1774 (addition), juillet 23, août 11. — xiv. 1779, décembre 29. — xvi. 1780, novembre 3. — xxiii. 1783, septembre 8

Monaldeschi (marquis de), écuyer de la reine de Suède. iii. 1768, janvier 17.

Moncenigo, grand de Venise. vii. 1773, novembre 1.

Monclar (Rippert de), procureur général au Parlement de Provence. ii. 1764, janvier 31. 1765, juillet 31. — v. 1770, mars 28. — xxiv. 1773 (addition), février 28. — vi, mai 24. — vii, juillet 5.

Moncrif (F.-Aug. Paradis de), littérateur. i. 1762, août 25. 1763, novembre 26. — ii. 1765, mars 10. — xix. 1769 (addition), février 5 — v. 1770, novembre 15. — xix. 1771 (addition), janvier 29. — ix. 1776, février 29.

Mondonville (de), financier. vi. 1771, octobre 30.

Mondonville (J.-Jo. Cassanea de), compositeur, maître de musique de la chapelle du Roi. i. 1762, mai 12, juillet 27, août 16, septembre 8, octobre 22. — xvi. 1763 (addition), février 22. — ii. 1765, juin 22, novembre 9. — xvi (addition), 28. — xviii. 1767 (addition), janvier 10, 23. — iii, juin 30. — iii. 1768, février 18. — iv, juin 6. — iv. 1769, octobre 4. — v. 1771, mai 30. — vi. 1772, octobre 14, décembre 16. — xxiv. 1773 (addition), mars 10.

Monge (Gaspard), célèbre mathématicien. xviii. 1781, décembre 7.

Mongèz (Antoine), membre de l'Académie des Inscriptions et Belles-Lettres. xxiii. 1783, novembre 15, 23. — xxviii. 1785, avril 5. — xxxiii. 1786, novembre 14.

Monnasse, notaire à Rocroy. ix. 1776, juin 1.

Monnet (J.), auteur dramatique. ii. 1765 (xvi, addition, février 26), juillet 7, 11. — iii. 1767, septembre 30. — — xxi. 1772 (addition), février 18. — vi. avril 13. — vii. 1773, décembre 7.

Monnet, peintre. xiii. 1771, septembre 14 (Lettre iii). — xxv. 1784, mai 7.

Monnier (président). ii. 1765, avril 4. — v. 1769, décembre 30. 1770, mai 2, décembre 19. 1771, mars 31. Voir *Valdechon*.

Monnot, avocat. xxvi. 1784, mai 23. — xxix. 1785, septembre 30.

Monnot (P.-Et), sculpteur. xiii. 1769, septembre 28 (Lettre iii). 1773, septembre 21 (Lettre iii). 1775, septembre 29. (Lettre iii). 1779, septembre 22 (Lettre iii). — xviii 1781, octobre 1. — xix, 3 (Lettre iii). — xxiv. 1783, septembre 29 (Lettre iii). — xxx. 1785, septembre 28 (Lettre iii). — xxxvi. 1787, août 25 (Lettre iii).

Monrose (chevalier de). i. 1762, septembre 10.

Monsieur (L.-Stan.-Xavier, comte de Provence), frère du Roi i. 1763, mars 25. — v. 1771, mai 19. — vi. 1773, avril 18 — vii. septembre 15, 21 octobre 5. — vii. 1774, avril 21, juillet 28. (xxvii. addition, septembre 7, 16, octobre 12) 1775, janvier 14, 28 — viii. mai 28. juin 1, 3, 4, 24, août 9, septembre 1, 7, octobre 29, novembre 11, 13, 19, 29, décembre 14. — ix. 1776, janvier 30, avril 24, juin 22, juillet 10, septembre 29. octobre 8, 14. — x. 1777, janvier 14, avril 26, juin 11, 25. — xii. 1778, décembre 29. — xiii. 1779, janvier 12, février 9. — xiv juillet 27, octobre 18. — xvii. 1781, avril 11, 14, août 15. — xviii. octobre 15, 26, 27. — xx. 1782, février 22. — xxi. septembre 20, 21, 23, novembre 2. — xxii. 1783, mars 19. — xxiii. juillet 31, novembre 2. — xxv. 1784, avril 27. — xxvi. octobre 30, novembre 2. — xxviii. 1785, février 21, mars 6. — xxx. octobre 26, novembre 7. — xxxiv. 1787, février 17, 20, 21, (N° 1), mars 4, 7, 8, 24, avril 5. — xxxv. avril 25, 26, mai 12, 15, 17, 19, 29, juillet 24, 25, août 3, 9, 18, 19, septembre 9.

Monsigny (P.-Al.), célèbre compositeur, membre de l'Institut. i. 1762, novembre 18 — ii. 1764, mars 10. 1766, février 15. — xvi (addition), mai 9. — xix. 1768 (addition), octobre 4. — iv. 1769, mars 4. — vi. 1772, mars 16. — viii. 1775, août 15. — x. 1777, octobre 11, novembre 28. — xiv. 1779, juillet 8.

Montagnac (de), littérateur. ii. 1764, juillet 22.

Montagne (de), auteur dramatique. xxviii. 1785, février 8. — xxxi. 1786, mars 17.

Montalembert (marquis de). i. 1763, novembre 11. — xxx. 1775 (addition), avril 5, 17. — xxxii. 1786, août 19. xxxiii. novembre 10.

Montalembert (marquise de). xxx. 1775, (addition), avril 5, 7. — x. 1777, août 22.

Montansier, directeur de théâtre. xx. 1782, mars 23. — xxvi. 1784, juillet 2.

Montauban (Mlle), figurante à l'Opéra. xiv. 1779, décembre 31.

Montausier (marquis de). VIII. 1775, mai 29. — XXX. addition) août 5. — XIV. 1779, août 29.

Montausier (comte de). XXIII. 1783, septembre 2.

Montazet (comte de), colonel. IX. 1776, décembre 1.

Montazet (de), archevêque de Lyon. VI. 1773, mars 6, 25. — VII. 1774, mars 18, avril 28. — IX. 1776, avril 9. — X. 1777, février 15. — XIV. 1779, décembre 23. — XV. 1780, mars 20, juillet 11.

Montbailly (mari et femme). VI. 1771, novembre 17.

Montbarrey (prince de). X. 1777, janvier 14. — XII. 1778, octobre 27. — XVI. 1780, octobre 27, 29, décembre 25. — XXIV. 1787, janvier 6.

Montbarrey (Maximilienne de), fille du précédent. Voir *Nassau*.

Montbarrey (comte de). XXX 1775, (addition) mai 23.

Montbines (de), correspondant de Linguet XXIV. 1783, décembre 10. — XXVI. 1784, juin 11.

Montblin (de), conseiller au Parlement. XIX. 1770 (addition), mai 17. — XXIV. 1772, (addition), août 24.

Montboissier (comte de). XX. 1782, mars 10. — XXXIV. 1787, février 21.

Montdenoix (abbé), docteur de Sorbonne. XXI. 1782, septembre 17.

Montdenoix (de), intendant de la marine à la Guadeloupe. XVI. 1780, novembre 27. — XVII. 1781, avril 5, juin 30. — XVIII. novembre 2.

Montelet (chevalier de). XVII. 1781, janvier 31.

Montemain (de), officier. XXV. 1784, avril 12.

Montesquieu (baron de). XXXVI. 1787, novembre 21.

Montesquiou de la Boulbène (abbé). XXII. 1783, février 5, 18, mars 13, 19, 23, mai 10. — XXIII. juillet 30, 31.

Montesquiou-Fézenzac (marquis de), écuyer de Monsieur, membre de l'académie. XVII. 1781, août 15, 16. — XX. 1782, avril 17. — XXII. 1783, février 5, 18, mars 13, 19, 23, mai 10. — XXIII, juillet 30, 31. — XXV. 1784, janvier 15, mars 18, mai 2. — XXVI. mai 24, juin 15.

Montesson (comtesse de), maîtresse du duc d'Orléans. vii. 1775, mars 10. — viii. octobre 21. — xi. 1778, mars 31. — xiii. 1779, janvier 22. — xvii. 1781, janvier 8, mai 28. — xx. 1782, février 16, avril 17, 23, juin 6. — xxi. septembre 22. — xxii. 1783, avril 18, mai 22. — xxix. 1785, mai 7, 16. — xxx. octobre 26, novembre 2, 22, 24. — xxxi. 1786, février 17. 20, 28.

Monteynard (marquis de), secrétaire d'Etat. i. 1763, janvier 31. — v. 1771, février 23. — xix (addition), mai 13. — vi. 1772, février 9. — xxiv. (addition) juin 17, octobre 23. — xxiv. 1773 (addition), mars 9. — vi. avril 24. — vii. octobre 16, décembre 30. — xxvii. 1774 (addition), janvier 8, 17, 27, avril 1, 2. — viii. 1775, novembre 12, décembre 23. — x. 1777, mars 28, mai 20.

Montfort (de , ingénieur. xii. 1778, septembre 29.

Montglas (Mme de , maîtresse du prince de Nassau. vii. 1774, février 25.

Montgolfier (J.-Et. et Jos. Michel), aéronautes. xxiii. 1783, août 2, 5, 17, 24, 25, 28, septembre 9, 13, 16, 19, 24, octobre 12, 15, 18, 21, 27, novembre 24. — xxiv, décembre 1, 8, 15, 22, 28, 29, 30, 31. — xxv. 1784, janvier 22, février 1, 2, 26, mai 11. — xxvi. 27, juin 1. — xxxiii. 1786, septembre 30

Monthieu (de), officier. vii. 1773, octobre 12, 22. — viii. 1775, octobre 7. — ix. 1776, août 26. — xi. 1778, janvier 23, mars 27.

Montholon (de), premier président du parlement de Rouen. xv. 1780, mai 29. — xxii. 1783, mai 26, 28. — xxx. 1785, décembre 29. — xxxiv. 1787, février 21 (N° 97).

Monthyon (baron de), philanthrope et économiste. xxix. 1775 (addition), février 14. — xv. 1780, janvier 25. — xx. 1782, avril 27.

Montignac (Belleval de), comédien et auteur dramatique. xxi. 1782, septembre 30.

Montigny (Trudaine de), intendant des finances. ii 1764, août 26. — iv. 1769, janvier 19, avril 5.

Montigny (Trudaine de), fils, académicien, chimiste. i. 1762, avril 21. — iv. 1769, janvier 19, juillet 31. — vi. 1772, mars 7, avril 19, septembre 4. — vii. 1774, juillet 14. 1775, février 7. — viii. octobre 12, 22. novembre 15. — x. 1777, avril 28, mai 12, août 8. — xx. 1782, mai 12. — xxi. novembre 13. — xxiii. 1783, octobre 22.

Montigny, avocat. xxxi. 1786, mars 21, avril 12. — xxxii. juin 1.

Montillet, archevêque d'Auche. ii. 1764, mai 12. — ix. 1776, février 8.

Montjoie (de). xxv. 1784, février 19.

Montlinot (abbé de), économiste. xviii. 1781, décembre 7.

Montmartel (Mme de). Voir *Brunoy*. iv. 1768, juin 23.

Montmorency (Mlle de). iii. 1767, juillet 5. — xxxi. 1786, mars 22.

Montmorin (marquise de). xxv. 1784, janvier 15.

Montmorin (comte de), ambassadeur. xxvii. 1784, novembre 25. — xxviii. 1785, février 24. — xxxiii. 1786, octobre 15. — xxxiv. 1787, février 15, 21, avril 12, 13, 16. — xxxv. avril 24, mai 25, 26, juin 4. — xxxvi. décembre 18.

Montpetit, peintre. xxvii. 1774 (addition), septembre 18.

Montpetit (Mme de), peintre. xxiv. 1783, septembre 29. (Lettre iii).

Montreuil, président à la cour des aides. Voir *Cordier de Montreuil*.

Montroly (de), gentilhomme verrier. ix. 1776, janvier 10.

Montval (Lobi de), lieutenant colonel. viii. 1775, juin 6.

Monvel (J.-M. Boutet de), acteur de la Comédie-Française et auteur dramatique. vi. 1772, septembre 29, 30. 1773, juillet 13, octobre 5. — x. 1777, janvier 18, mai 24, 29. juin 1, août 12, 15, 22. — xi. 1778, février 21, 25, mai 11. — xii, juin 7, juillet 18, décembre 11. — xiv. 1779, septembre 30, octobre 18, novembre 1. — xvi. 1780, décembre 18. — xvii. 1781, janvier 19, juin 23, 27. — xxi. 1782, novembre 29, décembre 26. — xxiii. 1783, juin 29, 30, juillet 6, octobre 15. —

xxxii. 1786, août 9, 19, 23, 25, septembre 5. — xxxiii, septembre 12, décembre 3. — xxxiv. 1787, janvier 18.

Monville (de), financier. vi. 1771, octobre 30.

Mopinot de la Chapotte, ingénieur à la suite des armées, littérateur. xxxiii. 1786, octobre 9, 11, 12.

Morambert (de), directeur des fermes, petit-fils de Racine xi. 1778, mai 28.

Morand, chirurgien des Invalides. iv. 1768, juillet 9. — v. 1770, avril 25. — vii. 1773, juillet 25.

Morand (Sauveur-François), fils du précédent, médecin, membre de l'Académie des Sciences. ii, 1764, novembre 14. — xxvi. 1784, août 15. — xxvii, novembre 13.

Morande. Voir *Théveneau de Morande*.

Morangies (J.-F.-C. de Molette, comte de). vi. 1772, mars 28, 30, avril 5, 11, 14, juin 20, août 27, octobre 27. — vi. 1773, février 8, mars 12 (xxiv, addition 13, 27) mai 2, 7, 8. — vii. juin 29, juillet 7 (xxiv, addition, août, 22, 26, 28, 30), septembre 4 (xxiv, addition, 8, 14), 17, décembre 31. — vii. 1774, janvier 16, février 22. — xxvii (addition), juin 28. — vii. 1775, mars 6. — xxix. 1785, juin 9, 15. — xxxii. 1786, juillet 31, août 20. — xxxiii. octobre 18, décembre 8, 11. — xxxvi. 1787, septembre 30.

Moreau, acteur de l'Opéra. xv. 1780, mai 12. — xxxi. 1786, février 4.

Moreau, architecte de la ville. iv. 1769, octobre 30. — vii. 1773, août 24. — xxiv (addition), août 14. — vii. 1774, mars 7. septembre 18. — xx. 1782, janvier 19, 20, 23. — xxii. 1783, juin 6.

Moreau, élève architecte. xxvi. 1784, septembre 15. — xxix. 1785, septembre 10.

Moreau (Jac.-Nic.), avocat, historiographe de France. i. 1763, septembre 12, décembre 5. — v. 1770, juin 16. — xxi. 1771 (addition), juillet 8, septembre 11. — xviii. 1781, septembre 6. — xxi. 1782, octobre 3. — xxxii. 1786, août 31. — xxxv. 1787, août 25. — xxxvi. septembre 23, octobre 16.

Moreau (J.-M.), dessinateur et graveur. xix. 1770 (addition), mars 2. — xi. 1778, mai 8. — xix. 1781, octobre 3 (Lettre iii). — xxi. 1782, septembre 27. — xxiv. 1783, novembre 26. — xxxvi. 1787, août 25 (Lettre iii).

Moreau, secrétaire de M. de Vergennes. ix. 1776, janvier 20.

Moreau de la Rochette (F.-Th.), agronome. xix. 1770 (addition), novembre 5.

Moreau de Tormes, avocat au conseil. xxiv. 1772 (addition), octobre 22.

Morel, caissier de l'intendant des Menus, auteur dramatique. xx. 1782, avril 14. — xxi, septembre 11, octobre 7. — xxii. 1783, avril 27, août 17, 26, octobre 22. — xxv. 1784, janvier 16, 25, 28.— xxvi. juin 17, juillet 14. — xxviii. 1785, janvier 24, 29, février 6, 7, 28. — xxix, mai 20. — xxxii. 1786, mai 24.

Morelle (la), courtisane. xxi. 1782, juillet 6.

Morellet (abbé), économiste. i. 1762, février 19. — ii. 1765, décembre 29. — iv. 1769, juillet 20 (xix. addition, 22, 24), 30, août 1, 9, 11, 15, 28, septembre 4, 10, 30. — xix. novembre 8. — xix. 1770 (addition), janvier 2. (v, avril 7, 9), mai 1, 4, octobre 22, 24. — vii. 1773, septembre 20. 1774, décembre 20. 1775, février 8, mars 7. — viii. juin 8. — ix. 1776, juin 7. — x. 1777, septembre 7, décembre 26, 29. — xxviii. 1785, avril 29. — xxix, juin 16, juillet 5. — xxxvi. 1787, novembre 16.

Morenas (de), historiographe d'Avignon. xix. 1760 (addition), avril 18.

Moret (comte et comtesse de). xxviii. 1785, janvier 25.

Morfontaine. Voir *Pelletier de Morfontaine*.

Moriau, procureur du roi, fondateur de la bibliothèque de la ville. i. 1763, avril 2. — v. 1770, novembre 13. — viii. 1775, juillet 4. — ix. 1776, avril 9. — xviii. 1781, décembre 11. — xx. 1782, février 9.

Morisot, avocat. xxx. 1785, décembre 9.

Morisse, procureur au parlement. xxix. 1775 (addition), janvier 27.

Morlaix (abbé). iv. 1768, octobre 18, décembre 24.

Morley de Melun (comte). iv. 1769, janvier 4, 6.

Morlière (chevalier de la). i. 1762, juin 7, août 13, décembre 11. 1763, septembre 19, novembre 2, 8, 21. — iv. 1768, avril 28. 1769, juin 11, 25.

Mornay (chevalier de), gouverneur de Saint-Cloud. xxvi. 1784, octobre 29.

Morry, caissier. xxv. 1784, février 22.

Morveau (de). Voir *Guyton de Morveau*.

Mouchi, sculpteur. xiii. 1767, septembre 20 (Lettre iii). 1769, septembre 28 (Lettre iii). 1773, septembre 21 (Lettre iii). 1775, septembre 29 (Lettre iii). — xi. 1777, septembre 22 (Lettre iii). — xix. 1781, octobre 3 (Lettre iii). — xxx. 1785, septembre 28 (Lettre iii). — xxxvi. 1787, août 25 (Lettre iii).

Mouchy (maréchal de). x. 1777, juin 28. — xxii. 1783, mars 31, avril 8. — xxxii. 1786, juin 22. — xxxiv. 1787, février 21. — xxxv, mai 27.

Mouchy (maréchale de). viii. 1775, septembre 20 (xxxi, addition, 26.). — ix. 1776, juillet 19.

Mouchy (Charles de Fieux, chevalier de), romancier. xxv. 1784, mars 2.

Moulinghem (Mme), actrice italienne. ix. 1776, août 26. — xvi. 1780, novembre 29.

Mouradja d'Hosson (Ignace), historien. xxvi. 1784, juillet 1. — xxxiv. 1787, mars 28.

Moureau, libraire. xiv. 1779, août 13.

Mouret (de), garde du corps. xx. 1782, janvier 31.

Mouret, musicien. iv. 1769, février 5. — xix (addition), août 17.

Moussinot (abbé), correspondant de Voltaire. xvii. 1781, juin 9.

Moussu (Dom.). xxiii. 1783, septembre 13, novembre 8. — xxv. 1784, janvier 13, 14.

Moutard, imprimeur de la reine. xxvii. 1784, novembre 27.

Mouton, architecte. IV. 1768, mai 14. 1769, février 14, 27, 28. — V. 1770, mars 20.

Mouville (de), riche particulier. XVII. 1781, août 5.

Moy (de), trésorier de la Sainte-Chapelle. XXVIII. 1785, avril 14.

Moydieu, avocat général. X. 1777, octobre 10.

Muguet, acteur. XXIV. 1772 (addition), juillet 12.

Muguet de Saint-Didier, agioteur. XXXIII. 1786, décembre 12.

Muller (Henriette). XX. 1782, juin 18, 29.

Muller, graveur. XIX. 1781, octobre 3 (Lettre III).

Mulot (abbé), grand-prieur de l'abbaye de Saint-Victor. XXXI. 1786, février 24. — XXXII, mai 9, juin 1.

Mulotin, horloger. XXIII. 1783, novembre 11.

Munich, peintre-décorateur. XXIX. 1785, juillet 7.

Murard (président de). XIX. 1770 (addition), mai 17.

Murat (comtesse de). II. 1764, novembre 20.

Murgeon, musicien. XXII. 1783, avril 21.

Murville (André de), poëte. IX. 1776, juillet 19, août 24. — X. 1777, juillet 30. — XII. 1778, août 28. — XIV. 1779, août 26. — XV. 1780, août 5. — XVI. novembre 12. — XVIII. 1781, novembre 30. — XXVIII. 1785, avril 19. — XXIX, août 6, 9. — XXX, novembre 23.

Mussey (de), conseiller au Parlement. XXX. 1775 (addition), juillet 11.

Musson, peintre. XI. 1778, mars 2. — XVI. 1780, novembre 1.

Mustel, agronome. IV. 1769, juin 4.

Muy (marquis du). X. 1777, août 7.

Muy (N. de Félix, comte du), maréchal de France. XXVII. 1773 (addition), décembre 28. 1774, juin 21, 27. — VII. 1775, mars 29 (XXX, addition, 31). — VIII, avril 21, mai 13 (XXX, addition, 17, juin 20), juin 21 (XXX, août 2, 5. — XXXI, septembre 23), octobre 10, 11 12, 26, 27, 31, novembre 12. — IX. 1776, février 28, mars 24, avril 28. — X. 1777, août 24.

Muy (maréchale du). VIII. 1775, octobre 13.

N

Nadeau, gouverneur de la Guadeloupe. I. 1762, octobre 14. — xxxv. 1787, avril 20, juillet 12, août 12.

Naigeon (Jean-André), littérateur. xvIII. 1781, décembre 7. — xxI. 1782, décembre 12.

Nainville, acteur. xxI. 1771 (addition), juin 18. — xxvII. 1774 (addition), août 20, octobre 5. — xv. 1780, avril 5.

Nanine, actrice de l'Opéra. xxI. 1782, septembre 27.

Nantais (comtesse de). xxvI. 1784, juin 20.

Narbonne, acteur. III. 1768, février 4.

Narbonne (marquis de). Ix. 1776, décembre 21. — xIII. 1779, février 25. — xxII. 1783, mai 28.

Narbonne-Lara (duchesse de), dame d'honneur de Madame Adélaïde. xxII. 1783, mai 26. — xxv. 1784, janvier 15.

Narbonne-Lara (marquise et vicomtesse de). x. 1777, décembre 4. — xxv. 1784, janvier 15.

Nassau (prince de). vI. 1772, novembre 21. — vII. 1774, février 25. — vIII. 1775, mai 9, 30. — Ix. 1776, mars 28, décembre 7. — xIv. 1779, octobre 10. — xxv. 1784, mars 18, mai 4. — xxvI, mai 31. — xxIx. 1785, septembre 3.

Nassau-Saarbruck (Max. de Montbarrey, princesse de). xIv. 1779, octobre 7, 10, novembre 29. — xxIx. 1785, septembre 3.

Natoire (C.), peintre. Iv. 1768, mai 14. 1769, février 14, 27, 28. — v. 1770, mars 20. — xxIv. 1773 (addition), septembre 6. — vIII. 1775, juillet 24, septembre 21. — x. 1777, décembre 13.

Naudet, acteur. xxxIv. 1787, avril 17.

Navier, médecin. xIv. 1779, novembre 8.

Necker (Jacques), contrôleur général xIx. 1769, juillet 2. — Iv. 31, août 9, 28, septembre 10, octobre 14. — xIx. 1770 (addition), janvier 2. — v, avril 9. —

xxiv. 1772 (addition), avril 12. — xxiv. 1773 (addition), août 6, 21. (vii. 31). — xxvii. 1774, septembre 13. — viii. 1775, avril 28, 30, mai 14, juin 10, juillet 7, décembre 30. — ix. 1776, avril 16, octobre 26, novembre 27. — x. 1777, février 27, juin 13, 14, 16, juillet 1, septembre 1, 14, octobre 13, décembre 31. — xi. 1778, janvier 21, 22, février 7, avril 8. — xii, octobre 10, 11, 26, 27. — xiii. 1779, janvier 11, février 5, 7. — xiv, avril 30, mai 31, juillet 18, août 19, 30, novembre 30, décembre 19. — xv. 1780, février 27, mars 20, avril 3, 12, 20, mai 2, 3, 5, 7, 9, 10, 13, 14, 15, 19, 25, 28, juin 12, 17, 22, 25, 28, juillet 3, 4, septembre 5, 7, 8, 9, 16. — xvi, octobre 6, 8, 9, novembre 13, 16, 18, 21, 24, décembre 12, 16. — xvii. 1781, janvier 2, 30, février 19, 23, 24, 26, 27, mars 5, 15, 16, 26, 30, avril 5, 7, 9, 12, 15, 22, 24, 25, 26, 27, 30, mai 1, 2, 3, 4, 6, 11, 14, 15, 16, 19, 20, 21, 23, 25, 26, 28, 30, 31, juin 1, 3, 4, 5, 7. — xvii. 1781, juin 8, 10, 11, 12, 13, 14, 18, 28, juillet 13. — xviii, octobre 1, décembre 30. — xx. 1782, janvier 21, juin 30. — xxi, octobre 6, 18, décembre 21. — xxii. 1783, avril 5, 11. — xxiii, octobre 26, 27, novembre 1, 15. — xxv. 1784, avril 10. — xxvii, décembre 27. — xxviii. 1785, janvier 6, 11, 15, 19, février 4, 12, 15, 23, mars 3, 9, 13, 18. — xxix, mai 10, 30, juillet 20. — xxx, octobre 13, novembre 14. — xxxi. 1786, mars 5, 9. — xxxii, mai 13, juin 20, juillet 13.— xxxiii, novembre 7, décembre 19. — xxxiv. 1787, janvier 24, février 26, mars 1, avril 3, 4, 11, 12, 14, 15, 17. — xxxv. 21, mai 5, 11, 13, juin 3, 4, 16, 21, juillet 20, août 4, 5. — xxxvi, septembre 21, octobre 7, 20, novembre 4, 17.

Necker (Mme Suzanne Churchod de Nasse, dame), épouse du précédent. iv. 1770, juin 19, juillet 22. — xxiv. 1772 (addition), avril 12, 14. — ix. 1776, novembre 1, 13. — xiv. 1779, septembre 22. — xv. 1780, mai 25, juin 12, 25. — xvi, octobre 9, novembre 24, décembre 12. — xvii. 1781, février 23, 25. — xxii. 1783, avril 18. — xxiii, octobre 11, novembre 15 (Lettre iii). — xxxi. 1786, mars 11. — xxxiv. 1787, janvier 30.

Necker. Voir Mme de *Staël.*

Needham (abbé), directeur de l'Académie des Sciences de Bruxelles. xx. 1782, mai 1.

Néele, caissier en chef de la Comédie-Française. ix. 1776, janvier 17.

Nègre des Rivières, magistrat d'Angoulême. xxviii. 1785, février 8.

Neissel (Mlle), actrice. i. 1762, février 22, mars 31, avril 11. — xvi (addition), août 27.

Nérac (Mme de), maîtresse du comte de Mirabeau. xxviii. 1785, février 11.

Nérat (Paul), négociant. xxi. 1782, novembre 18.

Nerciat (chevalier de), poëte. x. 1777, octobre 27.

Nesle (marquis de). xxix. 1785, juillet 31.

Neuville, comédien. xx. 1782, mars 23, avril 2. — xxii. 1783, avril 13.

Neuville (le père), jésuite. i. 1762, janvier 27, août 17. — v. 1771, août 17. — vii. 1774, juillet 29, 31.

Nevers (duc de). iv. 1768, septembre 15.

Nicolaï (Aymar-Th.-Marie), premier président de la Chambre des Comptes. xxvii. 1773 (addition), décembre 24. — xxiv. 1783, décembre 1. — xxv. 1784, février 28. — xxxi. 1786, janvier 1. — xxxiv. 1787, février 21 (N° 96). — xxxv, avril 21, 23, mai 26, 29, juin 9, 10, août 20, 25, septembre 2, 10. — xxxvi, septembre 30.

Nicolaï (marquis de), premier président du Grand Conseil. iv. 1768, septembre 4. — ix. 1776, juin 25.

Nicolaï (comte de), maréchal de France. vii. 1775, mars 29. — ix. 1776, novembre 19. — x. 1777, mars 7.

Nicolaï, littérateur, libraire à Berlin. xxix. 1785, mai 29, août 22. — xxxiv. 1787, avril 4.

Nicolet, directeur de spectacles. iii. 1767, février 23. 1768, janvier 1. — iv, mai 15. — iv. 1769, février 9,

18. — xix (addition), mars 5, 11, juin 28. — iv, octobre 25. — vii. 1773, novembre 7. — viii. 1775, août 4, septembre 7. — x. 1777, mars 31, septembre 27, 29. — xxix. 1785, mai 23, juin 27.

Niquet, premier président du Parlement de Toulouse. viii. 1775, juillet 1.

Nivard, peintre. xxiv. 1783, septembre 22 (Lettre ii). — xxx. 1785, septembre (Lettre ii).

Nivelon, danseur de l'Opéra. x. 1777, décembre 22. — xi. 1778, février 17. — xiv. 1779, novembre 22. — xv. 1780, août 25. — xx. 1782, mars 13. — xxi, juillet 31, août 15.

Nivernais (duc de), membre de l'Académie. xvi. 1762 (addition), décembre 3. — i. 1763, janvier 22 (xvi, addition, février 4), décembre 31. — ii. 1765, avril 9, 14, juillet 20, août 21. — iii. 1766, mai 24, juillet 6. — iv. 1768, août 25, décembre 31. 1769, janvier 18. — v. 1770, février 18, juin 23, août 25, septembre 7. 1771, mars 21, avril 22, août 23. — vi. 1772, mai 13, juillet 6. — vii. 1773, août 25, septembre 26. 1774, septembre 27. — ix. 1776, août 8. — xii. 1778, octobre 12. — xiv. 1779, décembre 26. — xv. 1780, août 26. — xvi, décembre 17. — xviii. 1781, novembre 18 — xv. 1782, février 22, 27. — xxi, octobre 15, novembre 30, décembre 5, 13. — xxvi. 1784, juin 15. — xxviii. 1785, janvier 11, 25, mars 10, avril 20. — xxxiv. 1787, février 21 (N° 25). — xxxv, juin 3, août 14, 23.

Nivernais (duchesse de), seconde femme. xxi. 1782, octobre 15, novembre 30, décembre 5.

Noailles (maréchal, maréchale et duc de). v. 1770, avril 8. — vii. 1775, mars 29. — viii, décembre 18. — xxi. 1782, juillet 2. — xxvi. 1784, octobre 28. — xxxiv. 1787, février 25. — xxxv, août 24. — xxxvi, décembre 31.

Noailles (comte et vicomte de). i. 1763, juillet 16, août 10. — xxvii. 1774, juin 7. — viii. 1775, mai 10. —

x. 1777, mai 6.— xiv. 1779, septembre 7.— xxi. 1782, octobre 25.

Noailles (comtesse de), dame d'honneur de la Reine. v. 1770, juin 14. — xxix. 1775 (addition), février 20. — xxxvi. 1787, décembre 11.

Noailles (marquis de), ambassadeur à Londres. viii. 1775, décembre 18. — xxvii. 1774 (addition), février 7.

Noailles (cardinal de). v. 1769, novembre 11.

Noë (de), évêque. xxv. 1784, mai 4. — xxvi, octobre 7, novembre 6.

Noë (vicomte de), maire de Bordeaux. xxv. 1784, avril 16, mai 4, 0. — xxvi, juin 11, juillet 4, 9, 11, 21, 25, août 5, 6, 23, septembre 14, 16, 26, octobre 7, 12. — xxviii. 1785, janvier 15, mars 2.

Noel (abbé), garde démonstrateur du cabinet de physique du Roi. xxii. 1783, février 23.

Nogaret, receveur des domaines du comte d'Artois. xv. 1780, juillet 10. — xvii. 1781, mai 13, août 2, 6. — xviii, septembre 30. — xxiii. 1783, juillet 26.

Nogaret (Fr.-Félix), littérateur. ii. 1764, octobre 26. 1765, janvier 8, février 15.

Noguères (le père de), curé de Passy. xxvii. 1774 (addition), juin 13.

Nointel. Voir *Ribault*.

Noinville (président de). iv. 1768, juillet 26, novembre 15.

Noireterre (Mlle), peintre. xxxiii. 1786, octobre 31.

Noirot, maire de Châlon-sur-Saône. xxxiv. 1787, février 21 (N° 106).

Noiseau d'Ormesson, conseiller au Parlement. xxv. 1784, mars 19, 28.

Nollet (abbé), physicien. iii. 1766, avril 9, novembre 12. 1767, novembre 14. — iv. 1768, décembre 6. — v. 1770, avril 27, novembre 14.

Nolstein (comtesse de). xxiii. 1783, juin 30.

Norbert (père), capucin. i. 1762, octobre 10. — ii. 1765, novembre 4.

Nord (de), auteur dramatique. xix. 1769, juin 15.

Nordingh (Mme). XXXII. 1786, mai 20.
Normandie, suicidé. XXVIII. 1766 (addition), novembre 9.
Note, peintre. XVII. 1781, juillet 14.
Nougaret, poëte. II. 1764, août 19. — VI. 1772, avril 9.
Noverre, compositeur de ballets. XIX. 1770 (addition), décembre 12. — IX. 1776, août 21, septembre 10, 14, 16, 30, octobre 3, 7, 9, 13, 24, novembre 20. — X. 1777, janvier 19, 21, février 7, 23, 27, juillet 11. — XIII. 1779, janvier 16. — XV. 1780, février 8, mars 6. —XVIII. 1781, octobre 22.—XX. 1782, mars 13, juin 4. — XXIII. 1783, juillet 29. — XXXVI. 1787, décembre 3, 24.
Noyou, pâtissier. X. 1777, avril 3.
Nunes-Ribécro-Sanches, conseiller d'État de la cour de Russie, médecin. XXIII. 1783, octobre 16.

O

Ofréne, acteur. XVI. 1765 (addition), juillet 6, 19, novembre 22.
Oger, sculpteur. XXVI. 1784, septembre 1.
Ogier, président. III. 1768, mars 7, 11.—IV, avril 10, 20.
Oginski (comte), grand général de Lithuanie. V. 1769, décembre 18.
Oigny (Rigoley d'), homme de lettres. XXXI. 1786, mars 19.
Oigny (d'), intendant général des postes. XVIII. 1767 (addition), novembre 4. — VIII. 1775, juin 18, septembre 15. — IX. 1776, février 6, mai 25, août 9.—XXVII. 1784, décembre 4.
Oise-Brancas (marquis d'). XXII. 1783, mars 8.
Oisy (chevalier d'), capitaine de vaisseau. XXVII. 1774 (addition), juin 13. — IX. 1776, juin 18.
Olavidès (comte Paul), hérétique condamné par l'Inquisition d'Espagne. XII. 1778, décembre 23, 28. — XIII. 1779,

février 15. — xviii. 1781, octobre 20. — xx. 1782, janvier 24.

Oligny (Mlle d'), actrice. xvi. 1764 (addition), mai 27. — ii. 1764, juin 14. 1765, janvier 24, février 12. — xvi (addition), juillet 8, 24. — ii. 1766, janvier 26, février 28. — iii, mars 24. — xviii. 1767 (addition), août 18, octobre 7. — iv. 1768, mai 8. — xix (addition), août 24, septembre 13, 14. — x. 1777, novembre 6. — xiv. 1779, septembre 30, octobre 18, novembre 1. — xv. 1780, juillet 12. — xvii. 1781, mars 18. — xviii, décembre 29. — xx. 1782, juin 9. — xxii. 1783, mai 5.

Oliva (Mlle), affaire du Collier. xxx. 1785, décembre 16. — xxxi. 1786, mars 20, 23, 24, 27. — xxxii, mai 19, 29, juin 1, 17, 19.

Olivaro, commandant de la Guadeloupe. xviii. 1781, novembre 2.

Olivet (abbé Joseph Thoulier d'), membre de l'Académie. i. 1762, janvier 31, novembre 25. 1766, février 5. — iii. 1767, mars 12, avril 20. — iv. 1768, août 8, octobre 10, 12, 24, novembre 28, décembre 31.

Olivier (Mlle), actrice du Théâtre-Français. xx. 1782, juin 9. — xxxvi. 1787, septembre 23.

Olivier, conseiller au Châtelet. xiv. 1779, novembre 12.

Olivier, peintre. xiii. 1767, septembre 6.

Ollif (Thomas), médecin anglais. xxv. 1784, mars 5.

Olonne (duchesse d'). vi. 1772, janvier 13, 21, février 28 (xxi, addition, 29), mars 4. — ix. 1776, décembre 5, 6, 8. Voir Orourcke.

Oppy (Mme d'). ix. 1776, juin 19, 20, 23.

Orbigny (d'), auteur dramatique. viii. 1775, juin 29.

Oreilly (comte d'). xxii. 1783, janvier 31.

Orléans (L.-Philippe, duc d'). 1725-1785. i. 1762, mars 1, juillet 11. 1763, janvier 25, février 15, avril 12, décembre 9. — ii. 1764, mai 8, juin 4. 1765, mai 12, juillet 1. — iii. 1768, janvier 4. — iv, mai 8, 16, novembre 7. — iv. 1769, mars 4. — v. 1770, octobre 18. — xix (addition), novembre 5. — v. 1771, mars 24. —

vi, décembre 7, 24. — vi. 1772, janvier 17, mars 10.
— xxiv (addition). 1773, février 2, mars 6, octobre 30.
— vii. 1773, octobre 23. — vii. 1774, mai 10. —
vii. 1775, mars 10. — viii, avril 16, mai 1, juin 5,
août 9, septembre 3, 21, octobre 21, 26, novembre 2,
16, juillet 21. — x. 1777, avril 20, juin 12. — xii. 1778,
octobre 21. — xvi. 1780, décembre 20. — xvii. 1781,
février 21. — xx. 1782, avril 23, mai 4, 5, juin 6. —
xxi, septembre 22. — xxiii. 1783, août 5. —
xxvi. 1784, octobre 29. — xxx. 1785, octobre 26,
novembre 18, 22.

Orléans (L.-Ph.-Joseph, duc d'), fils du précédent. 1747-
1793. i. 1765, mars 25. — iii. 1768, janvier 10, février 16. — iv, mai 3. — iv. 1769, mars 4, 25, avril
14. — v, novembre 24. — xix. 1770 (addition),
octobre 3. — v. 1771, mai 6. — xxi (addition), juillet
29. — vi, octobre 31, décembre 18. — vi. 1772, février 7 (xxiv, addition, mai 13), juillet 18 (xxiv, addition,
septembre 3), septembre 5, décembre 9. — vii. 1773, juin
21, 28 (xxiv, addition, juillet 15), août 27, novembre 4.
— vii. 1774, juin 6. — vii. 1775, mars 11. — viii, avril
17, juin 29, août 9, 12, 30, septembre 15, 21, 28,
novembre 5. — ix. 1776, février 2, 24, mars 21, 28,
septembre 14, 20, novembre 14, 30. — x. 1777, février 7, 8, mars 7, juin 2, août 3, 11, septembre 6, 8,
10. — xi. 1778, mars 16, 22. — xii, août 3, 6, 8, 15,
septembre 7. — xiii. 1779, janvier 9, 17, février 25.
— xiv, avril 23, mai 14, septembre 4, octobre 15,
novembre 7. — xv. 1780, mars 31, mai 4, 11. —
xvii. 1781, février 21, avril 2, 7, 14, juin 21, juillet 3,
6, 8, 31. août 1, 14, 21. — xviii, septembre 9, 13,
14, 15, 23, octobre 2, 7, 17, décembre 15. — xx. 1782,
janvier 15, février 1, avril 23, mai 5, 9, 13, 16, juin
3, 4, octobre 31, décembre 17. — xxii. 1783, janvier
19, mars 16, avril 14, 22, mai 18. — xxiii, juin 23,
30, août 4, 5, 7, octobre 3. — xxiv, novembre 29,
décembre 3, 25, 27. — xxv. 1784, janvier 9, 14,

mars 17, 30, avril 24. — xxvi, juin 12, 14, 16, juillet 4, 16, 17, 20, 21, août 4, 13, septembre 30, octobre 30. — xxvii, décembre 8. — xxviii. 1785, janvier 1, 4, 13, 14. — xxx, décembre 6. — xxxi. 1786, février 15, 17, 20, 28. — xxxii, mai 20. 30. — xxxiv. 1787, janvier 31, février 17, 21 (N° 3), mars 4, 16, 17, 21, avril 5, 9. - xxxv, 22, mai 3, 11, juin 3, 24, juillet 2, 7, août 22. — xxxvi, septembre 13, novembre 3, 4, 10, 19, 22, 23, 24, 30, décembre 1, 4, 7, 9, 11, 15, 20, 21, 31.

Orléans (Louise-Marie-Adélaïde, duchesse d'), épouse du précédent. iv. 1769, avril 16, juin 11. — v. 1770, janvier 15. — vi. 1771, décembre 18, 24. — xxiv. 1772 (addition, septembre 3. — vii. 1773, juin 16, novembre 4, 14. 1774, avril 26, juin 6. — viii. 1775, juillet 4. — ix. 1776, janvier 25, février 2, 17, mars 18, juin 5, 8, septembre 20. — x 1777, mai 9. — xxv. 1784, janvier 15. — xxvi, août 25. — xxviii. 1785, janvier 2.

Ormesson (président d'). xix. 1770 (addition), mai 14. — v. 1771, avril 9. — viii. 1775, avril 29. — xi. 1777, septembre 15 (Lettre ii). — xv. 1780, avril 16. — xx. 1782, avril 26. — xxii. 1783, avril 17. — xxv. 1784, février 28. — xxix. 1785, mai 9. — xxxii. 1786, août 7. — xxxiv. 1787, février 21 (N° 141), avril 9. — xxxv, août 11. — xxxvi, décembre 9, 29.

Ormesson (d'), intendant des finances. ii. 1765, janvier 13. — viii. 1775, novembre 8. — xxii. 1783, mars 29, 30, avril 1, 4, 11, 19, mai 11, 30. — xxiii, juin 26, juillet 9, octobre 10, 31, novembre 4, 5, 10. — xxxv. 1787, septembre 4. — xxxvi, 26, novembre 30.

Ornano (comte d'). xxxv. 1787, mai 8.

Orourcke (comte). vi. 1772, janvier 13, 24, février 28 (xxi, addition, 29), mars 4. — ix. 1776, décembre 5, 6.

Orsay (comte d'). xxix. 1785, juin 2.

Orville (Constant d'), iii. 1766, juin 15.

Orvilliers (comte d'). xii. 1778, août 17. — xiii. 1779, mars 13. — xiv, juin 18, juillet 3, 20, 22, septembre 15, décembre 11. — xv. 1780, juin 23.

Orvilliers (d'), neveu du précédent, officier de marine. xxxii. 1787, juillet 9.

Ossun (comte d'). xxv. 1784, mars 18.

Ossun (comtesse d'). xxv. 1784, janvier 15.

Ostein (comte d'). vii. 1774, janvier 6.

Oswédo, juif. xxvi. 1784, juin 17, juillet 14.

Oudenarde (Mme d'). xxv. 1784, janvier 15.

Oudet, avocat. vii. 1765, mars 21.

Ourset, membre du Parlement de Rouen. ix. 1776, janvier 14.

Outremont (d'), conseiller au Parlement. ix. 1776, mai 16, décembre 21. — x. 1777, août 28. — xxv. 1784, avril 4, mai 15.

Ovius, imprimeur. xix. 1771 (addition), mai 31.

Ozi, musicien. xiv. 1779, décembre 14.

P

Paccard, médecin. xxxiii. 1786, novembre 5.

Pacciaudi (le père). xxxi. 1786, avril 26.

Paésiello, compositeur. ix. 1776, septembre 15. — x. 1777, décembre 9. — xxvi. 1784, octobre 9. — xxxv. 1787, avril 24, juillet 12.

Paganetti, de Gênes, écrivain ecclésiastique. iii. 1767, avril 27.

Paganini (Mlle), danseuse. xix. 1768 (addition), octobre 19.

Pajot de Marcheval, magistrat. xxx. 1775 (addition), mai 14.

Pajou (A.), statuaire. xiii. 1767, septembre 20 (Lettre iii). 1769, septembre 28 (Lettre iii). 1771, septembre

13 (Lettre III). 1773, septembre 21 (Lettre III). 1775, septembre 29 (Lettre III). — XI. 1777, septembre 32 (Lettre III). — XII. 1778, juillet 1. — XV. 1780, juillet 7, 16. — XVIII. 1781, octobre 4. — XIX (Lettre III). — XXIII. 1783, octobre 19. — XXIV (Lettre III). — XXIX. 1785, juin 5. — XXX (Lettre III).

Pajoulx, poëte. XXVIII. 1785, mars 1.

Palerne (Mme de). XIV. 1779, novembre 11.

Palière, graveur. XXV. 1784, février 25.

Palissot de Montenoy (Charles), littérateur et critique. I. 1762, février 19, mars 30, mai (XVI, addition, 11), 30, juin 6, 7, juillet 14. 1763, mars 23, avril 20, mai 10, juin 10, septembre 25. — II. 1764, février 29, mars 11, 18, avril 5, 11, 25, novembre 15. — III. 1768, février 22. — IV, mai 22. — IV. 1769, juillet 31. — XIX (addition), décembre 31. — XIX. 1770 (addition), juin 11 (v. 17), 25, 28, août 4. — V. 1771, juin 14. — XXI (addition), juillet 7 (v. 16). — VI. 1773, mai 26. — VIII. 1775, avril 2, 6, 13, 17 (XXX, addition, 17), 19, 20. — IX. 1776, décembre 12. — X. 1777, février 19. — XI. 1778, mai 4. — XII, juin 15, 18. — XIV. 1779, août 6. — XX. 1782, mai 8, 10, 12, juin 18, 20, 23. — XXI, juillet 23, 27, août 4, septembre 13. — XXIII. 1783, avril 12, juin 2. — XXIII, novembre 10. — XXXIV. 1787, janvier 31.

Pallion, maître de pension. XVIII. 1781, septembre 5.

Palun (comtesse de la). XXX. 1785, décembre 4. — XXXII. 1786, mai 10.

Pampy, nègre. IX. 1776, février 26.

Pan (de), peintre. XIV. 1779, octobre 31.

Panchaud, financier, publiciste. IV. 1769, août 11. — XX. 1782, janvier 2, 21. — XXV. 1784, janvier 17, février 3. — XXVIII. 1785, janvier 16, 19, 21, 23, 25, 30, février 19, 28, mars 5, avril 1. — XXIX, juin 7, 8. — XXXIV. 1787, mars 22,

Panckoucke, libraire. VI. 1772, juin 29, juillet 7. — XXIV (addition), septembre 12. — IX. 1776, février 16, août 8, 15, septembre 6, 9, 17, novembre 27. — xii. 1778, juin 22, juillet 6, octobre 5, 12, novembre 5. — xvii. 1780, juillet 27. — xviii, octobre 18, décembre 5. — xxii. 1783, avril 10. — xxiii, août 25. — xxxii. 1786, juin 27, août 20, 31. — xxxiii, novembre 5, 13, décembre 2. — xxxiv. 1787, janvier 12. — xxxv, août 30, septembre 1.

Pannard (Ch.-Fr.), poëte et auteur dramatique. ii. 1765, juillet 5.

Paoli, général des Corses. ii. 1766, janvier 20.— iii. 1767, avril 18, octobre 15. — iv. 1768, novembre 13.

Papillon, chef de commission prévôtale. xxx. 1775 (addition), mai 12 — ix. 1776, avril 18, décembre 16.

Para du Phanjas (abbé), professeur de philosophie. xxxi. 1786, février 19.

Paradès (comte de), aventurier, espion. xiv. 1779, décembre 11. — xv. 1780, avril 8, 9, 11, 14, 20, juillet 9. — xvi. 1781, mai 26. — xxiii. 1783, juillet 13. — xxviii. 1785, avril 6, 7.

Paradis (Mlle), musicienne aveugle. xxv. 1784, avril 2, 17.

Parcieux (de), académicien. i. 1762, novembre 15, — iii. 1766, novembre 12. — xviii. 1767 (addition), août 10. — iv. 1768, août 13, juillet 3, septembre 5. 1769, juillet 31, octobre 2, 26. — vii. 1774, mars 30, octobre 13. 1775, janvier 6. — viii, novembre 17. — ix. 1776, janvier 30, septembre 25. — x. 1777, février 14.

Parent, président de la Cour des Monnaies. xiv. 1779, décembre 10. — xv. 1780, mars 27. — xviii, 1781, septembre 7.

Paris, dessinateur. xxviii. 1785, avril 4. — xxxv. 1787, avril 22.

Parisau (P.-Germain), auteur dramatique. xiv. 1779, décembre 31. — xvi. 1780, octobre 5, 16, 18. — xviii. 1781, septembre 1, 14. — xx. 1782, février 5, mars 17. — xxii. 1783, janvier 26. — xxvi. 1784, août 11. — xxix. 1785, mai 12, 23, 24. — xxxv. 1787, septembre 1.

Parmentier (Ant.), agronome. xii. 1778, novembre 7. — xiii. 1779, janvier 20. — xiv, avril 21. — xv. 1780, avril 7, juin 12. — xviii. 1781, octobre 15. — xxi. 1782, octobre 21. — xxix. 1785, août 28.

Parocel, peintre. xiii. 1767, septembre 6 (Lettre i). 1771, septembre 14 (Lettre ii).

Paroy (baron de). xxv. 1784, mars 7.

Pascalis, conseiller honoraire à la Cour des Monnaies. xxi. 1782, décembre 12.

Pasquier, père, conseiller au Parlement. xix. 1770 (addition), mai 14. 1771 (addition), janvier 3. — xxx. 1775 (addition), août 4. — ix. 1776, juillet 24. — xiv. 1779, septembre 22. — xxii. 1783, janvier 28. — xxxv. 1787, juillet 7.

Pasquier, peintre et graveur. xiii. 1767, septembre 13 (Lettre iii). 1773, septembre 14 (Lettre ii). 1775, septembre 23 (Lettre ii). — xxiv. 1783, septembre (Lettre ii).

Passionei (cardinal). i. 1762, avril 20. 1763, novembre 16.

Pastoret (marquis de), jurisconsulte et homme d'État. xxv. 1784, avril 20. — xxvii. 1785, novembre 15. — xxxi. 1786, avril 25. — xxxiv. 1787, avril 17.

Pater (Mme), Hollandaise. i. 1763, janvier 14.

Patouillet (père), jésuite. ii. 1764, novembre 19.

Patrat (Joseph), acteur et auteur dramatique. xviii. 1781, septembre 1. — xxiii. 1783, juillet 20, 24. 25, novembre 16, 19. — xv. 1784, janvier 5. — xxxiii. 1786, novembre 17. — xxxiv. 1787, mars 27. — xxxv, juin 20.

Patte, architecte du prince Palatin, duc des Deux-Ponts. iii. 1768, février 23. — xix. 1770 (addition), mai 6. — xix. 1771 (addition), janvier 23. — xxiv. 1772 (addition), octobre 4, novembre 11 (vi, 11). — xxi. 1782, octobre 12.

Pau (le père Fidèle de), capucin. iii. 1766, mars 7, 12, mai 7, juin 10, septembre 4. — iv. 1768, juillet 8.

Paucton (Al.-Jean-Pierre), mathématicien. xii. 1778, août 22, 24.

Paulet (chevalier). xiv. 1779, mai 16.

Paulet (J.-J.), médecin. xii. 1778, octobre 26, décembre 17, 19, 20. — xiii. 1779, janvier 2. — xxvii. 1784, décembre 26.

Paulin, acteur. v. 1770, février 17.

Paulmy (Ant.-Ren. de Voyer d'Argenson, marquis de), historien et bibliographe. ii. 1764, août 26, septembre 4, novembre 9, 14, décembre 13. 1765, avril 11. — v. 1770, avril 24. — vi. 1771, novembre 13. — vii. 1774, septembre 4. — xii. 1778, décembre 30. — xiv. 1779, décembre 23. — xvii. 1781, février 1, 11. — xxi. 1782, octobre 3. — xxv. 1784, avril 18, 26. — xxxiii. 1786, décembre 25. — xxxv. 1787, août 13, 20. — xxxvi, décembre 10.

Paulze (Mme). x. 1777, juin 18.

Paw (de), chanoine, littérateur. vii. 1773, octobre 18. — ix. 1776. juin 28,

Pawlet (comte de), philanthrope. xxxvi. 1787, novembre 29.

Payne (Thomas), publiciste anglais. xxii. 1783, janvier 3.

Pech (Dom), religieux bénédictin, physicien. xxv. 1784, mars 1, 2, 3, 14, avril 2.

Pechméja (Jean de), professeur d'éloquence à La Flèche. xxix. 1785, août 12. — xxxii. 1786, juillet 8.

Pécoul, architecte. xxvi. 1784, octobre 7.

Pecq de la Clôture, médecin. xii. 1778, octobre 26.

Pecquigny (duc de). Voir *Chaulnes*. i. 1763, août 10. — v. 1771, juillet 21.

Peguilhan de Larboust, conseiller d'État. xxiii. 1783, août 8.

Peixotto, banquier. xi. 1778, mars 30. — xvi. 1780, octobre 18.

Pélerin, numismate. vii. 1774, avril 5. — xxi. 1782, septembre 5.

Pelisserry, spéculateur. x. 1777, juin 13, 14, 16. — xxii. 1783, avril 9.

Pelletan (Philippe-Joseph), chirurgien. xxxvi. 1787, novembre 15.

Pelletier de Beaupré (Mlle). v. 1771, avril 13. xix (addition), 20.

Pelletier de Morfontaine, intendant de Soissons, contrôleur-général. xxvii. 1774 (addition), août 30. — xviii. 1781, novembre 29. — xxii. 1783, février 14, avril 3. — xxv. 1784, février 26. — xxxvi. 1787, septembre 19.

Pelletier de Rosambo (le président). xix (addition). 1770, mai 14. — xxii. 1783, mars 20, avril 17.

Pelletier de Saint-Fargeau, président à mortier. iii. 1768, mars 23. — iv, octobre 2. — xix. 1770 (addition), mai 14. — xxx. 1775 (addition), août 4. — x. 1777, janvier 6, novembre 23. — xxvi. 1784, août 14. — xxxvi. 1787, octobre 7, 9, 19.

Peloux (Mlle). viii. 1775, octobre 24, 26.

Penthièvre (Ma. de Bourbon, duc de), prince du sang. iii. 1767, décembre 5. — xviii. 1768 (addition), janvier 10. — vii. 1775, février 7, 9, 12 (xxix, addition, 20, 24). — viii, juillet 14, août 7, 12, 30, septembre 12, octobre 30. — xiv. 1779, novembre 6. — xvii. 1781, janvier 14. — xxiv. 1783, novembre 29. — xxv. 1784, janvier 3, février 14. — xxvii, décembre 1, 12, 24. — xxviii. 1785, janvier 21 — xxix, mai 8, 12. — xxx, décembre 29. — xxxiv. 1787, février 17, 21 (N° 7), mars 4, 8, avril 5, 10. — xxxv, mai 24, juin 8, 10.

Pérard (président). xxxiv. 1787, février 21 (N° 79).

Pérard de Montreuil, architecte, censeur royal. xxxvi. 1787, octobre 4.

Pérau (abbé), littérateur. iii. 1767, avril 9.

Perchel. viii. 1775, février 4, avril 27, 28, 30.

Percier, architecte. xxiii. 1783, août 27. — xxxii. 1786, septembre 2.

Pérès, inventeur. xxix. 1785, septembre 21.

Pericy, poëte. xii. 1778, août 17.

Perier (frères), ingénieurs. x. 1777, février 14, mars 13. — xii. 1778, juillet 30, octobre 19, décembre 1. —

xvii. 1781, août 10. — xviii, novembre 6, décembre 7. — xxi. 1782, septembre 9. — xxvi. 1784, septembre 13. — xxx. 1785, novembre 8, décembre 7. — xxxii. 1786, juin 7, août 28. — xxxiii, décembre 15.

Perignon, peintre. xiii. 1775, septembre 23 (Lettre ii).

Périgny, acteur. xxvi. 1784, octobre 13.

Périgord (comte de). xxxiv. 1787, février 21.

Périgord (abbé). Voir *Talleyrand*. xxiii. 1783, octobre 30.

Permangle (marquis de). xxiii. 1783, septembre 11. — xxx. 1785, décembre 1.

Pernetti (Dom), savant bénédictin. iii. 1767, juin 1.

Pernot, procureur. xx. 1782, avril 10, 19, mai 10. — xxi, juillet 28, 29, août 17, 19, 24, 26, septembre 3.

Peronnet, directeur des ponts et chaussées. ii. 1765, juin 16, novembre 12. — iv. 1768, juillet 31. — viii. 1775, novembre 17. — xxxiii (addition), novembre 15. — ix. 1776, septembre 23. — x. 1777, février 14, 15, octobre 13. — xxii. 1783, février 15, 22, mars 19. — xxvi. 1784, juin 22. — xxvii, novembre 20. — xxxv. 1787, juillet 11.

Pérouse (J.-F.-Galaup de la), célèbre marin. xxix. 1785, mai 3, 4, 18. — xxx, octobre 30. — xxxii. 1786, juillet 29, août 23. — xxxiii, septembre 7. — xxxv. 1787, mai 17, 27, juin 12, juillet 19, 26.

Perrier, fermier général. xxxv. 1787, juin 8.

Perrin, avocat au Conseil. v. 1771, août 27, 31. — x. 1777, juillet 10.

Perrin, curé. x. 1777, juin 17, 20.

Perrin (Alexis-Stan.), peintre. viii. 1775, septembre 17. — xxxvi. 1787, août 25 (Lettre iii).

Perroneau, peintre. xiii. 1767, septembre 20 (Lettre iii). 1769, septembre 20 (Lettre ii). 1773, septembre 14 (Lettre ii). — xi. 1777, septembre 15 (Lettre ii). — xxv. 1784, janvier 11.

Perrot, avocat général. iv. 1768, décembre 18, 28.

Perville (de), maire de Châlons. xxxiv. 1787, février 21 (N° 132)

Peslin (Mlle), danseuse à l'Opéra, maîtresse du prince de Condé. III. 1766, décembre 31. — XVIII. 1767 (addition), août 20. — IV. 1768, juin 10. 1769, février 5, juin 13. — XIX. 1770 (addition), juillet 6.— XXIV. 1771, mars 24. 1772, juillet 18, août 12. — VII. 1773, septembre 23. — IX. 1776, novembre 20, 22. — XV. 1780, juin 2. — XXII. 1783, avril 22. — XXV. 1784, avril 17.

Pessélier (Ch.-Et.), littérateur. XVI. 1762 (addition), novembre 3. — II. 1764, février 25.

Pestel (chevalier de). XXXI. 1786, février 12. — XXXII, juillet 6, août 20.

Pest-Senès (comte de). XXXIV. 1787, janvier 24.

Petit, abbé. XXVIII. 1785, mars 17.

Petit, libraire. XXXIV. 1787, février 25, mars 30.

Petit, maître de danse. XXXII. 1786, août 21.

Petit (Mme). Voir Mlle *Vanhove*, actrice.

Petit (Antoine), médecin. II. 1764, septembre 5. 1765, novembre 12. — III. 1766, août 9. 1767, février 16. 1768, février 10. — IV, août 12. — (XIX. 4.) — IV. 1769, mai 10, novembre 17. — V, décembre 3, 8, 28. — V. 1770, février 5 — VI. 1772, avril 12. — XXIV (addition), 12. — XXIV. 1773 (addition), juillet 1, 14. — VIII. 1775, novembre 2. — IX. 1776, juillet 18. — XII. 1778, novembre 2. — XX. 1782, février 16. — XXXIV. 1787, janvier 14.

Petzeli, littérateur hongrois. XXXV. 1787, juin 4.

Pey (abbé), chanoine de Saint-Louis du Louvre. XXII. 1783, janvier 15.

Peynier, président. XVIII. 1781, novembre 2.

Peyre (de), fermier général. VI. 1772, octobre 30.

Peyre, architecte du roi, inspecteur des bâtiments. XVIII. 1781, décembre 1. — XIX. 1785, août 2.

Peyron (J.-F.-P.), peintre. XXIII. 1783, octobre 7. — XXX. 1785, août 25 (Lettre I). — XXXVI. 1787, août 25 (Lettre II).

Peysac (comte de). XXVII. 1784, décembre 4.

Pezay (Al.-Fréd-Ja. Masson, marquis de), littérateur.

i. 1763, juillet 9, novembre 2. — ii. 1765, avril 2, septembre 29. — iii. 1767, mars 4. — iv. 1774, mars 1, avril 11. — ix. 1774, décembre 10, 11. — x. 1777, décembre 8, 14. — xiv. 1779, octobre 7. — xvii. 1781, février 26.

Pezzana (abbé), traducteur. xx. 1782, avril 15.

Phélippeaux, archevêque de Bourges. iii. 1766, juillet 6. — xviii. 1767 (addition), novembre 7.

Philidor (F.-André Banican, dit), compositeur de musique et célèbre joueur d'échecs. i. 1763, février 25. — xvi (addition), février 10, novembre 16. — ii. 1764, janvier 2, octobre 11. 1765, février 26, mai 28. — xix. 1769 (addition), septembre 5. — vi. 1773, janvier 10, 14. 1774, août 8. — x. 1777, juillet 8, 11. — xiv. 1779, novembre 4. — xv. 1780, janvier 9, 19, 20, 23, mars 22, juillet 31, août 2. — xvi, octobre 30, novembre 3.— xxi. 1782, septembre 11.— xxii. 1783, avril 25. — xxx. 1785, novembre 1. — xxxii. 1786, mai 24, août 17.

Philipon de la Madelaine (Louis), littérateur. xxv. 1784, janvier 11.

Philippe, acteur de la Comédie Italienne. xxvi. 1784, octobre 22. — xxvii, novembre 28.

Philips, médecin. iii. 1766, décembre 11. — xviii. 1781, novembre 10.

Pialès (J.-J.), avocat au Parlement, savant canoniste. v. 1770, décembre 17. — xxiv. 1772 (addition), août 4. — xxvi. 1784, novembre 10.

Pic, danseur de Naples. ix. 1776, septembre 14, novembre 20 — xx. 1782, juin 4.

Piccinelli (Mlle), actrice. i. 1763, février 28. — xvi (addition), juin 23.

Piccini, compositeur de musique. vii. 1774, avril 5. — ix. 1776, août 18. — x. 1777, janvier 8. — xi. 1778, janvier 30, février 9, 13. mars 9, mai 1. — xii, décembre 10, 17.— xiv. 1779, novembre 22.— xv. 1780. février 21. — xvii. 1781, janvier 21, 23, février 2. —

xviii, novembre 1, 2. — xxi. 1782, septembre 11. — xxiv. 1783, décembre 2, 7. — xxvi. 1784, juin 29, septembre 10. — xxvii, décembre 30. — xxxiii. 1786, novembre 11. — xxxiv. 1787, mars 18. — xxxvi, décembre 24.

Pichault, religieux mathurin. xii. 1778, juin 8.

Pici (de), poëte. xxviii. 1785, février 5.

Picot, (Mlle), marchande de modes. xviii. 1781, septembre 8, décembre 12.

Picquot, avocat. xxxi. 1786, janvier 10.

Pidansat de Mairobert (M.-F.), censeur royal. ix. 1776, février 25, mars 3. — x. 1777, janvier 5. — xii. 1778, novembre 17. — xiii. 1779, janvier 8. — xiv, avril 2, 3, juillet 4.

Pic (de), avocat. xxiii. 1785, octobre 6, 7.

Pierre, substitut du procureur général. xiv. 1779, décembre 31.

Pierre, dessinateur à la plume. iii. 1767, février 1.

Pierre (J.-B.), premier peintre du Roi. xiii. 1769, septembre 10 (Lettre i). — v. 1770, juin 7. — xiii. 1773, septembre 7 (Lettre i). — xxvii (addition). 1774, janvier 13, avril 16. — viii. 1775, juillet 31.

Pierre de Jouy (président). viii. 1775, décembre 2.

Pierre de Nimes, auteur dramatique. xxxv. 1787, juin 1.

Pierres, imprimeur du Roi. xxxii. 1786, juillet 5.

Piet, chirurgien. xi. 1778, février 6.

Piet-Duplessis, avocat. viii. 1775, août 4. — x. 1777, avril 17.

Piettain, musicien. xiv. 1779, avril 6.

Pigalle, sculpteur. i. 1762, août 1, septembre 29, octobre 12. — ii. 1764, août 11, octobre 26. — xiii. 1767, septembre 13 (Lettre iii). — iv. 1768, juin 23. 1769, mai 12. — v, décembre 17. — v. 1770, avril 10, juillet 11, 15, 31, août 9, septembre 7. 1771, juin 8. — vi. 1772, août 2. 1773, mai 11. — xiii, septembre 21 (Lettre iii). — xiii. 1775, septembre 29

(Lettre III). — X. 1777, avril 22. — XXIX. 1785, août 23. — XXX, septembre (Lettre III). — XXXIII. 1786, octobre 11, 12.

Pigeon de Saint-Paterne, bibliothécaire. XX. 1782, avril 9.

Pignon (abbé du). II. 1765, décembre 1.

Piis (Auguste de), auteur dramatique. XV. 1780, mai 31, août 12. — XVI, novembre 9, décembre 6. — XVII. 1781, janvier 1, 2, 11, mars 28, avril 3, 10, mai 21, 22. — XVIII, septembre 17, 24, 25, octobre 3, décembre 17, 23. — XX. 1782, janvier 5, 6, 12, 28, février 2, 3, 6, mai 3. — XXI, novembre 3, 6. — XXII. 1783, mai 21, 23 — XXXI. 1786, janvier 2.

Pilâtre de Rozier, aéronaute. XVIII. 1781, décembre 10. — XX. 1782, janvier 5, février 17. — XXI, novembre 17. — XXIII. 1783, septembre 9, octobre 12, 21. — XXIV, décembre 9, 22. — XXV. 1784, janvier 22, 24, février 1, 9. — XXVI, juin 25, 26, juillet 24, 25. — XXVII, novembre 29, décembre 7, 18, 30. — XXVIII. 1785, janvier 8, 9, 12, 17, 22, février 15, mars 7, 21, avril 23. — XXIX, juin 11, 17, 19, 21, 25, juillet 2, 4.

Pillot, acteur de l'Opéra. I. 1762, janvier 8. — XVI. 1763 (addition), février 22. — II. 1764, janvier 26. — III. 1766, décembre 31. — XVI (addition). 1767, août 20. 1768. février 4. — XIX (addition). 1770, mars 11, octobre 29.

Pillot, clerc de notaire. XXVI. 1784, juin 23.

Pin, page de la musique du Roi. XXII. 1783, avril 21.

Pincemaille de Villers, avocat. XXVIII. 1785, janvier 30, mars 21. — XXIX, juin 24.

Pinetti, acteur. XII. 1778, septembre 12.

Pinetti de Willedal (Jos.), professeur de mathématiques et de physique. XXIV. 1783, décembre 23. — XXV. 1784, janvier 1, février 19, mars 13. — XXVI, juillet 29.

Pingré (abbé), astronome et géographe de la marine. I. 1762, novembre 13. — XXIII. 1783, novembre 12.

Pinon, président. xix (addition). 1770, mai 14. — xxii. 1783, avril 17,

Pinon, notaire. xxi. 1782, octobre 11.

Pinon, maître clerc. xxii. 1783, mai 16, 23.

Pinto, juif portugais. i. 1762, octobre 25.

Piozzi, chanteur castrat. ix. 1776, mars 31, avril 4.

Pirch (baron de), mestre de camp. vi. 1773, avril 24. — vii. 1774, mars 27. — xxvii (addition), mars 4, 8, 27, avril 2, juillet 10. — viii. 1775, décembre 23. — xx. 1782, juin 16. — xxiii. 1783, juillet 3.

Piré (comte de). xxvii. 1784, novembre 21.

Piron (Alexis), auteur dramatique et poëte. i. 1762, janvier 18. — ii. 1765, mai 4. 1766, janvier 8, 10. — iii. septembre 30. — iii. 1767, octobre 4. 1768, février 1. — iv. juillet 26. — xix (addition). 1769, juin 13, novembre 3. — xxi (addition). 1772, février 15. — xix (addition). 1769, juin 13, novembre 3. — v. 1770, octobre 12, novembre 23, décembre 4, 6, 20. — v. 1771, janvier 22. — vi, décembre 14. — xxi. 1772 (addition), février 15. — vi, septembre 8, 12, octobre 28. — vi. 1773, janvier 17, 18, 23, 27, février 3, 11. — vii, août 31. — ix. 1776, janvier 4. — xxii. 1783, mai 21.

Pitouin, conseiller au Châtelet. x. 1777, mars 31.

Pitra (L.-G.), auteur dramatique. xvii. 1781, mai 16. — xxiii. 1782, septembre 11.

Pitro, compositeur de ballets. ii. 1764, novembre 2. — xvi (addition), décembre 5.

Pitrot (Mme), actrice à l'Opéra. i. 1762, mai 23. 1763, juin 2. — ii. 1765, septembre 1, 14. — iii. 1766, juin 13. 1768, février 4. — xix. 1769 (addition), juin 14.

Pitt, ministre anglais. iii. 1766, mai 16, août 29, novembre 17. — xxxv. 1787, mai 24.

Pla (président de). viii. 1775, novembre 22.

Plaisant de la Houssaye, avocat. xxxii. 1786, juillet 31.

Planta (baron de) xxix. 1783, août 23. — xxx, décembre 1. — xxxi. 1786, février 26, avril 11. — xxxii, juin 5.

Pleinchesne (de). poëte. III. 1767, septembre 11. — IV. 1768, avril 5. — V. 1771, octobre 7. — VI. 1772, avril 9. — VII. 1773, août 11. — IX. 1776, juillet 10. — XVII. 1781, juin 29.

Pluquet (abbé), écrivain. II. 1764, avril 28. — XXXIII. 1786, novembre 14.

Poggi (la signora et il signor), acteurs. XIV. 1779, avril 18.

Poilly (le père), cordelier. VII. 1774, février 8. — IX. 1776, octobre 28.

Poinçot, chevalier de Saint-Louis. XII. 1778, octobre 1.

Poinsinet, jeune et *Poinsinet de Sivry* (Louis), littérateurs et auteurs dramatiques. I. 1762, juillet 7. (XVI addition, août 28, 30, octobre 19), décembre 8. — II. 1764, janvier 2, 8. (XVI, février 16), juillet 2 (XVI, septembre 2, octobre 2, 22), novembre 15, décembre 9. 1765, janvier 23, février 26, mars 1. — XVI (addition), mai 27. — III. 1766, octobre 9. 1767, août 3, septembre 8. (XVIII, 28), 30. (XVIII, octobre 7), 14, 27, novembre 26. — XVIII, décembre 4, 12. — III, 27. — III. 1768, février 1, 11, 17, 22. — IV, avril 21, 24, 29, mai 6, 9, juin 4 (XVIII, 29), août 5, septembre 10. — IV. 1769, avril 16, juillet 29. — XX, décembre 12. — VI. 1772, avril 13. — XXXV. 1785, mai 16.

Pointeau, organiste. X. 1777, janvier 11.

Poiraton, peintre. II. 1765, juillet 21.

Poireau (chevalier). XXXII. 1775 (addition), octobre 10.

Poirier (Dom), bénédictin. VI. 1772, février 16. — XXVIII. 1785, avril 5.

Poisson de Malvoisin, héritier de Madame de Pompadour. XX. 1782, février 22.

Poissonier (Pierre-Isaac), médecin. IV. 1769, janvier 11. — IX. 1776, juillet 18. — XII. 1778, décembre 20. — XIII. 1779, février 24. — XIV, novembre 3. — XXXIII. 1786, novembre 14, décembre 16.

Poitrine (Mme), nourrice du premier Dauphin. XVIII. 1781, novembre 8.

Poivre (Pierre), ancien intendant des îles de France et de Bourbon. xviii. 1766 (addition), novembre 3. — xxxiii. 1775 (addition), novembre 26. — xiv. 1779, juin 20, octobre 22. — xxxii. 1786, mai 8. — xxxiii, décembre 17, 26. — xxxv. 1787, juin 30.

Poix (prince de). xiv. 1779, juin 24. — xvii. 1781, mai 28. — xxv. 1784, mai 13.

Polier de Saint-Germain (Ant. de), magistrat de Lauzanne. xxv. 1784, février 9.

Polignac (Mlle de). Voir duchesse de *Guiche*. v. 1770, octobre 7. — xiv. 1779, juin 20.

Polignac (duc de). xxxv. 1787, août 16.

Polignac (duchesse Jules de), gouvernante du Dauphin (Louis XVII). xiii. 1779, février 15. — xiv, avril 27, juin 20. — xv. 1780, avril 29, mai 11, 19, 21, septembre 20. — xvii. 1781, avril 30, mai 20, 28, septembre 7. — xxi. 1782, octobre 27, novembre 1. — xxii. 1783, mars 29. — xxiii, octobre 26, novembre 9. — xxv, 1784, janvier 15. — xxxii. 1786, juin 24. — xxxiv. 1787, février 2, 5. — xxxv, juin 28.

Polignac (chevalier de). i. 1763, octobre 11.

Polvérel, avocat. xxii. 1783, mars 13. — xxiii, juillet 30. — xxviii. 1785, février 1, 8, 9, 12, 13.

Pomme, médecin. xix. 1770 (addition), octobre 25. — vi. 1772, février 27.

Pommereul (de), capitaine d'artillerie. xviii. 1781, décembre 7.

Pommier (abbé), conseiller au Parlement. xix. 1770 (addition), mai 17. — x. 1777, avril 19. — xv. 1780, septembre 11. — xxii. 1783, avril 17. — xxv. 1784, février 6.

Pompadour (marquise de). i. 1762, janvier 5, avril 15. 1763, avril 24, mai 28, octobre 14, décembre 31. — ii. 1765, avril 5, 13, 15, 18, 20, août 1. — iii. 1767, mai 11, août 22. — vi. 1772, août 21. 1773, mai 31. — vii. 1774, septembre 27. — xx. 1782, février 22, mars 18. — xxii. 1783, mai 16, 17.

Pompignan (J.-J. Le Franc, marquis de), poëte. i. 1763, février 28, août 24, octobre 22, décembre 24. — ii. 1764, janvier 20, mars 23, avril 11. — vii. 1775, mars 16. — xxx (addition), août 4. — xxvii. 1784, novembre 16, 19.

Pompignan (J.-George de), archevêque de Vienne. i. 1763, décembre 3. — iv. 1768, juillet 10, août 11, 14, 20. — v. 1770, mars 7. — ix. 1776, mai 24. — xvii. 1781, juillet 3.

Ponce, sculpteur. xxxii. 1786, août 1, 16.

Poncet de la Rivière (Mathias), évêque de Troyes, prédicateur. iii. 1766, novembre 27. — iv. 1768, août 3, septembre 6.

Ponçol (A. de). Voyez *Ansquer de Ponçol*.

Poniatowski (comte de). iii. 1766, mai 4.

Pontcarré (président de). xxxiv. 1787, février 21.

Pontchartrain (marquis de). xxvii. 1774 (addition), février 6.

Pont-de-Vesle (de). vii. 1774, septembre 7. — viii. 1775, avril 16.

Pontécoulans, major des gardes du corps. xxvii. 1774 (addition), mai 20. — ix. 1776, janvier 23.

Ponteils (Barfecnecht de), ancien procureur, substitut du procureur général. xxv. 1784, janvier 3.

Ponteuil, acteur. xxi. 1771 (addition), septembre 9, 13. — vi. 1772, décembre 9. — xiv. 1779, juin 20, septembre 30, octobre 18, novembre 1, 14.

Poplinière. Voir *Poupelinière*.

Porporati, graveur. ix. 1776, octobre 25. — xi. 1777, septembre 22 (Lettre iii).

Porquerie (chevalier de la). Voir Mlle *Mimi*. v. 1771, août 12.

Portal (le baron Antoine), médecin. v. 1770, novembre 14. — xxiv. 1772 (addition), avril 12. — xxi. 1782, juillet 12. — xxxi. 1786, janvier 13. — xxxiii, novembre 14.

Portelance (abbé de), chanoine de Rodez. x. 1777, avril 8.

— xii. 1778, juin 19, août 3. — xv. 1780, juin 23, 30.

Portelance (de), auteur dramatique. ii. 1764, juillet 15. — vii. 1773, juillet 29. — xv. 1780, mai 1. — xxii. 1783, janvier 13.

Portier, procureur au Châtelet. xxvii. 1774 (addition), janvier 25.

Potain, peintre. xviii. 1781, septembre 17. — xxix. 1785, septembre 10.

Pothouin, bâtonnier des avocats. viii. 1775, mai 20.

Poudens (abbé de). xxxii. 1786, août 11. — xxxiv. 1787, mars 24.

Pouilly (de). Voyez *Levesque de Pouilly*.

Poujaut de Montjourdain, administrateur des domaines de Bretagne. xxvii. 1784, novembre 24, décembre 7.

Poulailler, fameux voleur. xxxii. 1786, mai 25, juillet 4.

Poultier (M. et Mme), huissier-priseur, prix de vertu. xxix. 1785, août 23.

Poupelinière (Le Riche de la), fermier général. i. 1762, janvier 17, juillet 17, décembre 10. 1763, janvier 1, 13, juillet 15. — iii. 1767, août 22.

Pourra, banquier de Lyon. ix. 1776, septembre 28. — xxv. 1784, février 3. — xxviii. 1785, janvier 23.

Poyanne (marquis de). ii. 1764, mars 23. — xix. 1769 (addition), mars 16. — xxvii. 1774 (addition), octobre 12. — xxx. 1775 (addition), mai 17. — xvii. 1781, mai 5. — xxi. 1782, septembre 21.

Poyant (le Père), recteur des Jésuites. iii. 1766, septembre 26.

Poyet, architecte. x. 1777, février 28, mars 1. — xxx. 1785, novembre 20. — xxxiv. 1787, janvier 1.

Prades (abbé de), théologien. i. 1762, février 4, novembre 5. 1763, juin 28, septembre 5. — ix. 1776. février 9.

Praslin (C.-G. de Choiseul, duc de), pair de France. i. 1762, novembre 7. 1763, mars 11, juillet 1, 14, octobre 19, décembre 31. — ii. 1764, février 4, avril 9, 14, 25, septembre 23. — iii. 1766, juillet 1. — xvi (addition), juillet 2. — III. 1767, avril 5. — v. 1771, août 1. — xiv. 1779, décembre 22, 26. — xxv. 1784, avril 11. — xxx. 1785, novembre 16. — xxxi. 1786, avril 26.— xxxii, septembre 1.—xxxiv. 1787, mars 7.

Praslin (duchesse de). xxv. 1784, avril 11. — xxvi, septembre 12.

Prati, compositeur de musique. xiv. 1779, octobre 12. — xx. 1782, juin 30.

Prault, libraire. x. 1777, mars 11.

Précieux (Dom), bénédictin. vi. 1772, février 16.

Précourt (comte de). xxxi. 1786, février 24. — xxxii, mai 9, juin 6, 11, 13.

Préfelne (de), jurisconsulte. viii. 1775, avril 30. — ix. 1776, janvier 14.

Prémeslay (de), conseiller au Parlement de Rouen. ix. 1776, janvier 14.

Prémontval (de), littérateur. ii. 1764, mars 15.

Prépaud, ministre de l'évêque de Spire à la Cour de France. v. 1771, août 1.

Pressigny (de). Voyez *Poinsinet*. xvi. 1763 (addition), février 9.

Présy (de), garde du corps. xx. 1782, janvier 31.

Préville (P.-L.-Dubus, dit), acteur. i. 1762, janvier 29. 1763, février 17. — xvi 1765 (addition), décembre 9. — iii. 1768, janvier 31, février 12. — iv, mai 8, décembre 9, 14.—iv. 1769, septembre 20. — xix (addition), 28. — v. 1770, juillet 15. — vi. 1772, novembre 25. — xxiv. 1773 (addition), février 18. — vii. 1774, juin 27. — xxvii (addition), juillet 3. — xiv. 1779, mai 21, septembre 30, octobre 6, 18, 28, novembre 1. — xviii. 1781, janvier 19, août 1. — xviii, septembre 29. — xx. 1782, avril 21. — xxv. 1784, mars 8, 10, 28. — xxxi. 1786, avril 2. — xxxv. 1787, mai 25.

Préville (Mme), actrice, épouse du précédent. vi. 1772, novembre 25. — viii. 1775, avril 17. — xiii. 1779, février 3. — xiv, mai 21, septembre 30, novembre 1.

— xvii. 1781, mars 23. — xx. 1782, juin 9. — xxv. 1784, mars 8. — xxxi. 1786, avril 2.

Préville (Mlle), actrice. iii. 1766, mars 24, juillet 12. — xviii. 1767 (addition), octobre 7.

Prévost-d'Exiles (abbé), romancier. i. 1762, avril 30. 1763, décembre 2. — ii. 1764, juin 25.

Prévost de Saint-Lucien, avocat. ix. 1776, juin 14. — xiv. 1779, octobre 15. — xv. 1780, janvier 3, 5, avril 3. — xx. 1782, janvier 5. — xxii. 1783, janvier 4, février 10, 17. — xxvi. 1784, août 2, septembre 21.

Prévot, naturaliste. xiv. 1779, octobre 22.

Prévot de Chantemesle (Mme). xix. 1770 (addition), août 2.

Prévot des Fourneaux, avocat. xxxii. 1786, juillet 1.

Prieur, poëte et auteur dramatique. i. 1762, décembre 12. — ii. 1764, octobre 21. — xix. 1769 (addition), juillet 8.

Prieur, avocat. ii. 1764, août 24.

Pringle, médecin. xxiii. 1783, septembre 12.

Printemps, soldat, médecin. xii. 1778, décembre 18.

Prinzen (baronne de). Voir Mme *Montanclos*. vii 1774, novembre 1.

Prost de Royer (Ant.-Fr.), jurisconsulte. xxvi. 1784, novembre 8.

Prot, colporteur. ix. 1776, août 27. — x. 1777, juin 6.

Provence (comte de). Voir *Monsieur*.

Provence (comtesse de). Voir *Louise*.

Proyart (abbé), historien et littérateur. xxxiii. 1786, octobre 2.

Prunis (abbé), poëte et littérateur. vi. 1772, octobre 14.

Psalmanazar (Georges), imposteur. ii. 1764, décembre 26.

Pujol (de), prévôt de Valenciennes. xxxiv. 1787, février 21 (N° 129).

Pujot, peintre en miniatures. x. 1777, juin 8.

Pulawski (comte de). xxvii. 1774 (addition), mars 27.

Puligneux (de), premier président de la Cour des aides de Montauban. xxx. 1775 (addition), juin 9. — xxxi (addition), septembre 22.

Punto, musicien. x. 1777, février 25, mars 6.
Puységur (Chastenet de). Voyez *Chastenet*.
Puysieux (marquis de). i. 1763, décembre 30.
Pyron, agent du comte d'Artois. xv. 1780, septembre 6.
— xvii. 1781, juillet 31, août 6. — xviii, septembre 30. — xxiii. 1783, juillet 26 — xxxiv. 1787, mars 22.

Q

Quatremère d'Isjonval, membre de l'Académie des Sciences. xxv. 1784, avril 21. — xxviii. 1785, avril 6. — xxix, août 22. — xxxii. 1786, juillet 21.
Quatremère de Quincy, écrivain technesthétique. xxx. 1785, novembre 15.
Quéquet, procureur au Châtelet. xxvi. 1784, juin 30.
Quéral, musicien. xviii. 1781, décembre 27.
Querlon. Voyez *Meunier de Querlon*.
Quesnay, médecin de Madame de Pompadour, économiste. iii. 1767, décembre 20. — xiii (Lettre iii). — vii. 1774, décembre 27. 1775, janvier 8. — ix. 1776, septembre 15. — xxxv. 1787, mai 1.
Quesnay de Saint-Germain, conseiller de la Cour des aides. xxvi. 1784, septembre 30.
Quétant (Fr.-Ant.), auteur dramatique. xvi. 1762 (addition), mars 29. — ii. 1764, décembre 21. 1765, janvier 24. — xviii. 1767 (addition), décembre 8.
Queyssat (les frères de). xi. 1778, février 11, mars 24, 30, avril 5, 14, 17, 20. — xii, août 20. — xiv. 1779, juin 6, juillet 9. — xviii. 1781, septembre 2. Voyez *Damade*.
Quidor, inspecteur de police. xxix. 1785, août 14. — xxxi. 1786, avril 5. — xxxiii, décembre 20. — xxxv. 1787, mai 20. — xxxvi, décembre 10.
Quillemont (Mlle de). vi. 1773, avril 14.
Quin (Jacques), acteur. iii. 1766, mai 15.
Quinault (Mlle), actrice. xxii. 1783, janvier 20, février 31.

Quincy (marquis de). x. 1777, septembre 15.
Quinquet, apothicaire. xxv. 1784, avril 29.
Quintin (duchesse de). xxix. 1774 (addition), décembre 11.
Quoinat, genovéfin. xix. 1769 (addition), décembre 19, 20.

R

Raaf (chevalier), chanteur. xi. 1778, avril 15.
Rabener (G.-W), moraliste allemand. ii. 1765, avril 9.
Robiqueau, lampiste. iii. 1767, janvier 30.
Racine, avocat. viii. 1775, juin 9.
Racine (Louis), littérateur. i. 1762, septembre 19, 27. 1763, janvier 31, avril 13. — xxxvi. 1787, octobre 17.
Racle, architecte, sculpteur. xv. 1780, février 14.
Radet (J.-B.), auteur dramatique. xxii. 1783, juin 6. — xxv. 1784, janvier 30.—xxxv. 1787, juin 17, juillet 19.
Radix de Sainte-Foix, surintendant des finances du comte d'Artois. vi. 1773, mars 6. — ix. 1776, novembre 15. — xiv. 1779, juin 30. — xv. 1780, mai 2, juillet 10. — xvii, 1781, mars 30, juillet 31, août 3, 6, 19. — xviii, septembre 4, 5, 30. — xx. 1782, mars 11. —xvi, septembre 6. — xxii. 1783, mai 7, juin 6, 8, 10. — xxiii, juillet 8, 15, 20, 22, 23, 24, 25, 26. — xxv. 1784, mars 12, avril 26. — xxvi, mai 29. — xxviii. 1785, janvier 17.
Radonvilliers (abbé de), littérateur. i. 1762, août 27. 1763, février 23, mars 16, 26. — vii. 1775, janvier 19.— xxix (addition), février 14. — xix. 1779, mars 8.
Ragnaud, peintre et graveur. x. 1777, mars 10.
Raguet-Brancion, ingénieur. xxiii. 1783, juin 16.
Raguier, compositeur. xxvi. 1784, août 26, 27. — xxxi. 1786, mars 3. — xxxiii, octobre 18.
Rameau (J.-Ph.), compositeur. i. 1762, mars 17, juillet 19, décembre 6. — ii. 1764, septembre 12, 28, octobre 9, 26, décembre 1. — iii. 1766, novembre 21. 1767, juin 8. — iv. 1769, juin 12. — ix. 1776, octobre 3, décembre 27.

Rameau (J.-François), neveu du précédent, littérateur. III. 1766, août 7.

Ramey (Cl.), sculpteur, membre de l'Institut. XXI. 1782, septembre 5.

Rancé (de), abbé de la Trappe. II. 1765, février 24.

Rane (de), prisonnier. XXII. 1783, mars 15.

Raucourt (Fr.-Ma.-Ant. Saucerotte), actrice. VI. 1772, décembre 14, 27. 1773, janvier 10, 13, 14, 17, 20, 23, 31, février 7 (XXIV, addition, 17, 21), avril 27, mai 4. — VII, août 21, septembre 2 (XXIV, addition, octobre 9), novembre 3. — XXVII (addition), décembre 2. — VII. 1774, mars 19, juillet 11. — XXVII (addition), octobre 11. — VII. 1775, février 26, mars 25. — VIII, juillet 11, novembre 1. — IX. 1776, janvier 23, 28, juin 3, 12, juillet 3, octobre 20. — X. 1777, mars 31, avril 13, octobre 17, 20, novembre 4, 9, 17, décembre 3. — XII. 1778, juillet 14. — XIV. 1779, septembre 11, 13, 14, 16, 17, 18, 30, octobre 5, 16, 18, décembre 31. — XV. 1780, janvier 6. — XVII. 1781, mars 25. — XVIII, décembre 16. — XX. 1782, février 25. mars 1, 2, 3, 4, 30, mai 22, 28, juin 9. — XXV. 1784, mars 14. — XXVII, décembre 23. — XXVIII. 1785, janvier 19. — XXXI. 1786, février 5. — XXXIII, juin 6. — XXXIV. 1787, janvier 6.

Roulin, médecin. XXV. 1784, avril 13. — XXXVI. 1787, novembre 13.

Rault, musicien. XIX. 1770 (addition), mars 11, 29.

Rauquil-Lieutaud, auteur dramatique. XXIV. 1783, décembre 13. — XXVI. 1784, juillet 17. — XXXII. 1786, juin 21, 22.

Ravel, banquier. XXXIII. 1786, décembre 13, 18. — XXXIV. 1787, janvier 4, 20, février 12. — XXXV, juin 29.

Ray, docteur en théologie. III. 1766, décembre 2.

Ray (Mlle Louison). III. 1768, février 4.

Ray (Mlle), danseuse. Voir Mme *Pitrot*.

Rayet, imprimeur. XVII. 1781, mai 19.

Raymond, architecte. XXXVI. 1787, octobre 4, novembre 10.

Raymond, acteur. xxv. 1781, février 23.

Raymond (la), courtisane. xxix. 1785, août 2, 7.

Raymond (Mme), fille de Madame Molé, actrice. xxi. 1782, août 20. — xxv. 1784, mars 8. — xxvi, septembre 18.

Raymond de Saint-Albine, littérateur. i. 1762, septembre 16.

Raymond de Saint-Sauveur, intendant du Roussillon. x. 1777, mai 15. — xxvi. 1784, juillet 19.

Raynal (abbé), historien. i. 1762, avril 7. — v. 1770, avril 14. — vi. 1772, avril 1, mai 22, décembre 30. 1773, février 6. — vii. 1774, avril 14. — viii. 1775, juillet 21, août 10. — xiii, septembre 29 (Lettre iii). — x. 1777, juin 24. — xiv. 1779, novembre 17. — xv. 1780, juillet 2. — xvi, septembre 25, octobre 29. — xvii. 1781, mai 18, 27, 29, 30, août 3. — xviii, septembre 4, 6, 11, octobre 8, novembre 23. — xxi. 1782, septembre 21. — xxii. 1783, janvier 3, avril 1, 2, mai 7. — xxiii, juillet 10. — xxvi. 1784, août 28, octobre 5. — xxxi. 1786, mars 6. — xxxiii, septembre 15, novembre 24.

Razetti, violon ordinaire de la musique du roi. xxiv. 1772 (addition), septembre 2.

Razetti (Mme). ii. 1765, janvier 25.

Ruroux, docteur en médecine. ii. 1766, février 12.

Rébel, directeur de l'Opéra. i. 1762, janvier 8, décembre 31. — iii. 1766, décembre 16, 27. 1767, janvier 6. — v. 1771, janvier 28. — vi. 1772, juin 14 (xxv, addition, juillet 13), août 27. — vii. 1775, mars 25. — viii. 1775, novembre 12, 15.

Reboucher, conseiller en la Cour souveraine de Lorraine, iii. 1766, décembre 30.

Reboul, chimiste. xxi. 1782, septembre 6.

Reboul, maire de Clermont. xxxiv. 1787, février 21 (N° 138).

Receveur, inspecteur de police. vii. 1774, février 5. — xxvi. 1784, octobre 10, 11, 17.

Récolin, chirurgien. vi. 1772, juillet 26.

Red, auteur dramatique. XXI. 1782, octobre 8, 9.
Regagnac (de), maître des jeux floraux. III. 1766, juillet 8.
Regnault (J.-B.), peintre. XXXVI. 1787, août 23 (Lettre I).
Regnault (Mme), botaniste. XIV. 1779, août 17.
Régnier, bijoutier. XXX. 1785, octobre 23.
Régnier, négociant. XXXIV. 1787, janvier 24.
Reich (Mlle), actrice de l'Opéra. III. 1767, novembre 12.— IV. 1768, août 9.
Reigni (Beffroi de). Voir *Beffroi de Reigni*.
Reinière. Voir *Grimod de la Reinière*.
Rem (Mlle). Voir *Étioles* (Mme d').
Remi (abbé), avocat au parlement, littérateur. X. 1777, août 12, 27, septembre 15, 26, octobre 25, novembre 19, 26. — XX. 1781, juin 26.— XXI. 1782, juillet 9, 13, septembre 13, 16.
Rémi, maître des comptes. XXIII. 1783, novembre 5, 6. — XXVI. 1784, août 3.
Rémond de Saint-Albine, rédacteur de la *Gazette de France*. I. 1762, janvier 1. — XII. 1778, octobre 18.
Remy, avocat au Parlement. XVIII. 1781, décembre 7.
Renard (Mlle), courtisane, maîtresse du prince de Montbarrey. XIV. 1779, décembre 31. — XVI. 1780, octobre 27, 29.— XXI. 1782, juillet 6. — XXXIV. 1787, février 9.
Renaud, intendant du duc d'Aiguillon. XXXIV. 1787, février 11.
Renaut (Mlles), actrices. XVII. 1781, avril 20.—XXIX. 1785, mai 11, août 21. — XXXI. 1786, février 3. — XXXIII, octobre 31, novembre 1.—XXXIV. 1787, janvier 3, mars 18. — XXXV, juin 20, août 21. — XXXVI, décembre 27.
Renneville (Constantin de), littérateur. VII. 1775, mars 23.
Renou (Antoine), peintre et littérateur. VI. 1773, avril 27. — VII, juin 1. — XIII. 1767, septembre 6 (Lettre I). — XIX. 1768 (addition), décembre 23. — XXIV. 1773 (addition), avril 26. — XIII (Lettre I). — XXVII. 1774 (addition), janvier 13, 17. 1779, septembre (Lettre I). — XIV, décembre 21. — XVII. 1781, août 20. — XX. 1782, avril 30. — XXII. 1783, avril 30.

Renoux, auteur dramatique. I. 1762, juin 24.

Rességuier (de). III. 1766, juin 11. 1767, décembre 3. — VI. 1772, mars 23. — XXXV. 1787, octobre 14.

Restaut (P.), grammairien. II. 1764, mars 14.

Restout (J.-Bernard), peintre. XIII. 1767, septembre 6 (Lettre I). 1771, septembre 7, 14 (Lettres I, II). — XXXIII. 1786, novembre 25.

Restif de la Bretonne, romancier. XXX. 1785, octobre 18.

Réveillon, marchand de papiers peints. XXIX. 1785, septembre 2. — XXXII. 1786, juillet 30.

Rey (Mlle), actrice. Voir Mme *Pitrot*.

Rey, maîtresse de musique de la chambre du roi. XVII. 1781, mai 2, 3. — XXI. 1782, septembre 23. — XXII. 1783, avril 24. — XXVIII. 1785, avril 4. — XXXII. 1786, mai 31. — XXXIII, novembre 25.

Reynard (abbé), professeur de physique. XXI. 1782, octobre 21.

Reynaud (de), procureur général de Grenoble. XXXIV. 1787, février 21.

Reyrac (F.-P. de Laurens de), poëte et littérateur. XXII. 1783, janvier 6, 10.

Riballier (abbé), docteur de Sorbonne, censeur. III. 1767, décembre 10. — IV. 1768, avril 5. — V. 1769, novembre 8, décembre 16. — XXIV. 1773 (addition), janvier 25, 29, mars 15, juillet 9. — VI. 1772, janvier 18. — XXIV (addition), août 4. — VII. 1774, août 11. — IX. 1776, mai 24. — X. 1777, mars 15, septembre 15. — XIV. 1779, novembre 9.

Ribault de Nointel, avocat. XXXI. 1775 (addition), septembre 18. — IX. 1776, janvier 12, avril 5.

Ribeaucourt (de), enfant célèbre. XVI. 1780, septembre 24.

Ricci, général des jésuites. I. 1763, février 17. — XVIII. 1767 (addition), août 9. — VIII. 1775, décembre 27. — IX. 1776, février 26.

Riccoboni (Lélio), acteur et auteur dramatique. I. 1762, septembre 26. — XVI. 1764 (addition), juillet 26. — VI. 1772, mai 26.

Riccoboni (Hélène Virg Baletti, dame), épouse du précédent, actrice et auteur. I. 1762, mars 26. — XVI (addition), juillet 15. — II. 1764, mars 22, mai 29. 1765, juin 5. — VI. 1772, mai 26. — X. 1777, juillet 19, août 12. — XXV. 1784, mai 5.

Richard (L.-C.-L.-Ma.), botaniste, voyageur. XIV. 1779, août 7.

Richard, jacobin. IX. 1776, mai 24.

Richard, médecin, surnommé Richard-sans-peur, XXVII. 1774 (addition), juin 15, 30.

Richard des Glanières, économiste. VII. 1774, octobre 12, 16, 18, novembre 2. 1775, mars 5.

Richard de Livry, fermier général. XXVII. 1774 (addition), août 4.

Richardière (abbé de la). IV. 1768, novembre 1.

Richelieu (duchesse de). XV. 1780, février 10, 11, 16.

Richelieu (L.-F.-Armand, maréchal duc de). I. 1762 janvier 29, mars 31. — II. 1764, avril 7. 1765, avril 5, juin 15, 22. — III. 1768, février 14. — IV, novembre 24, décembre 6. (XIX, addition, 24), 29. — XIX. 1769 (addition), février 14, 20 1770 (addition), mai 23. — V. 1771, mai 14, août 1, septembre 4. — VI. 1772, janvier 9, mai 8, 13. (XXIV, addition, septembre 11), décembre 3. — VI. 1773, février 10 (XXIV, addition, 20, 23), avril 13. — VII, juin 25, 26, septembre 26, octobre 19, 31, décembre 12. — VII. 1774, janvier 2, février 23. — XXIX (addition), décembre 6. 1775, février 22, mars 6. — VIII, avril 29, mai 11, 16, 18, 21, 22, 26, 30, 31, juin 28, 30, juillet 5, 10, 27, août 4, 6, 23, septembre (XXXI, 1) 5, octobre 18, décembre 16, 29. — IX. 1776, janvier 4, 6, 18, 30, 31, février 2, 3, 10, 20, 24, 27, mars 3, 7, 21, 24, 30, 31, avril 2, 24, juin 7, 8, 25, juillet 15, 23, août 9. — X. 1777, janvier 23, 30, février 11, mars 4, 9, avril 15, 18, 20, 25, 27, 29, 30, mai 1, 2, 3, 6, août 16. — XI. 1778, février 22, mars 26, mai 24, 28. — XII, juillet 6. — XIII. 1779, janvier 7, 14, 19, 21, mars 1. —

xiv, août 4, novembre 9. — xv. 1780, janvier 12, 29, février 10, 11, 16, 28, septembre 3.— xvii. 1781, juin 2, 4.— xxi. 1782, septembre 5. — xxii. 1783, avril 26. xxv. 1784, avril 16. — xxvi, juillet 4, 24, octobre 12. — xxxii. 1786, juin 25. — xxxvi. 1787, décembre 30.

Richelieu (Mme de), abbesse de l'abbaye au Bois. iii. 1767, juillet 5.

Richer (Henri), littérateur. iii. 1766, novembre 20.

Richer, ancien échevin de Paris. xx. 1782, janvier 23.

Richer de Belleval. Voyez *Belleval*.

Rigel, compositeur de musique. x. 1777, avril 8. — xii. 1778, octobre 18. — xv. 1780, juillet 25, 31. — xvii. 1781, mars 5, août 20, 21.

Rigoley de Juvigny (J.-Ant.), littérateur. vi. 1773, février 5.

Rilliet (Louis et Albert), membres du conseil des Deux-Cents de Genève. xv. 1780, juin 20. — xvi, décembre 10.

Rimbert, avocat. ix. 1776, juillet 24.

Rioms (Albert de), officier de marine. xxv. 1784, mars 7, 17. — xxvi, juin 17, 18.

Ristaut, négociant de Bordeaux. xii. 1778, décembre 9, 11, 12.

Rivard, ancien professeur de philosophie au collége de Beauvais. xi. 1778, avril 15.

Rivarol (comte Antoine de), littérateur. xxiii. 1783, septembre 1. — xxvi. 1784, octobre 31. — xxxv. 1787, juillet 4. — xxxvi, décembre 10.

Rivière, avocat. xxi. 1782, juillet 7.

Rivière, peintre. xxvi. 1784, septembre 1, octobre 3.

Robbé de Beauvezet, poëte érotique. i. 1762, juillet 2. — ii. 1764, octobre 18. — v. 1769, novembre 22. — vii. 1774, février 22. — ix. 1776, juin 11. — xxxi. 1786, avril 14.

Robécourt (Hausy de), avocat. xxxii. 1786, mai 20.

Robecq (prince de). xxxiv. 1787, février 21.

Robelin, avocat. viii. 1775, juin 4.

Robert (les frères), aéronautes. XXIII. 1783, août 25, novembre 21. — XXIV, novembre 30, décembre 1, 3, 8, 9, 14, 22, 29. — XXVI. 1784, juillet 4, 16, septembre 19, 22, 23, octobre 19, novembre 5.

Robert (Mme), auteur. III. 1767, mars 30.

Robert, géographe du Roi. XVIII. 1781, décembre 7.

Robert (Hub.), peintre d'architecture. XIII. 1767, septembre 13 (Lettres II, III). 1769, septembre 20 (Lettre II). 1771, septembre 14 (Lettre III). 1773, septembre 14 (Lettre III). 1775, septembre 23 (Lettre II). — XI. 1777, septembre 13 (Lettre II). — XIII, 1779, septembre 25 (Lettre III). — XXIV. 1783, septembre 13 (Lettre II). — XXVII. 1784, novembre 26, 27. — XXX. 1785, septembre 22 (Lettre II).

Robert de Saint-Vincent, conseiller au Parlement. XIX. 1770 (addition), mai 17. — XXXII. 1786. juin 16. — XXXIII, décembre 28. — XXXIV. 1787, janvier 20, 22, février 10, mars 1, 2. — XXXV, mai 28, juin 19, 28, juillet 6, août 10, 21, 25. — XXXVI, septembre 20, 21, novembre 19, décembre 31.

Robertson (W.), historien anglais. X, 1777, juin 24.

Robespierre (Fr.-Maximilien) XXIII. 1783, juillet 5.

Robin, secrétaire des commandements du duc de Bourbon. — XXXV. 1787, juin 4.

Robin (abbé Claude), docteur en théologie. XXI. 1782, octobre 25. — XXVI. 1783, mai 18.

Robin, peintre. XIII. 1773, septembre 14. 1775, septembre 7. — XI. 1777, septembre 15 (Lettre II). — XIII. 1779, août 25 (Lettre I). — XV. 1780, juin 9. — XXIV. 1783, septembre (Lettre II). — XXXVI. 1787, août 25 (Lettre III).

Robin de Mozas, avocat. XXV. 1781, janvier 31, mai 5. — XXXI. 1786, janvier 29.

Robineau, dit *Beaunoir* (Al.-L.-Bertrand) auteur dramatique. XV. 1780, juillet 26. — XVII. 1781, août 4. — XX. 1782, mars 4. — XXI, novembre, 27, 28.

Robinel (J.-B), ministre protestant. I. 1764, février 2. — III. 1766, juillet 17.

Robinet (de Chateaugiron), physicien. I. 1762, février 22.

Robinet, littérateur, censeur royal. I. 1762, mars 28. — II. 1765, janvier 12. — XX. 1782, avril 9.

Robinot (abbé), employé à la Bibliothèque Royale. X. 1773, octobre 30. — XIV. 1779, octobre 8.

Roblain, avocat. IX. 1776, juin 1.

Roca (abbé Della), vicaire général de l'évêque de l'île de Syra, dans la mer Egée. XXII. 1783, avril 23.

Rochambeau (comte de), maréchal de France. XVI. 1780, décembre 31. — XVIII. 1781, décembre 9. — XXV. 1784, janvier 27, février 9.

Rochard, acteur. I. 1762, février 28. — XVIII. 1781, novembre 9.

Roche (Joséphine), prix de vertu. XXXII. 1786, mai 10.

Roche-Aymon (cardinal de la). I. 1762, mai 9. — III. 1766, juillet 6. — XVIII. 1767 (addition), novembre 7. — VI. 1772, juin 13, septembre 18. — VII. 1774, mai 8, juillet 28. 1775, mars 24. — VIII, mai 10, juin 19, juillet 7, septembre 6. — X. 1777, octobre 29. — XXI. 1782, novembre 3.

Roche-Aymon (Mme de la). XXV. 1784, janvier 15.

Rochebrune, commissaire. III. 1767, novembre 3. (Voir octobre 18.)

Rochechouart (comte de). XXXIV. 1787, février 21 (N° 53). — XXXV, avril 26.

Rochefort (Guill. Dubois de), censeur royal, membre de l'Académie des Inscriptions et Belles-Lettres. I. 1762, novembre 26. 1763, novembre 17. — II. 1764, décembre 8. 1765, janvier 6. — III. 1766, mai 26. 1767, février 7, décembre 12. — IV. 1768, avril 12, novembre 15. 1769, avril 4. — XXXIII. 1775 (addition), novembre 14. — XX. 1782, avril 9. — XXII. 1783, janvier 26, 28, avril 29. — XXIII, octobre 29. — XXV. 1784, avril 20. — XXVI, novembre 12. — XXVIII. 1785, avril 10, 13.

Rochefort, architecte. xxvii. 1784, décembre 26.

Rochefort, compositeur. xviii. 1781, septembre 21, novembre 3, décembre 8.

Rochefoucault (cardinal de la). ix. 1776, février 28. — xx. 1782, février 10. — xxvi. 1784, juillet 1.

Rochefoucault (duc de la). viii. 1775, mai 31. — ix. 1776, avril 2. — xxii. 1783, janvier 30. — xxix. 1785, juillet 25. — xxxiv. 1787, février 21 (N° 26).

Rochelambert (Mme de la). xxvi. 1784, juillet 11.

Rocher, brodeur du Roi. xiv. 1779, avril 2.

Rochon (abbé), astronome. iii. 1767, novembre 14. — xxi. 1782, juillet 12.

Rochon de Chabannes, auteur dramatique. i. 1762, juin 1. — xvi (addition), novembre 25, décembre 5. — i. 1763, juin 4. — xvi (addition), août 21. — ii. 1764, septembre 23, octobre 12. 1765, août 8. — ii. 1768, février 6, 12 (xviii, addition, 12), novembre 10. — xix (addition), décembre 8, 11. — v. 1770, juillet 6 (xix, addition, 6). — vii. 1774, septembre 12, octobre (xxvii, addition, 3) 14 — xi. 1778, janvier 26, 29. — xiv. 1779, avril 10, 22, mai 14. — xv. 1780, avril 4, 13, 24, mai 17, 22, 24, 30, juin 5, septembre 20. — xvi, octobre 31, décembre 20, 27. — xviii. 1781, septembre 19, 23, octobre 18, 23, décembre 21, 29. — xx. 1782, février 13, mars 5, avril 14. — xxi, septembre 11, décembre 2, 23, 24, 25, 28. — xxv. 1784, janvier 23, mars 8, 12, 14, 15. — xxvi, juillet 2. — xxxix. 1785, juillet 17. — xxxii. 1786, juin 21, 22. — xxxiii, décembre 25. — xxxiv. 1787, janvier 10, 18, avril 18. — xxxv, 21, mai 10.

Rodolphe, musicien. ii. 1764, avril 21. — xvi, décembre 3. — iii. 1767, juin 10.

Roëttiers, graveur général des monnaies. xiii. 1771, septembre 13 (Lettre iii). — vi. 1772, décembre 7. — xiii. 1775, septembre 29 (Lettre iii). — x. 1777, novembre 25. — xxvi. 1784, mai 22.

Roger, impliqué dans l'affaire Guines et Tort. VIII. 1775, juin 2.

Royer (Mme), maîtresse du président Parent. XIV. 1779, décembre 10. — XV. 1780, mars 27. — XVIII. 1781, septembre 7.

Roger, ex-jésuite, homme de lettres. III. 1767, mars 1. — XXI. 1771 (addition), août 21.

Roger (abbé), chanoine d'Orléans. XXXI. 1786, mars 13.

Roger (Manon), dite Belle-Gorge, courtisane. XXXIV. 1787, mars 3, 17.

Roger-Duquesnay, conseiller à Rouen IX. 1776, janvier 14.

Rognier, sculpteur. XXVI. 1784, septembre 1.

Rohan (prince Louis, cardinal de). VI 1771, novembre 6, décembre 12. — XIV. 1779, juin 30, décembre 23. — XV. 1780, juillet 28. — XVI, décembre 2. — XX. 1782, janvier 16, 30, février 10, mars 7, avril 23. — XXI, octobre 23. — XXII. 1783, mars 8, 20, 22, mai 22, 24. — XXIII, août 22, septembre 7. — XXV. 1784 mars 18. — XXVI, mai 24, juillet 3, septembre 14, 16. — XIX. 1785, août 16, 17, 18, 21, 22, 23, 24, 27, 28, 29, septembre 1, 3, 6, 9, 13, 15, 16, 18, 18, 22, 23, octobre 3. — XXX, 8, 22, 23, novembre 6, 28, 30, décembre 1, 2, 0, 14, 16, 26. — XXXI. 1786, janvier 15, 16, 30, février 1, 11, 18, 24, mars, 2, 4, 5, 13, 18, 20, 23, 24, 28, avril 6, 7, 9, 11, 14, 16, 19. — XXXII, 30, mai 6, 9, 19, 21, 22, 23, 27, 28, 29, 30, juin 1, 4, 7, 9, 15, 16, 17, 19, juillet 5, 8, 14, 20. — XXXIII, septembre 19, 29, octobre 2, 22. — XXXIV. 1787, février 11, mars 29. — XXXV, juillet 13, août 23, 29. — XXXVI, octobre 8.

Rohan (duchesse de). VI. 1771, novembre 6, décembre 12. — XIV. 1779, octobre 28.

Rohan (prince Ferd. de), archevêque de Cambrai. VI. 1771, novembre 6, décembre 12. — XX. 1782, février 10. — XXV. 1784, mai 9.

Rohan (marquis de). VI. 1772, août 25.

Rohan (chevalier prince de). V. 1770, février 3.

Rohan de Guémenée. Voir *Guémenée.*

Rohaut, musicien. ii. 1765, janvier 24. 1766, février 19.

Roland de la Plattière (J. Mar.), président. xviii. 1781, décembre 7.

Roland, ancien receveur des tailles. ix. 1776, août 31. — xv. 1780, juillet 18.

Roland (Ph.-Laur.), statuaire. xxiii. 1783, novembre 17. — xxiv (Lettre iii). — xxx. 1785, septembre (Lettre iii).

Roland de la Porte, peintre. xiii. 1767, septembre 13 (Lettre ii) 1771, septembre 14 (Lettre iii).—xxxvi. 1787, août 25 (Lettre ii).

Rolland d'Erceville (B.-G.), président au parlement. xxxv. 1787, juillet 25.

Rolly (Mlle), membre de la loge des Neuf-Sœurs. xiii. 1779, mars 14.

Romain (le père), capucin. xiv. 1779, décembre 14.

Romain, compagnon de Pilatre des Roziers. xxix. 1785, juin 11, 17, 19, 23. — xxxiii. 1786, septembre 30.

Romain (Mme), affaire Morangiès. vi. 1772, avril 5. — vii. 1773, juillet 7. — xxiv (addition), août 22. — xxvii. 1775 (addition), mai 7.

Romberg (abbé), général des jésuites. xxxiv. 1787, avril 4.

Rome (de), gendarme de la garde. xxv. 1784, février 27.

Romilly, physicien. xx. 1782, janvier 11.

Roncherolles (chevalier de). xxii. 1782, janvier 11.

Rondet (Laur.-Et.), philologue. xxviii. 1785, avril 11.

Rooth (Mme). Voyez duchesse de *Richelieu*.

Roquart (de), officier de marine. xxv. 1784, mars 7.

Roquefeuille (vicomte de), officier de marine. xv. 1780, juin 23. — xxviii. 1785, avril 30.

Roquelaure (de), évêque de Senlis, aumônier du Roi. vi. 1771, janvier 11.

Roquemont (de, commandant du guet. xxxi. 1775 (addition), septembre 24.

Rosalie (Mlle Levasseur, dite), actrice de l'Opéra. ii. 1767, août 3 — iv. 1768, août 9, novembre 11. —

xix (addition), décembre. — xix. 1769 (addition), février 28. — iv, octobre 4. — xix. 1770 (addition), mai 15, juillet 9, août 31, décembre 26.—xxiv. 1771 (addition), mars 18. — xxi, décembre 1. — xxiv. 1772 (addition), août 26. 1773 (addition), juillet 17.—viii. 1775, novembre 15. — ix. 1776, mars 22, avril 24, 26, mai 19. — x. 1777, janvier 17, mars 10, octobre 2. — xi. 1778, janvier 30.—xiii. 1779, janvier 4, février 18. — xiv, mai 29, août 20, décembre 31.— xv. 1780, mai 12. — xxii. 1783, mars 6.— xxiv, décembre 27. — xxv. 1784, avril 17. — xxvi, juin 29. — xxviii. 1785, mars 3, avril 10. — xxxv. 1787, avril 30.

Rosalie, courtisane. x. 1777, septembre 18.

Rosalie de Saint-Evreux, actrice aux Italiens. xxi 1782, octobre 19.

Rose (Mlle), danseuse à l'Opéra. xxxiii. 1786, septembre 24.

Rosetti (signor), compositeur. xviii. 1781, décembre 8.

Roslin, peintre. xiii. 1767, septembre 13 (Lettre iii). 1769, septembre 20 (Lettre ii). 1771, septembre 7 (Lettre i). 1773, septembre 14 (Lettre ii). — xxiv 1783, septembre (Lettre ii). — xxx. 1785, septembre (Lettre ii).

Roslin (Mme), peintre. xiii. 1771, septembre 14 (Lettre iii).

Rosset (de), président de la Chambre des comptes de Montpellier, poëte. vii. 1774, février 8. — xxvii (addition), juin 25. — xxiii. 1783, juillet 24. — xxx. 1785, décembre 12.

Rosset-Dupont, sculpteur. xxxiv. 1787, janvier 2.

Rossillion de Bernex, évêque de Genève. ii. 1765, avril 29.

Rostagny, député du commerce de Marseille. xxviii. 1785, mars 24.

Rozière (J.-René Le Couppey de la), acteur et auteur dramatique. xxi. 1782, octobre 23. — xxv. 1784, janvier 30, février 28. — xxvi, juillet 28. — xxvii, novembre 18, 30.

Rouault-Gamache (comte de). xxvii. 1773 (addition), décembre 18, 23. 1774 (addition), janvier 13.

Roubaud (abbé Pierre-Joseph-André), littérateur, professeur d'économie politique. XIX. 1770 (addition), mars 18. — VII. 1774, décembre 31. — VIII. 1775, mai 19, novembre 11. — IX. 1776, juin 3, novembre 27. — XXXII. 1786, août 5. — XXXIII, novembre 7.

Roubo (André-Jacob), fameux menuisier. IV. 1769, avril 5. — XXII. 1783, février 4. — XXIII, novembre 7.

Roucey (Mme de). XXV. 1784, janvier 15.

Roucher, poète. XI. 1778, janvier 19. — XII, septembre 27, 29, octobre 27, novembre 17, 29. — XIV. 1779, août 25 — XV. 1780, mars 28. — XXXII. 1786, août 18, 25, 27.

Rouci (de), officier. XXVII. 1774 (addition), mai 22, 30.

Rouelle, chimiste. V. 1771, août 28.

Rougemont (de), lieutenant du Roi à Vincennes. XXII. 1783, janvier 29, mars 8. — XXV. 1784, janvier 8.

Rougeot, de Tours, maître de dessin. XVII. 1781, janvier 14.

Rouille, membre de l'Académie des Sciences. I. 1762, avril 21.

Rouillé de Meslay, conseiller au parlement. VI. 1772, mai 3.

Rouillé d'Orfeuil, intendant de Châlon. V. 1769, décembre 17, 1770, avril 23, mai 8. — XXVIII. 1785, janvier 24.

Rouillon (de), lieutenant général de Blois. XXXIII. 1775 (addition), novembre 4.

Roulhac (de), maire de Limoges. XXXIV. 1787, février 21 (N° 136), mars 12.

Roure (le père Louis), chanoine. VI. 1773, août 5, 7.

Rousse (Mme de), maîtresse du duc de Richelieu. XV. 1780, février 11, 16.

Rousseau, acteur de l'Opéra. XXXI. 1786, mars 26.

Rousseau (Jean-Jacques). I. 1762, janvier 17, mai 21, 26, 31, juin 3, 8, 9, 14, 20, 23, 25, 27, 30, juillet 7, 8, 21, août 2, 11, 20, septembre 3, 28, octobre 5, 30, novembre 14. 1763, avril 7, mai 7, 15, 18, 21, 24, 26, juin

5, juillet 13, 19, août 2, 31, septembre 5, 13 (xvi, addition, 16), 20, novembre 9, décembre 29. — ii. 1764, janvier 31, février 22, mars 1, mai 12, juin 3, 22, novembre 2, 21, décembre 21, 25. 1765, janvier 1, 9, 16, 20, février 9, mars 5, mai 7 (xvi, addition, 26), juillet 2, août 1, octobre 15, 31, novembre 1, 23, décembre 14, 18, 20, 28. 1766, janvier 19, février (xvi, addition, 17) 26. — iii. mars 26, juin 4, 8, juillet (xvi, addition, 5) 8, 14, 25, 31, septembre 13, 15, 27, octobre 7, 20, 23, novembre 15, 16, décembre 10. — iii. 1767, janvier 8, février 22, mars 4, 25, 30, avril 13, 17, mai 7, 30, juin 11, juillet 1, 7, 9, 12, 13, 17, septembre 23, décembre 10. 1768, janvier 15. — iv. juin 27, juillet 22, août 1, 5. 1769, février 25, septembre 17. — xix. addition, juillet 31. — xvi. 1770 (addition), juin 1 — v. juillet 1, 7, 20, 22, 26, août 23. 1771, janvier 1. — vii. 1774, avril 24. — viii. 1775, octobre 28, 29, 31, novembre 1. — ix. 1776, octobre 25, novembre 8. — x. 1777, octobre 13, décembre 25. — xii. 1778, juin 23, 26, juillet 3, 5, 7, 16, 21, 29, août 1, 17, octobre 19. — xiii. 1779, mars 9. — xiv. mai 29. — xv. 1780, septembre 9, 12. — xvi. novembre 8, 27. — xviii. 1781, septembre 6. — xx. 1782, mai 10, 29, 31. — xxi. septembre 1. — xxii. 1783, janvier 10, avril 26. — xxv. 1784, mars 21. — xxxi. 1786, avril 9. — xxxii. juillet 20, 24. — xxxiv. 1787, janvier 12. — xxxv. mai 22.

Rousseau (Mme), épouse du précédent. xiv. 1779, novembre 27, décembre 17.

Rousseau (abbé), littérateur. i. 1763, août 25. — vii. 1774, février 7, août 1, 6, 10. — xxvi. 1784, mai 22.

Rousseau, ex-oratorien, instituteur du comte d'Angenois. xxiv. 1772 (addition), décembre 4.

Rousseau (Pierre), de Toulouse, publiciste, littérateur. i. 1762, février 5, mars 10. 1763, mars 30. — xix. 1769 (addition), juin 18. — xxiv. 1773 (addition), avril 8. — xxvii. 1774 (addition), juin 8, juillet 19. —

xv. 1780, avril 20.— xvii. 1781, août 19.—xxx. 1785, novembre 10.

Roussel, conseiller au Parlement. i. 1763, mai 31, juin 17. — ii. 1764, octobre 12.

Roussel, fermier général. ix. 1776, mai 5.

Roussier (abbé Pierre-Joseph), correspondant de l'Académie des Inscriptions. xii. 1778, octobre 19.

Roustan, ministre protestant. ii. 1765, février 9.

Routh, jésuite. iii. 1768, janvier 24.

Roux, médecin. ix. 1776, juin 30.

Roy (Pierre-Charles), auteur dramatique. ii. 1764, octobre 23. — xxiv. 1773 (addition), juillet 17.

Royan (de), fils du duc d'Olonne. ii. 1764, janvier 16.

Royer (abbé), maître des requêtes. x. 1777, novembre 14. — xxii. 1783, mai 22.

Royer (le capitaine), corsaire. xiv. 1779, décembre 5.

Royez, libraire. xxxii. 1786, août 31. — xxxiv. 1787, février 25, mars 30.

Royon (abbé), beau-frère de Fréron, journaliste et critique. xiv. 1779, mai 11, 19, août 24. — xxi. 1782, novembre 2, 8.—xxiii. 1783, juillet 6, 16.—xxv. 1784, février 13. — xxxi. 1786, février 11.

Rozet (Mme), auteur dramatique. xxiv. 1773 (addition), juillet 4.

Rozier (abbé), économiste. xiv. 1779, juin 9.

Ruault, libraire. viii. 1775, juillet 22. — x. 1777, mars 1.

Rudder, inventeur. xxx. 1785, octobre 31, décembre 5.

Ruel, impliqué dans l'affaire Lebel. xxiii. 1783, juillet 26.

Ruelle, conseiller à Rouen. ix. 1776, janvier 14.

Ruggieri, artificier. ii. 1765, septembre 17. — xix. 1769 (addition), janvier 20. — iv, février 18, mars 30. — v. 1770, mai 21, 31. — viii. 1775, août 7. — x. 1777, juin 28. — xxiii. 1783, septembre 16.

Rugy, avocat d'Arras. xiii. 1779, mars 12. — xiv, mai 17.

Ruillan, armateur. xxxiii. 1786, novembre 27.

Rulhières (de), historien et poëte. iv. 1768, août 25. — xix. 1770 (addition), juin 20, 28. — vi. 1771, novembre 2. 1773, avril 18. — xxvii. 1774 (addition), août 15, 22. — xxx. 1775 (addition), avril 24. — xxv. 1784, mars 11. —xxxiii. 1786, décembre 24. — xxxiv. 1787, janvier 8, 16, 24, février 2. — xxxv, juin 4. — xxxvi, décembre 29.

Rulhières (de), lieutenant de la maréchaussée. xxvii. 1774 (addition), août 1.

Rullecourt (baron de), officier. xvii. 1781, janvier 5, 13.

Rumain, avocat. xxiii. 1783, septembre 13.

Rutlidge (chevalier de), auteur dramatique. ix. 1776, décembre 29. — x. 1777, janvier 1, mars 9. — xi. 1778, avril 24. — xii, novembre 23. — xiv. 1779, septembre 19. — xx. 1782, février 13. — xxi, juillet 31, octobre 18.

Ruvalière (évêque de la. i. 1762, avril 20.

S

Sabathier de Cavaillon, poëte. xxxiii. 1786, décembre 24.

Sabatier (Raph. Bienvenu), chirurgien, membre de l'Académie des Sciences. xxvii. 1784, novembre 13.

Sabatier de Castres (l'abbé Ant.), écrivain et critique. xxiv. 1772 (addition), juillet 10. — vi. décembre 29. — vi. 1773, mars 20. — vii. octobre 15, 20. — vii. 1774, août 7. — xxvii (addition), 14, 17. — xxx. 1775, (addition), août 4. — ix. 1776, janvier 20. — x. 1777, juillet 10, août 7. — xi. 1778, février 26. — xiii. 1779, mars 7, 11, 17, 20. — xiv. juin 28. — xv. 1780, mai 5, juillet 5, août 15. — xxii. 1783, avril 17. — xxv. 1784, janvier 27, février 2, 6, mars 18. — xxxvi. 1787, novembre 19, 22, 23, 26, 29.

Sacchini (de), compositeur. viii. 1775, août 15. — xxxi. (addition), 23. — x. 1777, août 23, novembre 26. — xiv. 1779, juillet 9. — xviii. 1781, septembre 11, 23. —xxi. 1782, septembre 11. — xxii. 1783, février 28, mars 1, 6. — XXIII, octobre 28. — XXV. 1784, février 6, 10, 15. — XXVII, novembre 30, décembre 5. — XXIX. 1785, mai 20. — XXX, novembre 8. — XXXI. 1786, janvier 9. – XXXII, mai 31. — XXXIII, octobre 10, 18, 29. novembre 11. — XXXIV. 1787, février 19. — XXXVI, décembre 7.

Sacy (Ant.-Isaac-Silvestre, baron de), Orientaliste. XXVIII. 1785, avril 5. — XXXIV. 1787, avril 17.

Sade (comte de), romancier lincentieux. VI. 1772, juillet 25.

Sage (Bal-Geor.), physicien et naturaliste, membre de l'Académie des Sciences. IX. 1776, mars 24. — XII. 1778, août 3. — XVII. 1781, janvier 17, 18, 20.

Sagui, officier. XII. 1778, août 17.

Saillant, libraire. X. 1777, mars 30.

Sainctain Le Blanc, avocat. VIII. 1775, août 30. — XXXI (addition), septembre 2.

Saint-Afrique (Ch. Sue de), député des États de Languedoc. XXXIV 1787, février 21 (N° 112).

Saint-Aignan (duc de). I. 1762, décembre 15. 1763, janvier 22.

Saint-Aignan (marquis de). III. 1766, octobre 9.

Saint-Alban (Mme de). XVI. 1780, novembre 28. — XVII. 1781, août 5. — XXVIII. 1785, janvier 11.

Saint-Albin (abbé de). XXXI. 1786, février 17.

Saint-Ange (Mlle), fille. XXVI. 1784, octobre 6.

Saint-Ange (Fariau de), critique. XXI. 1782, octobre 3, 12. — XXXI. 1786, mars 6, 8, 9, 27, 31, avril 19.

Saint-Auban (de), lieutenant général d'artillerie. VII. 1773, octobre 16. — XXVII. (addition), décembre 30. — 1774, janvier 3, 5, 24, avril 7, 14. — VIII. 1775, avril 23. — XI. 1778, mars 27. — XXVIII. 1785, mars 19.

Saint-Aubin (Aug.), graveur. XIII. 1767, septembre 13 (Lettre III sur le Salon). — VII. 1774, septembre 24. — XV. 1780, février 13. — XXIV. 1783 (Lettre III sur le Salon). — XXXV. 1787, juillet 27.

Saint-Aubin (Mme de), actrice. XXXII. 1786, juillet 2.

Saint-Aulaire (Mme de). XXII. 1783, mai 17.

Saint-Chamont (marquis de). III. 1768, mars 20.

Saint-Chamont (marquise de). I. 1762, août 25. 1763, novembre 26. — II. 1765, mars 9, octobre 3. — III. 1768, mars 20. — V. 1771, juillet 10.

Saint-Cyr (M. de). IX. 1776, janvier 18, mars 16.

Saint-Denis, acteur. XXXIV. 1787, mars 21.

Saint-Didier, poëte. IV. 1768, octobre 26. — XXXIV. 1787, mars 22.

Saint-Eloi (de), chevau-léger. XXV. 1784, avril 12.

Saint-Evremond (de). II. 1764, novembre 12.

Saint-Far (abbé de). XXXI. 1786, février 17.

Saint-Firmin (la), courtisane. XXI. 1782, juillet 6.

Saint-Foix (Germ.-F.-Poullain de), littérateur et auteur dramatique. I. 1763, mars 5. — XVI. 1764 (addition), août 24. — II. 1765, février 12. — III. 1766, mai 31. 1767, avril 17. — IV. 1768, mai 25, août 17. — XIX. 1769 (addition), juillet 31, août 1, 4. — VII. 1774, mars 22, septembre 15. — IX. 1776, août 31, octobre 2. — XXV. 1784, février 26.

Saint-Génis (de), auditeur de la Chambre des comptes. XXVII. 1784, novembre 15. — XXIX. 1785, septembre 5. — XXXVI. 1787, octobre 6, novembre 22.

Saint-Georges (chevalier de). X. 1777, juillet 24. — XII. 1778, octobre 17. — XIV. 1779, mai 1. — XXXV. 1787, août 21.

Saint-Germain (comte de), ministre de la guerre. XXIX. 1775 (addition), février 14, septembre 28. — VIII, octobre 23, 25, 26, 27, 29, 30, 31, novembre 1, 4, 10, 12, 18, 19, 24 (XXXIII, addition, 21, 27), décembre (XXXIII, addition, 1, 3), 14, 29, 31. — IX. 1776, janvier 8, mars 24, avril 19, mai 10, 12, juillet 12, 13, octobre 21, novembre 26. — X. 1777, juin 1. — XIV. 1779, décembre 7, 13. — XXV. 1784, avril 7, 10.

Saint-Germain, naturaliste. XXXII. 1786, juillet 17.

Saint-Hilaire (de), fermier général. XXVI. 1784, octobre 18.

Saint-Hilaire (Mme de). xxix. 1785, juin 11, 25.

Saint-Huberti (Ant.-Cécile Clavel, dite), cantatrice de l'Opéra. xxi. 1782, septembre 27. — xxii. 1783, mars 6. — xxiv, décembre 2, 5. — xxv. 1784, janvier 17, février 10, 23, avril 17. — xxvi, septembre 28. — xxvii, novembre 30, décembre 7. — xxviii. 1785, janvier 17. avril 19. — xxix, août 25. — xxx, décembre 9 (Lettre ii). — xxxi. 1786, avril 7. — xxxiii, novembre 22. — xxxiv. 1787, mars 29. — xxxvi, septembre 19.

Saint-Huruge (marquis de). xxxv. 1787, juin 30, juillet 1, 2.

Saint-Hyacinthe (de). ii. 1765, janvier 20. — xxxiii. 1786, novembre 14.

Saint-James (Baudard de), trésorier général de la marine. xxvii. 1784, novembre 22. — xxxiv. 1787, février 2, 3, 12, 14, mars 30. — xxxv, juin 3, juillet 7.

Saint-Janvier (de), militaire. xxviii. 1785, février 2.

Saint-Julien (baron de). iv. 1763, octobre 12.

Saint-Julien (de), receveur du clergé. xxx. 1775 (addition), mars 20. — ix. 1776, avril 22. — xxiii. 1783. octobre 30.

Saint-Julien (de), fils. x. 1777, mars 24.

Saint-Lambert (marquis de), poëte. xvi. 1764 (addition), décembre 5. — iv. 1769, février 28. — xix (addition), avril 8. — v. 1770, juin 23, août 26, décembre 24. — vii. 1775, janvier 13 — xxix. 1785, juillet 25, août 25. — xxxi. 1786, février 13. — xxxv. 1787, juin 4, août 25.

Saint-Léger, colonel anglais. xxviii. 1785, avril 5.

Saint-Léger (Mlle). Voir Mme *Colleville*.

Saint-Leu (Maurice de), colonel, suicidé. vii. 1775, janvier 8. — ix. 1776, septembre 29, octobre 14. — xiii. 1779, mars 9.

Saint-Lucien (de). Voir *Prévost*.

Saint-Marc (J.-P.-André Razins, marquis de), poëte. vi. 1772, décembre 2. — viii. 1775, octobre 21. —

x. 1777, octobre 11, 28, novembre 2, décembre 6. —
xi. 1778, avril 1. — xv. 1780, avril 26. — xviii. 1781,
novembre 1, 2. — xx. 1782, mars 6, juin 4 — xxi,
décembre 25. — xxiv. 1783, décembre 12. — xxviii.
1785, mars 16.

Saint-Martin (abbé de), conseiller au Châtelet. xxiii. 1783, août 9.

Saint-Martin (Mme de), magnétiseuse. xxv. 1784, avril 9.

Saint-Maurice (baron de). x. 1777, janvier 20.

Saint-Mesme (de), officier. xxx. 1785, octobre 20.

Saint-Pierre (J.-H.-Bernardin de), littérateur. xxxiii. 1786, octobre 11. — xxxiv. 1787, janvier 31.

Saint-Pierre (père), célestin. xxxiii. 1786, octobre.

Saint-Pierre (marquis de la Rochelle de). xvii. 1781, août 14.

Saint-Prest (de), maître des requêtes. viii. 1775, juin 20. xxix. 1785, juin 2.

Saint-Priest (de), intendant de Montpellier. xxxi. 1786, janvier 8.

Saint-Priest (de), ambassadeur à la Porte viii. 1775, septembre 13.

Saint-Priest (de), cadet, gentilhomme du reg. de Vexin. xiii. 1779, février 6.

Saint-Prix, acteur. xxvi. 1784, octobre 14.

Saint-Rémi (abbé de), littérateur. xxxi. 1786, mars 26.

Saint-Sauveur (de), président de la société d'Émulation, économiste. xii. 1778, juin 28. — xiv. 1779, mai 22. — xxxi. 1786, janvier 3.

Saint-Sauveur (chevalier de), lieutenant pour le roi à la Bastille. xxxi. 1786, janvier 3.

Saint-Seine (de), procureur général au parlement de Dijon. xxxiv. 1787, février 21 (N° 78).

Saint-Simon (comte de). xxii. 1783, février 1, 16.

Saint-Valery (de), receveur général des finances. iv. 1768, décembre 5.

Saint-Vallier (Joly de), officier, littérateur. xxv. 1784, avril 30.

SAL 259

Saint-Vincent (Mme de). VIII. 1775, avril 29, mai 11, 16, 18, 21, 22, 26, 30, 31, juin 28, 30, juillet 5, 10, 27, août 4, 6, 23, septembre 5, octobre 18, décembre 16. — IX. 1776, janvier 4, 6, 18, 30, 31. — X. 1777, avril 15, 16, 19, 25, 29, mai 2, 4. — XIII. 1778, janvier 1, 7, 14, 19, mars 1.

Sainte-Croix (de Clermont-Lodève, baron de), historien, membre de l'Académie des inscriptions. XXX. 1785, novembre 15.

Sainte-Foix (de), surintendant du comte d'Artois. Voir *Radix* (de).

Sainte-Hélène (Mme de), créole. XXVIII. 1785, avril 6. — XXIX, mai 4. — XXXII. 1786, mai 31, juillet 11.

Sainval (Mlles), actrices à la Comédie-Française. III. 1766, mai 5, 12. — XVIII (addition), novembre 7. — XIX. 1771 (addition), mars 29. — VI. 1772, mai 29, juin 5. — XXIV (addition), 6, 8, 11, juillet 12. — VI. 1773, janvier 17, février 5, 7 (XXIV, addition, 14, mars 6), novembre 3. — VIII. 1775, avril 17. — IX. 1776, mai 1, juillet 3, 5, 7, 17, octobre 20. — XIV. 1779, juin 14, juillet 21, 23, 31, août 1, 4, 11, 21, 23, septembre 14, 2, 30, octobre 6, 18, 30, novembre 1, 11, 20. — XV. 1780, février 11, 18, avril 4, 26. — XX. 1782, juin 9. — XXV. 1784, janvier 27, 30, février 4, 11, 12, 16, 17, 23, 26, mars 3, 5, 7, 8, 18.

Salaberry (président de). I. 1765, mai 6.

Salaun (Nic.-Ch.), littérateur. XXIV. 1773 (addition), août 13. — XVIII. 1781, octobre 24.

Saliéri, compositeur. XXV. 1784, avril 8, 25, mai 16. — XXVI, mai 20, août 24, octobre 9. — XXXII. 1786, août 5. — XXXIV. 1787, février 21. — XXXV, mai 10, juin 3, 8, 9, 10, août 17. — XXXVI, octobre 3.

Salins (marquis de). XXVI. 1784, juin 19.

Salis (de), officier aux gardes suisses. VII. 1774, juillet 1, 12.

Sallior (M.-F.), poète et littérateur. XXX. 1785, novembre 6.

Salm-Kirbourg (prince de). xxv. 1784, mai 6. — xxix. 1785, juillet 29. — xxxiv. 1787, février 14, 16, 18.

Salmon (la fille), accusée innocente. xxxi 1786, avril 22, 23, 24. — xxxii, mai 24, juin 3, 20, 27, août 21, septembre 4. — xxxiii, octobre 22, 27. Voir *Fournel.*

Saluces (De Luc, marquis de). viii. 1775, mai 17, août 13, 26.

Salzard, adjudicataire des fermes. xxviii. 1785, janvier 15.

Samarie, homme de lettres. iii. 1767, juin 26.

Sauche, métallurgiste anglais. xxxi 1785, mars 14.

Sancy (de), censeur, garde du cabinet du Roi. xvi. 1780, octobre 10, 23. — xvii. 1781, janvier 31. — xx. 1782, janvier 22, 26. — xxi, juillet 9, août 18. — xxv. 1784, janvier 31, mars 27. — xxvi, juin 18, novembre 8. — xxxiii 1786, septembre 10. — xxxiv. 1787, mars 3.

Sanderson, mathématicien aveugle. xxvii, 1784, novembre 23.

Sanois (comte et comtesse de). xxv. 1784, février 7. — xxix. 1785, mai 15, 23, 31, juillet 18, 30. — xxxii. 1786, juillet 17, 21, 22, 23, août 2, 22, 31, septembre 4. — xxxiii. 13, 14, 24, 25, 26, décembre 17. — xxxiv. 1787, janvier 28, 30, février 6, 8, 9, 28, mars 31, avril 17. — xxxvi, octobre 23, novembre 20.

Sarcey de Sutières, agronome. xxxiii. 1786, décembre 14.

Sarrazin (de), officier. xxv. 1784, avril 12.

Sarron (président). Voir *Bochard de Sarron.*

Sarron (Mlle), figurante à l'Opéra. xiv. 1779, novembre 21. — xxi. 1782, juillet 6.

Sarrot, avocat. viii. 1775, avril 29.

Sartine (Gab. Gualbert de), lieutenant de police. i 1763, mai 28, septembre 6, octobre 17, décembre 15 — ii. 1765, février 5, avril 16, 17, 18, 25. — iii. 1766, avril 8. 1767, novembre 3, décembre 10. — iv. 1768, novembre 12. 1769, février 2, juillet 29, octobre 20. — v. novembre 20, décembre 3. — v. 1770, janvier 3, 25, mars 16, juillet 2. — vi. 1771, octobre 11, 15, novembre 1. 1772, février 11, mars 22 (xxiv, addition, octobre 25, novembre 23), décembre 29. — xxiv. 1773 (addition), février 6. — vi, avril 18, 19. — vii. juin 14, novembre 7. — vii. 1774, février 9, juillet 30, septembre 11. — xxix (addition), décembre 5. — viii. 1775, mai 8, 9, 25, 27, 29 (xxx, addition, juillet 8, 26), août 24 (xxxi, addition, 29, septembre 5, 15), octobre 4. — ix. 1776, avril 19, juin 10, 18, novembre 7. — x. 1777, juillet 13, août 3. — xiv. 1779, avril 10, mai 10, juin 18. — xv. 1780, mars 2, 16, avril 9, 10, mai 27. — xvi, novembre 13 décembre 5, 16. — xxxvi. 1787, octobre 16.

Sartine (de), fils du précédent. xv. 1780, août 25. — xxxiv. 1787, février 9.

Saty (abbé). vii. 1775, mars 30.

Saugrain, entrepreneur des lanternes de Paris xii. 1778, juin 10, juillet 5.

Saurin (B.-J.), poète dramatique, membre de l'Académie. i. 1763, avril 20, août 25, septembre 14, 19, 26, octobre 1. — ii. 1764, mars 8. — iii. 1767, décembre 15, 1768, janvier 6. — iv, mai 8, 12, 13, 18. — xix. 1769 (addition), janvier 16. — v. 1770, avril 3. — vi. 1772, janvier 7, octobre 12. — xxiv (addition), novembre 27. — ix. 1776, août 5. — x. 1777, juin 3, juillet 28, décembre 28. — xii. 1778, décembre 1. — xiii. 1779, mars 8. — xv. 1780, juillet 14. — xviii. 1781, novembre 18.

Saurin (Mme), épouse du précédent. i. 1762, novembre 25. — iv. 1768, mai 13. — ix. 1776, novembre 1.

Saury (abbé). viii. 1775, juillet 22.

Sauseuil (chevalier de), journaliste. xxix. 1785, juillet 11.

Saussaye, receveur des impôts. xxvi. 1784, juillet 16, 26, 30, août 14, 28, 29. — xxvii, décembre 14. — xxviii. 1785, mars 21. — xxxv. 1787, juin 15.

Saussure (H. Bénédict de), naturaliste et physicien. xxv. 1784, janvier 22.

Sautereau, littérateur. xvii. 1781, juin 20.

Sauvage (Paul-Jos.), peintre. xvii. 1781, juillet 30. —

xix, août 23 (Lettre ii). — xxiv. 1783, septembre (Lettres ii et iii).

Sauvebœuf (marquis de). xxix. 1783, septembre 23.

Sauveur (l'abbé), conseiller au Parlement. xxii. 1783, avril 11, 12.

Sauvigny (de). Voyez *Billardon de Sauvegny*.

Sauvigny (Bertier de), intendant de Paris. xxxiv. 1787, février 21 (N° 63). — xxxv, avril 26. Voir *Bertier*.

Sauvigny (Mme), intendante de Paris. ii. 1765, avril 20, 23.

Sauvigny (président de). v. 1771, septembre 4. — xxix. 1775 (addition), janvier 10.   x. 1777, janvier 5. — xxxiv. 1787, février 21 (N° 58).

Savalette (Mme), vieille dévote. xxvii. 1774 (addition), février 7.

Savalette (Mlle). xix. 1770 (addition), novembre 17.

Savanet (Jalliet de), architecte. xxxii. 1786, juin 27.

Savérien (Al.), littérateur, mathématicien. iii. 1766, juin 30, septembre 18, octobre 22.

Savoy (signor), acteur de l'Opéra de Londres. x. 1777, août 16, 17.

Saxe (maréchal de). vi. 1772, avril 23, août 2.

Saxe (abbé de), séminariste. xviii 1781, septembre 17. — xxi. 1782, septembre 9.

Schantz (de). Voir *La Cardonnie*. xiv. 1779, décembre 24.

Scheffer (comte de), économiste. xii. 1775, janvier 8.

Scheffer, médecin arcaniste. xxxiv. 1787, février 11.

Schlégel (Jean Elie), poëte tragique allemand. xiv. 1765 (addition), janvier 17.

Schmid (F.-Samuel), antiquaire, membre de l'Académie des Inscriptions et Belles-Lettres. ii. 1765, novembre 12.

Schwalow (comte de), littérateur. ii. 1765, octobre 28. — vii. 1774, mars 23, avril 6. — xiv. 1779, août 5.

Séchelles. Voir *Hérault de Séchelles*.

Sédaine, auteur dramatique. i. 1762, novembre 18. — ii. 1764, mars 10. — xvi (addition), août 21. — ii. 1765, octobre 22. 1766, janvier 29, février 15. — iii, avril

15 (xvi, addition, mai 9). — iii. 1767, mai 18. 1768, janvier 22, 31, février 19. — iv, mai 26 (xviii, addition, 29), juillet 10. — xix (addition), octobre 4. — iv. 1769, mars 4. — xix (addition), octobre 10, novembre 5. — vi. 1771, novembre 7. 1772, mars 16, 20. — xxiv. 1773 (addition), mars 5. — vii, décembre 23. — xxiv. 1775, mars 20, 24, 25. — viii, mai 16. — ix. 1776, avril 6. — x. 1777, juillet 28, octobre 11, novembre 22, 28, 30. — xv. 1779, juillet 8. — xv. 1780, janvier 4, 16, juillet 14. — xx. 1782, janvier 8, 10, juin 1. — xxi, août 8, 13, 14. — xxii. 1783, mai 2, 5, 13. — xxvi. 1784, octobre 22, novembre 1, 4, 9. — xxx. 1785, octobre 22, décembre 24, 30. — xxxi. 1786, mars 16, 25, avril 27. — xxxiii, novembre 18, 22, 23. — xxxiv. 1787, février 13, 15.

Séed, médecin, officier au service du grand Mogol. xvii. 1781, janvier 5.

Ségla, sculpteur, élève de Coustou. xxi. 1782, septembre 15.

Séguier, avocat général. i. 1762, novembre 4. — xvi. 1765 (addition), juillet 15. — xviii. 1768 (addition), janvier 6. — iii, mars 3. — iv, novembre 24, décembre 1. — xix. 1769 (addition), avril 13, juillet 11, décembre 30. — xix. 1770 (addition), mai 17. — v, août 20, 29, septembre 2 (xix, addition, 6), 7, 12, (15), 18, 20. — xix. 1771 (addition), janvier 20, avril 23. — vii. 1774, novembre 30. 1775, mars 22. — viii, juillet 5, août 24, septembre 8, 19, 24. — ix. 1776, février 7, 25, mars 22, avril 9, mai 7, septembre 2, 7, novembre 10, décembre 31. — x. 1777, janvier 23, 25, février 15, avril 19, juin 9, août 14, octobre 30. — xiv, 1779, août 13. — xv. 1780, juin 19, août 21, septembre 11. — xvi, décembre 12. — xvii. 1781, février 4. — xx. 1782, mai 16, juin 30. — xxii. 1783, mai 3. — xxiii, juillet 10, 31. — xxvi. 1784, juillet 28, août 6, 14. — xxviii. 1785, janvier 21, mars 10. — xxx, décembre 31. — xxxi. 1786, janvier 15. — xxxii, mai

18, 28, juin 1, août 7, 11, 12. — xxxiii, novembre 20, 26. — xxxiv. 1787, janvier 28, février 10, 12, 18. 27. — xxxv, mai 13, juin 15, 26, juillet 10, août 7.

Séguin, trésorier du duc d'Orléans. xxi. 1782, octobre 31.

Séguiran (de), évêque de Nevers. xxxiv. 1787, février 21 (N° 21), mars 24. — xxxvi, novembre 17.

Ségur (Ph.-Henri, marquis de), maréchal de France et ministre de la guerre. xvi. 1780, décembre 31. — xvii. 1781, mai 5. — xxii. 1783, janvier 5. — xxvii. 1784, décembre 14. — xxviii. 1785, janvier 28. — xxx, décembre 17. — xxxii. 1786, juin 25. — xxxv. 1787, avril 24, mai 11, septembre 9.

Ségur (F.-P.), fils du précédent, diplomate et littérateur, membre de l'Académie. xxv. 1784, mars 6. — xxxvi. 1787, septembre 16.

Ségur (de), capitaine de cavalerie. xxvii. 1774 (addition), mars 4, 9.

Ségur de la Roquette (comte de). vi. 1772, octobre 14.

Seignelay (marquis et marquise de). xxiii. 1783, novembre 21. — xxv. 1784, mars 11. — xxix. 1785, septembre 7.

Sélis (Nic.-Jos.), professeur d'éloquence. i. 1762, juillet 27. — xvi. 1763 (addition), août 21. — xviii. 1781, septembre 18.

Sellius (Godefroy), historien. ii. 1765, avril 8. — iii. 1767, juillet 4. — v. 1771, août 24.

Sémillard-des-Oliviers (l'abbé), curé du Tremblay. xxxi. 1786, janvier 28. — xxxiii. novembre 23.

Sempéravi (de), poëte. i. 1763, novembre 22. — ii. 1764, novembre 25. — iii. 1766, avril 18.

Senac, fermier général. xvii. 1781, mai 30. — xxiii. 1783, juin 28.

Sénac (Jean), médecin du roi. v. 1769, décembre 8. 1770, décembre 23.

Senac (Mme de), maîtresse du comte de la Marche. xix. 1770 (addition), août 2.

Sénac de Meilhan, intendant de la Rochelle. viii. 1775,

décembre 25.—XVIII. 1781, décembre 21. — XXV. 1784, avril 10.

Sénaux (président de). XXXIV. 1787, février 21.

Séné, peintre. X. 1777, juillet 31.

Séné (Charles et Antoine), prix de bienfaisance. XXXIII. 1786, novembre 9.

Sénéchal, procureur. XX. 1782, juin 10.

Senecterre (de), colonel. XXIII. 1783, septembre 12. — XXVIII. 1785, mars 18.

Séneff (comte de). XXXIV. 1787, mars 5, 14, 22.

Sennecterre (marquise de). XXV. 1784, mars 18.

Senneville (marquise de). VI. 1772, août 25. — X. 1777, février 10.

Sens (abbé), physicien. XIX. 1770 (addition), novembre 18, 27.

Sépher (l'abbé Pierre-Jacques), bibliophile. XXXI. 1786, février 6.

Sérent (comte de), gouverneur de la presqu'île de Ruis. XXVI. 1784, juin 20.

Sergell (J.-Tobie), sculpteur. XIII. 1779, septembre 22 (Lettre III).

Séri, secrétaire du duc de Valentinois. XXV. 1784, mars 25.

Seroux d'Agincourt (J.-B.), antiquaire. XXIII. 1783, octobre 23.

Serpand, financier. XXI. 1782, août 10, 12.

Serpaud, avocat. XII. 1778, août 15.

Serrault, commissaire. VIII. 1775, juillet 4.

Serre (Pierre), négociant. XXI. 1782, novembre 18.

Serres de la Tour, littérateur. XXII. 1783, mars 6. — XXV. 1784, février 27.

Servan (J.-M.-Ant.), magistrat. XVII. 1781, juillet 22. — XXVII. 1784, décembre 18. — XXX. 1785, octobre 17.— XXXI. 1786, février 11. — XXXII, juillet 24.

Servandoni (J.-N.), architecte. II. 1766, janvier 23.

Servat, banquier. XXXIV. 1787, mars 22.

Sevri (Mlle), actrice de l'Opéra. IX. 1776, novembre 21.

Serval (de), fils du duc de Coigny. IX. 1776, mars 8.

Shéridan (Rich. Brinsley), auteur dramatique, homme d'Etat. XXIII. 1783, octobre 8.

Sherlok, médecin. X. 1777, octobre 26.

Sicard (abbé), instituteur des sourds-muets. XXVIII. 1785, janvier 23. — XXXIII. 1786, octobre 27.

Siddon (Mme), actrice anglaise. XXIX. 1785, juillet 23.

Sigault, médecin. XXIV. 1772 (addition), novembre 29. — X. 1777, octobre 7, novembre 3, décembre 10. — XI. 1778, janvier 1, février 6. — XIV. 1779, août 15.

Sigrais (de), membre de l'Académie des Inscriptions. V. 1770, novembre 13. 1771, avril 9.

Silhouëtte (de), contrôleur général des finances. I. 1763, août 16. — III. 1766, janvier 24. — VI. 1772, décembre 17.

Sillery (S.-F. Ducrest, marquise de). Voyez *Genlis*.

Silvie, chirurgien. VI. 1771, octobre 11.

Silvy, architecte. XVI. 1765 (addition), septembre 11, 16.

Simiane (comte et comtesse de). VIII. 1773, août 6. — XVII. 1781, mai 28. — XXV. 1784, janvier 14. — XXXIV. 1787, mars 14.

Simon, maître de clavecin de la famille royale. XXXV. 1787, avril 25.

Simon, escroc. XXXIII. 1786, décembre 18. — XXXIV. 1787, janvier 20.

Simon de Doncourt (abbé). X. 1777, avril 22.

Simonet (Mlle), aéronaute. XXIX. 1785, mai 21.

Sireman (Mme), musicienne vénétienne. XIX. 1768 (addition), août 15.

Sirven (les). III. 1767, mars 8, 29, mai 3. — V. 1769, décembre 13.

Siviniant, greffier de la prévôté de la Marine. XXV. 1784, janvier 24.

Slodtz, sculpteur. II. 1764, octobre 28.

Smidt, littérateur. I. 1762, novembre 12.

Smith, colonel anglais. X. 1777, décembre 7, 14.

Smith, médecin anglais. XXXIII. 1786, décembre 5, 12, 26. — XXXIV. 1787, janvier 7.

Smolet, docteur. III 1766, septembre 17.
Solar (comte de), sourd-muet. X. 1777, octobre 16. — XIII. 1779, mars 23.—XIV. avril 11, 12, 23.—XV. 1780, mars 7, 9, mai 8. — XVII. 1781, juillet 2.
Solier, médecin. IV. 1768, mai 7.
Solms (comte de). III. 1768, janvier 5.
Sommer (Simon), charpentier. VI. 1771, octobre 20. — XXI, (addition), 20.
Sône (Mme de la). V. 1769, décembre 6.
Sophie de France (Mme). XX. 1782, mars 4.
Sorel, avocat au parlement. XXII. 1783, janvier 15.
Sorhouët (de), conseiller au parlement. V. 1771, juillet 9, septembre 14. 1772, février 19, mars 23. — VII. 1775, février 18.
Sornay, chevalier de Saint-Louis. XX. 1782, mai 27. — XXI. août 2. — XXVI. 1784, mai 20.
Soubise (comte de Rohan, prince de), maréchal de France. I. 1762, janvier 5, mars 15. — II. 1764, janvier 17, février 12. — XVI (addition), avril 23. — III. 1766, juillet 1. 1768, janvier 24, février 6. — IV, décembre 12 — IV. 1769, juillet 9,—XIX, 1770 (addition), décembre 31. — VI. 1772, août 11, décembre 5. — VII. 1773, juin 11, 20, août 11. 1775, février 9. — VIII, juin 7, décembre 15.— X. 1777, mars 6.— XVII. 1781, juin 23, 25.— XX. 1782, février 22. — XXI. octobre 11, 16, 30, décembre 1, 16. — XXV. 1784, janvier 7, 10, 24. — XXVIII. 1785, mars 25, 31. — XXX, décembre 26. — XXXII. 1786, juillet 6.—XXXIII, octobre 22.—XXXV. 1787, juillet 1, 7, septembre 8.
Souchet, avocat. IV. 1769, octobre 28.
Souck (Mlle), courtisane. IX. 1776, mars 22. — X. 1777, nov. 9. — XII. 1778, juillet 15. — XIV. 1779, octobre 16, décembre 31.
Soufflot (Germain), architecte. I. 1763, octobre 3. — II. 1764, janvier 24, février 7, septembre 1, 6. — XIX. 1770 (addition), mai 6. 1771 (addition), janvier 25. — VI. 1772, octobre 4 (XXIV, addition, 4) novem-

bre 11 (xxiv, addition, 11). — xv. 1780, septembre 1, 2, 18.

Soullier de Choisy, médecin. iv. 1772, juillet 26.

Soulavie (abbé Giraud de), historien. xx. 1782, mars 20. — xxvii. 1784, décembre 20, 30 — xxviii. 1785, février 26, avril 12, 16, 22. — xxix. mai 3, juin 24, juillet 1, septembre 9. — xxxii. 1786, mai 17.

Soumille (abbé). v. 1770, janvier 13.

Soupire (chevalier de). iii. 1766, avril 29.

Souvré (de). i. 1763, janvier 3.

Souyn (de), maire de Reims. xxxiv. 1787, février 21 (N° 130), mars 10.

Soyéconrt (marquis de). vii. 1774, février 2.

Spielman (Jacq-Reinold), médecin et chimiste. xxvii. 1784, novembre 22.

Spon (baron de), premier président du conseil souverain de Colmar. xxxiv. 1787, février 21 (N° 100). — xxxv, avril 26, mai 29.

Squire (Thomas), commerçant anglais. xxx. 1784, mai 5. — xxix. 1785, juillet 29. — xxxiv. 1787, février 14, 16, 18.

Stableton (de), officier. xxv. 1784, avril 12.

Stael-Holstein (Anne-Louise-Germ. Necker, baronne de). xxx. 1785, octobre 13. — xxxi. février 7, 21. — xxxii. 1786, août 30. — xxxvi. 1787, décembre 9.

Stainville (comte et comtesse). iii. 1767, janvier 27. — xviii (addition), septembre 18.

Stainville (maréchal de). xxiv. 1783, décembre 21. — xxxiv. 1787, janvier 5, février 21 (N° 41).

Stanislas, roi de Pologne. i. 1763, octobre 11, 20. — ii. 1765, avril 4. — iii. 1766, mars 4, juin 12.

Stekler (Mlle), musicienne xiv 1779. décembre 14.

Storck (abbé de), élève de l'abbé de l'Epée. xxxii. 1786, juillet 27.

Stormont (de), ambassadeur d'Angleterre. xi. 1778, février 1. — xiv. 1779, décembre 15.

Stouff, sculpteur. xxx. 1785, septembre 28 (Lettre iii). — xxxvi. 1787, août 25 (Lettre iii).

Strange (R.) graveur. XIII. 1767, septembre 20 (Lettre III). — XIX. 1781, octobre 3 (Lettre III). — XXXIV. 1783, septembre 29 (Lettre III).

Strogonoff (comte de), seigneur russe, président de la société des Beaux-Arts de Saint-Pétersbourg. XII. 1778, juillet 18, novembre 26.

Suard (J.-B.-Ant,), littérateur. I. 1763, juin 18.—XIX. 1768 (addition), juillet 31. — XXI. 1771 (addition), septembre 2, 16. — VI. 1772, mai 8, 13. — VII. 1774, mai 30. août 8, 13 (XXVII, addition, 15. — IX. 1776, juin 25, août 15. — X. 1777, juin 3, 24 octobre 31. — XIII 1779, mars 16. — XIV, octobre 15. — XVI. 1780, décembre 21. — XVIII. 1781, décembre 7. — XX. 1782, janvier 9. — XXI, août 18, 29, octobre 7. — XXII. 1783, janvier 9. — XXIV, décembre 4.— XXV. 1784, janvier 28, février 11.—XXV, juin 15. —XXIX. 1785, juin 27, septembre 14. — XXXV, juillet 18, 21, août 6, septembre 5. — XXXVI, octobre 26.

Suard (Mme), née Panckoucke, épouse du précédent. XXVII. 1774 (addition), août 15. — IX. 1776, novembre 1.

Suard (le père), oratorien prédicateur. X. 1777, octobre 23. — XXVII. 1785, mars 12.

Sue (J.-Jo.), professeur d'anatomie. XXII. 1783, janvier 24.

Suffren-Saint-Tropez (le Bailli P. And. de), mari. célèbre. XXIII, 1783, septembre 21.—XXIV. décembre 20.—XXV. 1784, avril 13, 20, 26, 27, mai 2. — XXVI, juillet 7, août 13, octobre 5, 21. —XXXV. 1787, août 23.

Suffren (marquise de). XXXIII. 1786, décembre 24.

Suin (Mme), actrice. XIV. 1779 septembre 30, novembre 1.

Sully (duc de). II. 1764, mai 30, juin 13. 1765, mars 29. — XXVII. 1774 (addition), janvier 30, février 16. — VIII. 1775, octobre 22.

Saltzman, libraire allemand. XXXII. 1786, août 3.

Surlaville (de). I. 1763, décembre 31.

Sutton frères, médecins anglais. VII. 1774, mai 10. — XXVII (addition), 27.

Suvée (Jo.-Ben.), peintre. XIX. 1781, août 25 (Lettre I).

23.

— xxiv. 1785, août 25 (Lettre ii).— xxx. 1785, août 25 (Lettre i).— xxxvi. 1787, août 25 (Lettre i).

Suzannet (de), officier de marine. xxv. 1784, mars 7. — xxviii. 1785, avril 30.

Suze (Mme de la). xxv. 1784, janvier 14.

Swedenbourg (Emmanuel). iv. 1768, juin 15.

Swift (docteur Jonathan). ii. 1765, août 27.

Sylvain Maréchal. Voir *Maréchal*.

Sylvestre de Sacy. Voir *Sacy*.

T

Taboureau, contrôleur général. ix. 1776, novembre 19. — x. 1777, juin 13. — xxxvi. 1787, novembre 7, décembre 28.

Taconet (Touss-Gasp.), auteur dramatique. iii. 1767, août 1, novembre 5. — iv. 1768, mai 15, juillet 8. 1769, février 9. — vi. 1775, janvier 21.

Taillard, musicien. xx. 1782, mars 16.

Taillasson (J.-J.), peintre. xxiv. 1783, septembre 22 (Lettre iii). — xxix. 1785, septembre 10. — xxx. (Lettre 1re). — xxxvi. 1787, août 25 (Lettre ii).

Talleyrand (baronne de). xxv. 1784, janvier 14.

Talleyrand-Archambaud (de). xxxi. 1786, février 8, 10.

Talleyrand-Périgord, évêque de Reims. xxxiv. 1787, février 21 (No 9).

Talma (F.-Jo.), célèbre tragédien xxxvi. 1787, décembre 2.

Talmont (prince de). xxxiv. 1787, février 7.

Talmont (princesse de). xviii. 1767 (addition), décembre 31. — xxvii. 1773 (addition), décembre 22, 26. 1774 (addition), janvier 3.

Tancarville (de). xxxiv. 1787, mars 10.

Tandeau (abbé), conseiller au parlement. xxii. 1783, avril 17. — xxxi. 1786, janvier 30. — xxxiii, septembre 11.

Tanley (de), premier président de la cour des monnaies. xx. 1782, avril 26. — xxxv. 1787, mai 15.

Tanucci (Bern.), homme d'Etat. xvii. 1781, avril 18.

Taraval, peintre du roi. xiii. 1769, septembre 20 (Lettre ii). 1773, septembre 7 (Lettre i). 1775, septembre 23 (Lettre ii). — xxv. 1783, septembre 13 (Lettre ii), — xxx. 1785, octobre 20 (Lettre i).

Target, avocat. iv. 1769, février 27, 28. — v. 1770, mars 19. — vii. 1774, novembre 30. — xxix (addition), décembre 8. — xxx. 1775 (addition), avril 22. —viii, mai 30. — ix 1776, juillet 23, septembre 7, décembre 31. — xi. 1778, mars 24, avril 5, 14, 20. — xv. 1780, septembre 5. — xvii, 1781, juin 21, juillet 8. — xx. 1782, mars 13. —xxii. 1783, janvier 14. — xxvii. 1784, décembre 8.—xxviii. 1785, janvier 11, 16, mars 10, 20. — xxix, juillet 25, septembre 16. — xxxi. 1786, janvier 11, 29, février 1, mars 28, avril 19. — xxxii, mai 21, 23, 27, 28, juin 1, 9, août 25. — xxxiii, octobre 2.—xxxv. 1787, août 30, mai 7, juillet 18, 21.

Tassard, sculpteur. iv. 1768, octobre 4. — xiii. 1773, septembre 21 (Lettre iii). — xxxii. 1786, mai 30.

Tastet (Firmin de), négociant. xxix. 1785, juillet 29. — xxxiv 1787, février 14, 16, 18.

Tavannes (comte de). xxv. 1784, janvier 14.

Teissier, contrôleur des écuries du roi. vi. 1772, janvier 16.

Tellès d'Acosta, grand-maître des domaines et bois de Champagne. xx. 1782, mars 22.—xxv. 1784 mai 18.— xxxi. 1786, mars 15.

Télusson (Mme), veuve d'un banquier. xvii. 1781, avril 30, juin 14.

Télusson, ami de Champcenetz. xxiii. 1783, août 9.

Tencin (Mme de). ii. 1764, novembre 20. — ix. 1776, mai 31.

Tenon (J.-R.), chirurgien, membre de l'Institut. ii 1764, mai 2. — iii. 1767, novembre 14.— v. 1770, avril 25. — xxv. 1784, avril 21.

Tercier, 1er commis des affaires étrangères. III. 1766, janvier 25. 1767, février 7. — IX. 1776, janvier 20.

Ternay (chev. de). X. 1777, mai 18.

Terrail (marquis du). II. 1765, août 9, octobre 29. — V 1770, juin 16.

Terrasse de Mareilles, poëte. XXXV. 1787, août 25.

Terrasson, armateur, XVIII. 1781, octobre 11.

Terray (abbé Jo.-Ma.), contrôleur général. XIX. 1769 (addition), janvier 14. — V. 1770, janvier 6, février 4 (XIX, addition, 5, 11), 23, mars 8, 10, 26, mai 24, (XIX, addition, 28). — V. 1771, février 23, juillet 3, août 15, septembre 4. — VI, octobre 10. — XXIV. 1772 (addition), avril 26, mai ,VI 28) 30, juin 17, 28, juillet 3, octobre 25 — XXIV. 1773 (addition), janvier 19, 26, mars 9. —VII. juin 22, octobre 10, 28, novembre 14. 1774, janvier 20 (XXXII, addition, mars 31, mai 2), mai 12, juillet 16, septembre (XXVII, 22,) 26, décembre 18. 1775, janvier 18, février 22. — VIII, mai 23, 30, juin 20, août 7, 12, septembre 11, 16, décembre 19.—IX. 1776, janvier 8, 9, 20, juin 10, novembre 5.—X. 1777, avril 27, juin 18, septembre 27.— XI. 1778, janvier 31, février 18, 19, 26, 27, mars 8.—XV. 1780 avril 27.—XXXVI. 1787, septembre 26.

Tersac (de), curé de Saint-Sulpice. XI. 1778, avril 20.

Tessé (comtesse de). XVII. 1781, mai 28. — XXII. 1783, mai 11. — XXIII, septembre 22, 26.

Tessier (abbé Henri-Alex.), agronome. XI. 1778, février 1. — XII. octobre 26, décembre 20. — XIV. 1779, novembre 8.—XVIII. 1781, décembre 7. — XXXIV. 1787, avril 18.

Tessier, négociant. XXI. 1782, novembre 18.

Tétia (Tom), sourd-muet. XXIX. 1785, juillet 13.

Tetu, physicien, aéronaute. XXXII. 1786, juin 15, 19, 24.

Texier, déclamateur. VI. 1771, décembre 29. 1772, septembre 15. — VII. 1774, avril 22.

Thabouët (abbé), correspondant de Linguet. XXXI. 1786, avril 18

Thé (Mlle du). Voir *Duthé.*
Théaulon (Et.), peintre. xiii. 1775, septembre 23 (Lettre ii). — xi. 1777, septembre 15 (Lettre ii).
Thélis (comte de), officier, philanthrope. xiv. 1779, mai 20, 24, novembre 2. — xv. 1780, septembre 29. — xvii. 1781, janvier 16, juin 19, août 7. — xviii, septembre 18. — xx. 1782, février 22. — xxxxiv. 1787, janvier 26.
Thémines (Lauzières de), évêque de Blois. xvii. 1781, mai 31. — xxxiv. 1787, février 21 (N° 18).
Thénard (Mlle), actrice. x. 1777, octobre 2. — xvii. 1781, juin 5. — xxi. 1782, juillet 25. — xxxii. 1786, juin 6.
Théodore (Mlle), danseuse, depuis Madame d'Auberval. xiv. 1779, septembre 21. — xv. 1780, mars 24, juin 2. — xx. 1782, mars 13. — xxi, juillet 31, août 18. — xxiii. 1783, septembre 17. — xxix. 1785, août 29, septembre 21. — xxx. décembre 3.
Théveneau, poëte. xxviii. 1785, mars 1.
Théveneau de Morande (Ch.), pamphlétaire. v. 1771, août 10, 15. — xxi (addition), septembre 1. — vii. 1774, février 19, avril 30. — viii. 1775, août 24. — ix. 1776, septembre 24. — xxvi. 1784, octobre 11, 17. — xxviii. 1785, avril 3, 23. — xxix. mai 30. — xxxiii. 1786, octobre 7, 8, 9, décembre 28. — xxxv. 1787, juillet 30.
Thévenet (Antoine), fameux voleur. xxxi. 1786, avril 10.
Thiac, architecte. xxvii. 1784, décembre 26.
Thiard (comte de). xxxiv. 1787, février 21 (N° 51).
Thibouville (marquis de). xi. 1778, janvier 16.
Thierrot, littérateur, correspondant littéraire du roi de Prusse. vi. 1772, novembre 28.
Thierry (abbé), chancelier de l'Université. v. 1770, février 21. — viii. 1775, novembre 21 — xxiii. 1783, novembre 9.
Thierry, premier valet de chambre de Louis XVI. x. 1777, mars 23. — xx. 1782, mars 7. — xxix. 1785, mai 26, 28.

Thiers (baron de), littérateur. II. 1764, septembre 14. — VII. 1774, juin 6.

Thieullier, médecin. IV. 1768, novembre 5. — XXIV. 1772 (addition), novembre 29. — IX. 1776, juillet 18.

Thilorier, avocat. XXXI. 1786, février 20, mars 1, 7, avril 8. — XXXII, mai 31. — XXXIII, octobre 9. — XXXV. 1787, mai 20, août 23.

Thion, soldat. XXV. 1784, mars 25.

Thiroux de Crosne, lieutenant-général de police. XXIV. 1772 (addition), mars 31. — IX. 1776, janvier 10, 13. — X. 1777, décembre 31. — XXIX. 1785, juillet 7, 14, 17, 23. — XXX, novembre 17. — XXXI. 1786, mars 18.

Thomas (Ant.-Léop.), littérateur, membre de l'Académie. I. 1762, août 25, novembre 7. 1763, février 1, août 25, 30, septembre 2, octobre 10, 19, 23, novembre 6, décembre 10. — II. 1764, février 4, mai 6. 1765, août 3, 7, 21, 29, octobre 17. — III. 1766, mars 27, novembre 1, 4. 1767, janvier 22, avril 20, 22, août 25, septembre 30, octobre 13. — V. 1770, août 26, septembre 1, 7, 12 (XXI, addition, 15), 18, 20. 1771, mars 21, mai 14. — XXIV. 1772 (addition), avril 12, 14. — VII. 1775, mars 22. — X. 1777, novembre 28, décembre 26, 29. — XIII. 1779, mars 16. — XV. 1780, août 28. — XVIII. 1781, novembre 23. — XXIX. 1785, septembre 25, octobre 2. — XXXI. 1786, février 13, 28, avril 26.

Thomassin, acteur. XXXIV. 1787, juillet 17. — XXXVI. décembre 27.

Thomassin (Mme), épouse du précédent. IX. 1776, janvier 17.

Thomassin, négociant. XXII. 1783, mai 8.

Thouin (And.), botaniste. XVIII. 1781, décembre 7. — XXXI. 1786, mars 25, avril 5.

Thoumin, éditeur. XXII. 1783, février 14.

Thouret, médecin. XII. 1778, décembre 19.

Thouvenel (P.), médecin. xx. 1782, mai 14. — xxi, novembre 13.

Thury (de), astronome. iii. 1766, avril 9.

Tible (Mme), Lyonnaise, aéronaute. xxvi. 1784, juin 18.

Tiercelin (Mlle), courtisane xiv. 1779, juillet 5.

Tillet, membre de l'Académie des Sciences. ii. 1764, mai 2. — iii. 1766, avril 9. — vi. 1771, novembre 13. — xv. 1780, juin 1..

Tillard, graveur. xxii. 1783, avril 14.

Tingri (prince de), capitaine des gardes ii. 1764, janvier 23. — vii. 1775, janvier 17.

Tirot, acteur de l'Opéra. xxiv. 1772 (addition), août 26. 1773 (addition), juillet 17, septembre 11.

Tissard, officier aux gardes, magnétiseur. xxvi. 1784, septembre 1.

Titon du Tillet, conseiller au parlement. i. 1762, décembre 27. 1763, janvier 5.

Titon de Villotran, conseiller au parlement. xi. 1778, janvier 5, février 7. — xxii. 1783, avril 17.

Tivot, chanteur à l'Opéra. iii. 1766, juin 10.

Todi (Mme), cantatrice. xii. 1778, décembre 11. — xiv. 1779, décembre 14. — xxii. 1783, avril 29. — xxiii, juin 16.

Toland (J.), écrivain irreligieux. vi. 1758, septembre 1. — x. 1777, septembre 5.

Tollendal (Lally). Voir *Lally*.

Tolozan (de), maître des requêtes. ix. 1776, février 3. — xvi. 1780, décembre 21. — xxii. 1783, mai 22. — xxiii, août 8. — xxxii. 1786, juillet 23.

Tolozan de Monfort, frère du précédent, prévôt des marchands de Lyon. xxxiv. 1787, février 21 (N° 118).

Toméoni (Mlle), cantatrice. xxxi. 1786, avril 11, 17.

Torlé (Mlle), danseuse à l'Opéra. xv. 1780, juin 27. — xx. 1782, février 11.

Torné (abbé), ii. 1764, avril 21. 1765, août 26.

Torré, artificier, directeur du Wauxhall. ii. 1764, août 30. 1765, septembre 17. — iii. 1766, juillet 20, octo-

bre 26. — IV. 1768, avril 14, août 5, 28, septembre 9.
— IV. 1768, avril 14, août 5, 28, septembre 9 (XIX,
addition, 26). — XIX. 1769 (addition), janvier 20. —
IV, février 18, mars 30 (XIX, addition, mai 14, 25),
juin 3, 8, 10, août 23. — V. 1770, mai 23, 31. — XIX
(addition), juin 17. — VI. 1773, mai 31. — XXIV.
juillet 6. — VII, octobre 31, novembre 21, 25. —
VII. 1774, juin 29, août 23. — VIII. 1775, juin 16, août
17. — IX. 1776, mai 1, juin 30, juillet 14. — X. 1777,
mars 24, avril 1, mai 11, juillet 14. — XV. 1780, mai 7.

Tort, secrétaire du comte de Guines. VII. 1775, avril
(XXX, addition, 8), 29, mai 12, 20, juin 2, 6, août 12.

Tott (baron de). XVIII. 1781, novembre 29.

Toubeuf (marquis de). VI. 1772, août 25.

Touloubre-Lévêque (de la), ex-jésuite. VIII. 1775, octobre 24.

Tour (de la). Voir *Delatour* et *La Tour*.

Tournon, grammairien. XXXVI. 1787, octobre 14.

Tournu, doreur. XXIII. 1783, novembre 7.

Tourton, banquier. XXXIII. 1786, décembre 13, 18. —
XXXIV. 1787, janvier 4, 20, février 12. — XXXV, juin 29.

Tourzel (marquis de). XXXIII. 1786, novembre 4, 9, 20.

Tourvoi (Mme de), maîtresse du comte de Clermont.
V. 1771, juin 21.

Toustain de Richebourg (vicomte Ch.-Gasp. de), homme
de lettres. XXIX. 1785, août 11. — XXXII. 1786,
juillet 10.

Trajetta (Th.), compositeur. XIV. 1779, août 2.

Tranel. VII 1773, juillet 29.

Trassart (abbé), littérateur. XV. 1780, mai 29.

Travanec (comte de). XXXIV. 1787, janvier 24, février 7,

Travenol, pensionnaire de l'Académie de musique.
III. 1766, juin 14.

Trécourt (Mlle), courtisane. XIV. 1779, décembre 31.

Trédan (Dominique), sauveteur. XXXIII. 1786.

Treilhard, avocat. XV. 1780, août 21. — XVII. 1781, février 4, juillet 8. — XXII. 1783, mars 13.

Trémerga (de), gentilhomme breton. xii. 1778, novembre 14. — xxvii. 1784, novembre 18.
Trémignon (de), lieutenant des vaisseaux du roi. xiv. 1779, octobre 22.
Tremouille (duc de la). xxiii. 1783, juin 25.
Tressan (L.-Elisab. de la Vergne, comte de), littérateur, membre de l'Académie. ii. 1764, novembre 14. — viii. 1775, avril 10. — xv. 1780, août 11, 17. — xvi. 1781, janvier 21, 22, 28. — xx. 1782, février 24. — xxi, octobre 23. — xxiii. 1783, août 25, novembre 3. — xxv. 1784, février 26. — xxvii, novembre 13.
Tressan de Montbazin (chevalier de). xxv. 1784, mars 12.
Trial (Mme), actrice. xxviii. 1774 (addition), août 20. — ix. 1776, janvier 12, juin 13, août 26. — xi. 1778, mai 11. — xiv. 1779, décembre 31. — xv. 1780, février 28. — xxxi. 1786, avril 26.
Trial, directeur de l'Opéra. ii. 1765, août 6. — iii. 1766, décembre 15, 31. 1767, janvier 3. 1768, février 15. — iv. 1769, octobre 13, 18. — v. 1771, juin 23, août 4. — x. 1777, mars 17.
Trial, acteur. ix. 1776, août 26. — xxv. 1784, février 28.
Tricot (abbé). v. 1771, juillet 27.
Tricot, recruteur. xxvi. 1784, juin 10, 13.
Trigaut de Beaumont, lieutenant de frégate. xxv. 1784, février 25.
Trinquet, peintre. xxiv. 1773 (addition), octobre 9.
Trochereau de la Berlière (J. Arn.), commissaire de la marine, membre des Académies de Rouen et d'Orléans. xiv. 1779, août 17. — xxvi. 1784, octobre 26, 28.
Tronchin, procureur général. i. 1765, janvier 1.
Tronchin (Théod.), médecin. ii. 1764, novembre 10. 1765, septembre 3. — iii. 1766, août 27. 1767, mars 4, 15, 19. — xviii (addition), juin 12, août 1. — xix. 1768 (addition), octobre 9. — viii. 1775, décembre 22. — x. 1777, octobre 13. — xi. 1778, mars 7, 8. — xviii. 1779, novembre 30, décembre 24. — xxi. 1782, novembre 13.

Tronçon du Coudray, avocat. XIII. 1779, mars 12. — XIV, avril 30, juillet 26, août 6, 8. — XV. 1780, juillet 5. — XXIII. 1783, juillet 20. — XXXI. 1786, janvier 18. — XXXIII, septembre 24. — XXXIV. 1787, janvier 19, 24, février 6, mars 12. — XXXV, avril 30.

Tronjoli, capitaine de vaisseau. IV. 1768, janvier 8.

Trublet (abbé), archidiacre de Saint-Malo, membre de l'Académie. V. 1770, mars 25.

Truchon (Louis). XXXIII. 1786, décembre 21.

Trumeau, brodeur. V. 1770, janvier 30.

Trumeau de Boissy, avocat. XXXIII. 1786, novembre 8.

Tschudi (baron de), ministre du prince de Ligne, auteur dramatique. XIV. 1779, septembre 31. — XV. 1780, août 9. — XXI. 1782, septembre 11. — XXV. 1784, mars 10, 25, avril 28.

Turgot (Anne-R.-Ja.), baron de l'Aulne, économiste. III. 1767, décembre 20. — VII. 1774, septembre 6, 18, octobre 8, 12, 13, décembre 18, 23, 28, 31. 1775, janvier 13, 17, 18, 30. — VIII, mai 9, 14, 18, 19, 22, 23, 26, 27, 30, juin 16, 28, juillet 6, 11, 30, août 22, septembre 2, 11, 18, 22, octobre 18, 20, 21, 22, novembre 10, 11, 13, 22, 23, 26, 27, 30, décembre 4, 10, 26, 28, 31. (XXIX. 1775, additions, janvier 5, 6, février 14. — XXX, mai 1, 3, 5, 9, 10, 17, juillet 23, août 5. — XXXI, août 23, 26, 29, septembre 1, 3, 4, 26. — XXXII, octobre 5, 8, 9, 15, 22. — XXXIII, novembre 13, 21, décembre 8. — IX. 1776, janvier 30, 31, février 4, 5, 24, 26, avril 10, 15, 16, 17, 19, 28, 30, mai 5, 12, 15, 16, 20, 22, 24, 25, 26, juin 4, 6, 7, 10, 14, 18, 25, juillet 11, 12, 15, 19, 23, 31, août 1, septembre 8, octobre 28, novembre 13. — X. 1777, mars 11, avril 30. — XIV. 1779, mai 31. — XVII. 1781, juin 4. — XX. 1782, avril 9. — XXII. 1783, avril 5, mai 14, 16. — XXVI. 1784, juillet 20. — XXXIII. 1786, septembre 11, décembre 7, 16. — XXXIV. 1787, mars 1. — XXXV, mai 5, juin 20. — XXXVI, octobre 20.

Targot (François, dit le chevalier, frère du précédent. II. 1765, juin 12.
Turpin, avocat aux conseils. XXXII. 1786, juin 27. — XXXV. 1787, mai 23.
Turpin (comtesse de. VI. 1772, août 25. — IX. 1776, août 21.
Turpin (F.-H.), historien. III. 1767, avril 9, juin 2 — V. 1771, janvier 5. — VI. 1772, février 15.
Turquin, fondateur d'une école de natation. XXIX. 1785, juin 18, juillet 16. — XXXIII. 1786, septembre 10.

U

Uncy (Mlle de). I. 1763, février 8.
Urbain (Mlle), courtisane. IX. 1776, novembre 12. — XIV. 1779, décembre 31.
Uzès (duc d'). IX. 1776, novembre 17, 18.

V

Vachon, violon du roi. III. 1766, décembre 15. — XIX. 1769 (addition), août 20.
Vadé (Mlle), actrice. XII. 1778, novembre 20, 22.
Vaines (de), économiste. VIII. 1775, mai 19, août 27, septembre 22, octobre 18, 19, 20, novembre 27, 30. — IX. 1776, janvier 31, février 4, 5. — X. 1777, mars 26.
Vaivres (de), intendant de Saint-Domingue. XXVII. 1784, décembre 22.
Valade, libraire. IX. 1776, février 24, 25, mars 5.
Valade (J.), peintre. XIII. 1769, septembre 10 (Lettre I).
Valadier, auteur dramatique. XXIX. 1785, juillet 15.
Valagier (Mlle), peintre. Voir Mme *Coster*.
Valbelle (de), amant de Mlle Clairon. II. 1764, septembre 16. 1765, avril 22. — III 1766, mars 14. 1768, janvier 26.

Valdahon (de), mousquetaire. II. 1764, février 22. 1765, avril 4. — v. 1769, décembre 30. 1770, mai 2, décembre 19. 1771, mars 31.

Valdec de Lessart, maître des requêtes. XVII. 1781, avril 26, juin 16.

Valenciennes (P.-H), peintre de paysages. XXXVI. 1787, août 25 (Lettre II).

Valentinois (comtesse de). VI. 1771; novembre 26, décembre 7. — XXVII. 1774 (addition), juillet 10.

Valentinois (duchesse de). XV. 1780, mars 25.

Valeroy, acteur. XV. 1780, avril 5.

Valeyre, libraire. VIII. 1775, août 26.

Vali, botaniste. X. 1776, novembre 16.

Valier (président), auteur dramatique. XVI. 1765, septembre 26, octobre 29. — XI. 1778, janvier 11.

Vallet, directeur de la manufacture de gaz de Javel, aéronaute. XXVI. 1784, octobre 19. — XXIX. 1785, mai 29.

Vallière (duc de la). I. 1762, avril 17. — II. 1764, mars 1. — XVI. 1765 (addition), janvier 21. — II, novembre 5. — IV. 1769, août 18. — VII. 1773, septembre 26. 1774, septembre 27. — XVI. 1780, novembre 19. — XXV. 1784, février 3, 17, 21, mars 1, 4, 23, avril 7. — XXVI, août 8.

Vallière (duchesse de la). XXVI. 1784, juillet 9.

Vallière (de), officier général d'artillerie. XXVII. 1774 (addition), mars 13, 20, avril 1, 8, octobre 23. — IX. 1776, janvier 14.

Valmont de Bomare (J. Christ.), naturaliste. XXXIII. 1786, novembre 28.

Valois (duc de), fils du duc de Chartres. VII. 1773, novembre 4.

Valois (de). III. 1767, novembre 14.

Valory (marquise de). XXI. 1782, juillet 4, 6, 7. — XXII. 1783, mai 9. — XXIII, juillet 6, 16, août 8, 14. —. XXV. 1784, février 13, mars 10.

Vamballe, joueur, escroc. XXI. 1782, octobre 22.

Vandermonde, membre de l'Académie des Sciences. xx. 1782, avril 10.

Van-der-Yver, banquier. xxviii. 1785, janvier 23.

Vandière (marquis de). ii. 1764, février 20.

Vanhove, acteur. xiv. 1779, septembre 30.— xxxiii. 1786, septembre 12.

Vanhove (Mme), femme du précédent, actrice. xv. 1780, août 17. — xxx. 1785, novembre 4, 23, décembre 8.

Vanhove (Mlle), actrice. xxx. 1785, octobre 28, novembre 4, 6, 23, décembre 8. — xxxii. 1786, août 21.

Vanière, secrétaire de Voltaire. vii. 1774, décembre 23. — xii. 1778, juin 12.

Vanloo (C. Amédée), peintre du roi de Prusse. xiii. 1771, août 25 (Lettre i) 1773, août 25 (Lettre i). 1775, août 25 (Lettre i). 1779, août 25 (Lettre iii). — xix. 1781, août 25 (Lettre i). — xxiv. 1783, août 25 (Lettre ii). — xxx. 1785, août 25 (Lettre i). — xxxvi. 1787, août 25 (Lettre ii).

Vanloo (L. Michel), peintre du roi. i. 1762, juin 6. 1763, janvier 24, août 26, 27, octobre 14.—ii. 1764, mai 10. 1765, juillet 5, août 16, 27, novembre 11. — iii. 1767, août 21 (xiii septembre 13, Lettre ii), octobre 3. — iv. 1768, octobre 30, novembre 11. — xiii. 1769, septembre 10 (Lettre i). 1771, septembre 14 (Lettre iii).

Vannier, capitaine. xv 1780, mars 8.

Vanrobais (Mme de). Voyez mademoiselle *Camp*. xi. 1778, février 11.

Van-Spaendonck, peintre du roi. xiii. 1775, septembre 23 (Lettre ii). 1779, septembre 23 (Lettre iii).—xvii. 1781, août 20.— xxiii. 1783, septembre 23. – xxiv (Lettre 2). — xxxvi. 1787, août 25 (Lettre iii).

Van-Swielen (baron de), médecin. i. 1763, mai 6.

Vaquette d'Hermilly. Voyez *Hermilly*.

Varenne (de), receveur des finances de Montargis. xxv. 1784, mars 4.

Varennes de Béost (de). viii. 1775, juin 25. — xxx (addition), 27.

Varicourt (Mlle). Voir *Villette* (marquise de).

Varnier, médecin. xxix. 1785, mai 3, 8.—xxx, octobre 11.

Vasse (Cornélie Wouters, baronne de), femme auteur et traductrice. xxxi. 1786, février 6.

Vassé, sculpteur. v. 1771, juillet 27. — vi. 1772, décembre 5. — xiii. 1767, septembre 20 (Lettre iii). — xix. 1770 (addition), mars 2.

Vassélier, poëte. xi. 1778, janvier 16.

Vatry (abbé) v. 1769, décembre 21 1770, avril 24.

Vauban (maréchal de), xxiv. 1772 (addition), novembre 26. — xxxii. 1786, mai 21, 25, juin 3, août 19. — xxxiii novembre 10.

Vaucanson (Ja. de), célèbre mécanicien. i. 1763, avril 17. — iv. 1768, juillet 3. 1769, avril 5. — vii. 1775, février 2. — xxi. 1782, novembre 25. — xxii. 1783, janvier 30. — xxiii, novembre 12. xxxiv. 1787, février 23.

Vaucher, bijoutier. Voir *Bette d'Etienville*.

Vaucresson (de), avocat général. v. 1771, septembre 8 — — vi. 1772, août 7, septembre 13. — x. 1777, janvier 5.

Vaudemont (prince de). xxxii. 1786, août 6.

Vaudeuil (de), président de Languedoc. v. 1769, décembre 13.

Vaudeuil (de), maître des requêtes. ii. 1764, mai 30. — xxxiii. 1786, octobre 29.

Vaudoncourt (Mme de). v. 1771, juillet 21.

Vaudoyer, architecte. xxiii. 1783, août 27.

Vaudreuil (marquis de), lieutenant général de la marine. xvii. 1781, janvier 20. — xxv. 1784, janvier 15, 16, février 9, 19, 20, 23, 26, mars 7, 17, avril 16, mai 9. — xxvi, juin 15, 16, 18.

Vaudreuil (comte de), grand-fauconnier de France. xxv. 1784, janvier 15, 22. — xxvi, juillet 14, septembre 1. — xxvii, novembre 25, décembre 15. — xxviii. 1785, avril 13. — xxxii. 1786 juin 24. — xxxiv. 1787, février 7.

Vaudreuil (vicomte de). xviii. 1781, décembre 19, 23.

Vauguyon (duc de la). i. 1762, août 29. — ii. 1766, février 22.

Vaupalière (marquis de la). x. 1777, février 21. — xxv. 1784, janvier 15. — xxviii. 1785, mars 4.

Vauréal (chevalier de), bâtard du prince de Conti. xx. 1782, février 14.

Vauvilliers (J.-F. de), savant helléniste. xvi. 1780, novembre 17. — xx. 1782, avril 9. — xxi, novembre 12. — xxxiii. 1786, novembre 14, décembre 15, 16. — xxxvi. 1787, novembre 13.

Vaux (comte de), maréchal de France. xxx. 1775 (addition), mai 17. — xiv. 1779, juin 30. — xxi. 1782, septembre 16, 19, novembre 4, décembre 8, 10. — xxii. 1783, janvier 16, avril 30. — xxxiv. 1787, février 21.

Vauxcelles. Voyez *Bourlet de Vauxcelles* (abbé).

Vauzesme, médecin. xxi. 1782, août 8.

Veble (Dom), bénédictin. xxvi. 1784, juillet 22.

Védel de Montel, officier. viii. 1775, mai 16. — ix. 1776, février 10, mars 27, 28, 30, juin 25, novembre 26. — x. 1777, avril 15, 16, 18.

Vélaine, acteur. xviii. 1768 (addition). mars 13, 29. — xix. 1769 (addition), avril 21, 25, 28.

Vémal (abbé). vii. 1774, octobre 27.

Vémerange (de), intendant des postes aux chevaux, relais, etc. xxx. 1785, novembre 18. — xxxi 1786, avril 12. — xxxiv. 1787, mars 3, 5, 14, avril 4. — xxxv, août 16. — xxxvi, octobre 8.

Vendeuil, acteur. xviii. 1767, septembre 15.

Vendeuvre (comte de). xxxiv. 1787, février 21.

Venivault, peintre. xiii. 1767, août 25 (Lettre ii). 1771, août 25 (Lettre iii).

Véra, commis de la poste, mécanicien. xviii. 1781, décembre 25, 26. — xx. 1782, juin 27.

Verdier, maire de Bayonne. xxxiv. 1787, février 21 (N° 140).

Verdun (de), surintendant du comte d'Artois. XVII. 1781, août 13.

Vergennes (C. Gravier, comte de), ministre de la guerre. XXVII. 1774 (addition), juillet 19. — VII, septembre 2, 9. — VIII. 1775, mai 18, juin 21, août 23 (XXXI, addition, 25), octobre 12, 16. — IX. 1776, janvier 20, avril 19, septembre 17, 24. — X. 1777, janvier 20, mars 3, avril 14, mai 11, juillet 26. — XIV. 1779, juin 17, juillet 28. — XX. 1782, avril 26. — XXII. 1783, février 22, mars 23, avril 7, mai 15. — XXIII, octobre 4, novembre 1. — XXX. 1785, novembre 7, décembre 16.— XXXIII. 1786, septembre 27, octobre 21.— XXXIV. 1787, janvier 24, 26, février 15, 18, mars 3, 31. — XXXV, avril 19. — XXXVI, octobre 25.

Vergennes (comtesse de). XXVI. 1784, juillet 4.

Vergès (de), avocat général. V. 1771, septembre 8. — VI. 1772, février 28, mars 17, avril 3, 4, 11 (XXIV, addition, 14, mai 24), juin 23, juillet 4, septembre 13. — X. 1777, janvier 5.

Vergier, négociant. XXI. 1782. novembre 22.

Vergy (Treissan de), avocat. I. 1763, octobre 18. — II. 1764, novembre 26.

Vermeil, avocat. XVI. 1765 (addition), février 24. — III. 1767, décembre 27. — IV. 1769, janvier 6. — XIX (addition), décembre 19. — VI. 1772, avril 5 — VII. 1773, août 8 (XXIV, addition, 22, 28). — X. 1777, juillet 5. —XXVIII. 1785, février 8.

Vermont (de), accoucheur de la Reine. XII. 1778, décembre 18.— XXV. 1784, avril 23.

Vermont (abbé de), confesseur de la Reine. V. 1770, juin 26. — XVII. 1781, mai 28. — XVIII, décembre 26. — XXI. 1782, novembre 3. —XXVIII. 1785, février 14. — XXV. 1787, août 5.

Vernage, médecin. XVI. 1767 (addition), août 1.—V. 1769, décembre 8. — VI. 1773, avril 14.

Vernet (Cl.-Jo), peintre. I. 1763, août 26. — II. 1764, novembre 25. 1765, août 28. — XIII. 1767, septembre

13 (Lettre III). — XVIII (addition), octobre 25. 1769, septembre 10 (Lettre I). 1771, septembre 7 (Lettre I). 1773, septembre 14 (Lettre II). 1775, septembre 23 (Lettre II). — XI. 1777, septembre 15 (Lettre II). — XIII. 1779, janvier 16, mars 31, septembre 25 (Lettre III). — XIX. 1781, septembre 10 (Lettre II). — XXIV. 1783, septembre 13 (Lettre II). — XXX. 1785, septembre 22 (Lettre II). — XXXVI. 1787, août 25 (Lettre II).

Vernet (Carle), fils du précédent, peintre. XIV. 1779, septembre 2. — XXI. 1782, septembre 5.

Vernet, ministre protestant. II. 1765, janvier 16, juillet 2, décembre 20.

Vernier, conseiller au grand-conseil. XIII. 1779, septembre 22 (Lettre III).

Vernier (Mlle), danseuse à l'Opéra. XIV. 1779, septembre 27.

Véron (veuve). Voir *Morangiès*. VI. 1772, mars 28, 30, avril 5, 11. — VI. 1773, février 8. — XXIV, août 22, 26. — VII, septembre 4, décembre 31. — VII. 1774, février 22, mai 3.

Véronèse, danseur. VIII. 1775, juin 30.

Verrières (Mlles), courtisanes. I. 1763, avril 25, mai 6. — VI. 1772, octobre 8. — XXVII. 1774 (addition), août 31. — IX. 1776, avril 11.

Verteuil (de), maréchal de camp. XX. 1782, mars 27.

Verteuil (Mme), actrice. XIV. 1779, juillet 29. — XV. 1780, avril 5, 16. — XVII 1781, juillet 22, août 8. — XXII. 1783, janvier 31, mai 2. — XXVIII. 1785, février 9. 22.

Vertmuller, peintre. XXIV. 1783, septembre 22 (Lettre II). — XXX. 1785, septembre 22 (Lettre II).

Vertot (abbé de). III. 1766, mai 19, juin 11.

Vestier, peintre. XXX. 1785, septembre 22 (Lettre II)

Vestrallard, danseur, bâtard de Vestris. VI. 1772, septembre 17, 24, 28, octobre (XXIV, addition, 2, 6), 21. — VII. 1774, février 23. — XIV. 1779, novembre 22. — XVII. 1780, février 28, mars 9, 10. — XXII. 1783, mars 5. — XXVI. 1784, juillet 21, 26, août 17, 18, 21. — XXXII. 1786, juillet 27.

Vestris, danseur, surnommé le dieu de la danse. I. 1762, janvier 8, février 4. 1763, juin 23, 26.—III. 1767, octobre 26, décembre 14. 1768, février 4. — XIX (addition), décembre 13. — XIX. 1770 (addition), mars 29, décembre 12.—V. 1771, février 9, 10.—XXI (addition), décembre 13. — XXIV. 1772 (addition), juillet 12. — VI. septembre 17, 24, octobre (XXIV, addition, 6) 21, novembre 1. — XXIV. 1773 (addition), mars 16. — VII, septembre 23. — XXVII. 1774 (addition), août 6. — VII, décembre 4. — IX. 1776, mai 4, août 17, 21. — XIII. 1779, février 14. — XV. 1780, février 8, mars 6. — XVII. 1781, février 28, mars 10.—XX. 1782, juin 1.— XXII. 1783, mars 5. — XXIII, juillet 29, septembre 28. —XXVI. 1784, juillet 24.—XXX. 1785, décembre 30.— XXXI. 1786, janvier 5. — XXXVI. 1787, décembre 24.

Vestris (Mme), actrice du Théâtre Français.— IV. 1768, avril 28, décembre 21. 1769, janvier 1, février 15, 17, mars 3. — XIX. 1771 (addition), juin 13.—X. 1777, juillet 24. — XIV. 1779, juin 14, juillet 21, 23, 31, août 1, 4, 11, septembre 6, 22, 30, octobre 18, novembre 1. — XX 1782, juin 9. — XXII, décembre 4. — XXV. 1784, janvier 27, 30, février 4, 11, 12, 16, 17, 23, 26, mars 3, 5, 7, 8, 18. — XXXVI. 1787, décembre 2.

Vestris (Mlle), danseuse. I. 1762. mai 23. 1763, juin 2. — XVI. 1765 (addition), juin 18. — VI. 1772, juin 11. — VII. 1773, janvier 4, juin 23. — IX. 1776, février 12.

Veulersse, mécanicien XXIX. 1785, août 30.

Vial de Chirbois, ingénieur. XVIII. 1781, décembre 7.

Viallou, génovéfain, bibliothécaire de Sainte-Geneviève. XXXIV. 1787, avril 17.

Vicq-d'Azir (Fél.), médecin naturaliste. XXVII 1774 (addition), avril 18 — XII. 1778, octobre 26, novembre 7, 10, décembre 19. — XV. 1780, janvier 4, août 29. — XVIII. 1781, décembre 7. — XXII. 1783, avril 30. — XXVI. 1784, novembre 5. — XXXIII. 1786, décembre 24. — XXXIV. 1787, janvier 5, 16.

Victoire (Mme), tante de Louis XVI. xiv. 1779, décembre 21.

Victoire, sœur de charité. xxxii. 1786, août 22.

Vidali (signora), actrice de l'Opéra. xii. 1778, novembre 16.

Vidampierre (comtesse de). x. 1777, février 21.

Vidault de la Tour, conseiller d'État. x. 1777, octobre 10. — xxix. 1785, août 30. — xxxiv. 1787, février 21 (N° 62), avril 3.

Viel de Saint-Maux (Ch.-Fr.), architecte. xxxv. 1787, juillet 31.

Viellès (Mlles), courtisanes. xxiii. 1783, juillet 4, août 9.

Vien (Jo-Ma.), peintre et graveur à l'eau-forte. xiii. 1767, septembre 6 (Lettres i, iii). 1769, septembre 11 (Lettre i). 1773, septembre 14 (Lettre ii).—viii. 1775, juillet 24, septembre 21. — xiii (Lettres i, ii, iii). — x. 1777, janvier 13.—xiii. 1779, août 25 (Lettre i).—xix. 1781, septembre 11 (Lettre i). — xxiv. 1783, septembre 15 (Lettre i).—xxx. 1785, août 25 (Lettre i). — xxxvi. août 25 (Lettre i).

Vienne (Mlle de), actrice. xxviii. 1785, avril 7.

Vienne (marquis de). vi. 1772, janvier 16.

Vienne (dom de), bénédictin défroqué, historien. xxxi. 1775 (addition), août 17.— xxii. 1783, janvier 6.

Vieuville (marquise de la). ix 1776, mars 3, avril 11.

Vieville (de la), poëte. i. 1763, août 14.

Vigé (le baron), joueur. xxi. 1782, octobre 22, décembre 3.

Vigée (Louis J.-B.-Et.), littérateur. xxii. 1783, février 24, 26, 27, mars 20. — xxvi. 1784, novembre 7. — xxvii, décembre 29.

Vigée (Mlle). Voir Mme Lebrun.

Vignali (J.-B.), peintre. xviii. 1781, septembre 17.

Viguier, syndic du clergé. x. 1777, avril 8.

Villar (de), procureur général au Parlement du Roussillon. xxxiv. 1787, février 21.

Villaret, historien. II. 1764, mai 30, juin 13. 1765, mars 29. — III. 1766, mars 18, 22, avril 1, 25.

Villars (duc de). II. 1765, septembre 23. — V. 1770, mai 5, juin 27. — XXVI. 1784, juin 19.

Villars (marquis de). V. 1770, mai 5, juin 27.

Ville (de), président, trésorier de la généralité d'Amiens. XXXI.

Ville (Mme de). XXXI. 1786, février 2.

Ville (abbé de). V. 1771, mai 29. — VII. 1774, avril 16.

Ville, courtisane. XV. 1780, août 25.

Ville (de), libraire, à Lyon. I. 1762, septembre 23.

Villedeuil (de), intendant de Rouen, contrôleur général. XXIV. 1787, février 21 (N° 68). — XXXV, avril 25, mai 9, 11, 22, juillet 1, août 31.

Villefranche (comte de). XXIX. 1785, juillet 13.

Villemenüe (Mme de la). XI. 1778, mars 28.

Villemesens (abbé de), janséniste. XI. 1778, mars 7.

Villemonble (Mlle Marquise, dame de), maîtresse du duc d'Orléans. I. 1762, janvier 5. — XXIV (addition). octobre 30. — XII. 1778, juillet 8.

Villeneuve (Mlle de), actrice. I. 1763, mars 22.

Villeneuve (Goupillot de), avocat. XVII. 1781, août 19, 23. — XXVIII. 1785, février 8.

Villeneuve-Flayose (abbé de). VIII. 1775, mai 30, juin 28 — IX. 1776, janvier 30, mars 28. — X. 1777, avril 30

Villepatoux (Taboureau de), officier général d'artillerie. VI. 1771, décembre 19. — X. 1777, avril 25. — XIV. 1779, avril 13.

Villequier (duchesse de). XIV. 1779, mai 18.

Villeraze de Castelnau, militaire. VIII. 1775, juin 22, octobre 9. — IX. 1776, avril 28.

Villeroy (duc et duchesse de). I. 1762, mai 10. 1763, mars 25. — III. 1767, avril 25. 1768, février 2. — IV, octobre 22. — V. 1770, mars 12, 26, avril 29, mai 9 (XIX, addition, 23), juin 18. — IX. 1776, janvier 23. — XXV. 1784, mars 18. — XXVII. 1784, novembre 18.

Villers, filateur. XXIX. 1785, septembre 2.

Villers (de), major des chevau-légers. xxv. 1781, avril 12.

Villette (C., marquis de), ami de Voltaire, littérateur. ii. 1766, janvier 9, 11, 13. — iii. août 17 (xviii, addition, 21), 22, septembre 21. — iii. 1767, avril 1, octobre 19, 22. — iv. 1768, mai 7. — xix. 1770 (addition), juin 12. — vii. 1773, décembre 20, 21. 1774, octobre 15 (xxvii, addition, 11), 25. — x. 1777, octobre 3, 13, novembre 17, 21, décembre 20.—xi. 1778, février 12, mars 7. — xii, juin 16, octobre 24, décembre 20. — xiv. 1779, octobre 5. — xvii. 1781, juin 19. — xviii, octobre 1. — xxi. 1782, décembre 17. — xxii. 1783, mai 11. — xxiii, août 12. — xxviii. 1785, mars 3. — xxxii. 1786, juin 14, juillet 6.—xxxiv. 1787, février 11, avril 10.

Villette (marquise de). x. 1771, juin 18, juillet 26, novembre 17, 21. — xi. 1778, mars 15, avril 27. — xxv. 1784, mars 28.

Villette (Mlle), actrice. i. 1762, février 28, avril 11. — xvi. 1763 (addition), décembre 24.

Villette, impliqué dans l'affaire du Collier. xxxi. 1786, mars 26, avril 5, 8, 14. — xxxii, mai 23, 27, 31, juin 1, 17, 19.

Villevieille (marquis de). xii. 1778, juillet 14.

Villiers (de), médecin. xix. 1769 (addition), juin 5.

Villiers (Coutard de), administrateur des domaines. xxxi. 1786, mars 9

Villiers (Mme), fille du dentiste du roi. xxvi. 1784, août 2.

Villoison (J.-B. d'Ansse de). Voyez *Dansse de Villoison*.

Vincent (F.-And.), peintre d'histoire. xi. 1777, septembre 9 (Lettre i). — xiii. 1779, août 25 (Lettre i). — xix. 1781, septembre 10 (Lettre i). — xxiv. 1783, septembre 13 (Lettre i). — xxx. 1785, septembre 13 (Lettre i). — xxxvi. 1787, août 25 (Lettre ii).

Vincent (le père), ex-jésuite, prédicateur. xix. 1771, juin 28.

Vincent, horloger, élève de Berthoud. xxxiv. 1787, février 20.

Violais (comte de), président de la noblesse de Bretagne. xxiv. 1783, décembre 10.— xxvii. 1784, novembre 25.

Viomesnil (de). xxv. 1784, janvier 15.

Violti, violoniste. xx. 1782, mars 13, 20, avril 29.

Virazel (président et présidente de). x. 1777, juillet 3.— xvii. 1781, août 6.

Virginie (Mlle), actrice. vi. 1772, novembre 19, 29.

Viriville (la), courtisane. xvi. 1780, novembre 1.

Viry (comte de), ambassadeur de Sardaigne. viii. 1775, août 18, 26.

Vismes de Saint-Alphonse (de), littérateur. xi. 1778, mai 1, 3. — xiii. 1779, janvier 10. — xiv, décembre 12. — xxxv. 1787, avril 26.

Vismes du Valgay (de), directeur de l'Académie royale de musique, frère du précédent. x. 1777, septembre 21, novembre 19, 21, décembre 12, 15. — xi. 1778, février 20, 24, mars 27, avril 22, 28, mai 3, 4, 25. — xii, juin 16, 25, juillet 12, 31, septembre 11, 20, 25, 30, novembre 16, décembre 28. — xiii. 1779, janvier 19, 21, 30, 31, février 8, 18, 26, mars 1, 7, 10, 12, 13. — xiv, avril 9, mai 7, 29, juin 15, novembre 5.— xv. 1780, mars 17, 23. — xxii. 1783, janvier 9. — xxv. 1784, février 3.

Vissery de Boisvalé, avocat. xxii. 1783, janvier 27. — xxiii, juillet 3.

Vistes de Brigndes (abbé). xvii. 1781, juin 11.

Voisenon (Cl.-H. Fusée, abbé de), poète et littérateur. i. 1762, janvier 5, février 15, avril 2, 8, mai 10, 20, juillet 1 (xvi, addition, 28), août 27, 29, octobre 22, décembre 4, 5, 12, 15, 21, 23. 1763, janvier 15, 22, février 13, mars 5, 22, 24, mai 5, juillet 4, 8, 14. — ii. 1764, février 19. — xvi (addition), mai 19. — xvi. 1765 (addition), août 17. — ii, octobre 16, 30, novembre 14, 17. — iii. 1766, mai 20, 24, 28, décembre 17. 1768, janvier 27, février 9. — iv, juin 6, août 13, décembre 6. — IV. 1769, juin (XIX, addition, 1), 26 (juillet 13), octobre 4, 25. — XIX. 1770 (addition), juin 25, juillet 4.— V, août 16.— V. 1771, mars 4, 21, mai 30, août 1. — VI, novembre 26, décembre 7. — VI. 1772, mars 23, avril 21, mai 28, août 11. — XIII. 1773, septembre 21 (Lettre III). — VII. 1774, juillet 17, novembre 18. — XXIX (addition), décembre 29. — VIII. 1775, août 12, novembre 11, 21, 25, 30. — IX 1776, janvier 21, mars 4, août 20, 21, 23, 26. — X. 1777, octobre 23. — XVI. 1780, octobre 4. — XX. 1782, février 20.

Vitet (le père), augustin, compositeur. XVII. 1781, mai 6, juillet 14, 21, 31, août 10. — XVIII, septembre 23.

Vitrac (abbé J.-B.), littérateur. XVIII. 1781, décembre 17.

Vogel, compositeur. XXIII. 1785, novembre 16. — XXXII. 1786, septembre 1. — XXXIII. 19, 20. — XXXVI. 1787, octobre 3.

Volanges, dit Jeannot, acteur de la Comédie Italienne. XIV. 1779, septembre 16, décembre 30. — XV. 1780, janvier 1, février 17, 22, 26. mars 14, avril 5. — XVI, octobre 17, novembre 20, 22. — XVII. 1781, juillet 31, août 4.

Voltaire (F.-Ma. Arouet de). Voir aussi les *additions* à la suite de l'article. I. 1762, janvier 2, 7, 16, 18, 25, 27, 30, 31, février 1, 11, 16, 26, mars 7, 10, 13, 16, 30, avril 9, 15, 25, 28, mai 8, 13, 24, 25, juin 2, 14, juillet 5, 8, août 6, 15, 18, 21, 28, 29, octobre 2, 5, 25, décembre 13. 1763, janvier 16, 19, février 2, 3, 17, 26, 28, mars 5, 9, 13, avril 23, mai 1, 4, 17, 20, juillet 25, août 14, 17, 24, septembre 5, 7, 11, 24, octobre 9, 12, 22, novembre 23, 29, décembre 1, 3, 12, 14, 22, 24. — II. 1764, janvier 7, 11, 20, février 5, mars 1, 12, 15, avril 5, 9, 11, 19, 23, 29, mai 1, 5, 6, 16, 23, juillet 14, 15, 31, août 2, septembre 18, 27, octobre 3, 16, 27, novembre 2, 5, 11, 12, décembre 14, 15, 27. 1765, janvier 10, 11, 12, 20, 29, février 1, 9, 15, mars 13, 17, avril 3, 28, mai 15, juin 19, juillet

23, août 17, 21, 30, septembre 2, 3, 4, 7, 9, 23, 27, octobre 17, 28, novembre 6, 14, 17, décembre 4. 1766, janvier 2, 9, 11, 13, février 1, 26, mars 19, avril 1, 23, mai 5. — III. 1766, mai 20, juin 14, 15, juillet 12, août 6, 8, 11, 15, 28, septembre 3, 6, 8, octobre 6, 7, novembre 15, 21, décembre 1, 5, 7, 12, 23, 24. 1767, janvier 11, 16, février 14, 17, 23, mars 4, 8, 12, 23, 26, 28, 29, avril 5, 6, 11, 13, 19, 20, 30, mai 3, 7, 10, 16, 20, juin 7, juillet 11, 19, 24, 27, 30, août 2, septembre 21, octobre 10, 19, 22, 26, 27, 29, 31, décembre 8, 27. 1768, janvier 20, février 1, 10, 15, 21, 28, mars 4, 8, 14, 27, 28, 30. — IV. avril 1, 5, 8, 9, 11, 16, 27, 28, 29, mai 1, 19, 24, 25, juillet 10, 12, 26, août 5, 11, 13, 20, 22, septembre 15, octobre 1, 9, 11, 13, 14, 21, 26, 28, novembre 2, 25, décembre 3, 12, 20. — IV. 1769, janvier 2, 10, février 4, mars 18, 20, avril 20, 29, mai 16, juin 25, juillet 5, 12, 13, 14, 17, 29, août 6, 22, septembre 8, 17, octobre 5, 11. — V, novembre 1, 19, 29, décembre 5, 13. — V. 1770, janvier 19, 20, février 6, 7, 13, 28, mars 2, 25, 31, avril 10, 11, 12, 14, juin 19, juillet 22, 27, août 8, 19, septembre 2, 8, 13, 16, octobre 1, 16, novembre 4, décembre 9. — V. 1771, mars 11, avril 9, 24, mai 11, 15, juin 2, 16, juillet 1, 15, 16, 23, août 25. — VI, novembre 9, 13, 17, décembre 14. — VI. 1772, janvier 23, février 20, 22, avril 8, mai 1, 28, juin 12, 20, juillet 16, août 4, 6, 27, septembre 1, 29, 30, octobre 18, 20, 27, 29, novembre 28, 30, décembre 1, 3, 5, 29. 1773, janvier 16, 26, 31, février 7, 8, 10, 23, mars 12, avril 14, mai 2, 5, 11, 18. — VII, juin 13, septembre 17, 20, octobre 15, 20, novembre 27, décembre 10, 31. — VIII. 1774, janvier 11, 14, 16, février 20, mars 23, 24, avril 2, 4, 16, mai 11, 12, juin 13, septembre 16, 27, novembre 23, décembre 22, 23, 26. 1775, janvier 17, février 10, 11, mars 6, 24, 29, 30. — VIII, avril 3, 10, mai 7, 23, juin 8, 19, juillet 6, 8, août 4, 15, septembre 1,

7, 15, 16, octobre 20, novembre 13, décembre 10, 13, 15, 26, 28, 30, 31. — ix. 1776, février 12, 16, 18, 24, mars 9, 12, 15, 26, 27, avril 14, 17, 22, mai 12, juin 9, 10, 16, 28, 29, juillet 11, 20, 22, 26, août 24, septembre 3, 5, 16, 28, octobre 22, novembre 7, 8, 10, 11, 13, décembre 6, 14. — x. 1777, janvier 3, février 17, avril 23, mai 30, 31, juin 15, 18, juillet 12, 23, 26, août 10, septembre 13, octobre 13, novembre 11, 16, 17, 21, 26, décembre 15, 20. — xi. 1778, février 12, 14, 16, 17, 18, 19, 22, 24, 28, mars 1, 2, 3, 5, 7, 8, 9, 11, 13, 14, 15, 17, 19, 20, 21, 24, 25, 28, 31, avril 1, 3, 5, 6, 7, 10, 13, 20, 24, 27, 29, mai 2, 13, 16, 24, 28, 31. — xii, juin 1, 2, 5, 11, 12, 14, 15, 23, juillet 3, 25, 27, 28, août 25, 26, 27, septembre 10, 18, 23, 26, octobre 4, 8, 12, 24, 31, novembre 14, 29, décembre 1. — xiii. 1779, février 26. — xiv, avril 7, 16, mai 8, 14, juin 1, novembre 23. — xv. 1780, février 14. — xvi, septembre 24. — xvii. 1781, juin 16 — xviii, août 29, septembre 6, novembre 6. — xx. 1782, janvier 16, 30, juin 4, 5. — xxii. 1783, janvier 6, avril 10, 12. — xxiii, août 12, 16. — xxv. 1784, mars 21, 24, avril 6. — xxix. 1785, août 23. — xxx, novembre 21, décembre 28. — xxxv. 1787, juillet 27. — xxxvi, décembre 25.

ADDITIONS AUX ANNÉES.

xvi. 1762, janvier 25, février 8, 10. 1763, décembre 25. 1764, mai 10, août 7, 14, novembre 30. 1765, juin 21, novembre 21. 1766, février 26. — xviii, juillet 21. — xviii. 1767, août 29, novembre 15. 1768, avril 1, 18, 20, mai 12. — xix, juillet 7, 24, 29, octobre 6, 16. — xix. 1769, janvier 16, avril 8, 23, mai 1 4, 6, juin 1, 9, 27, 28, juillet 7, 21, août 2, 3, 21, novembre 13, 19, 25. 1770, janvier 9, 10, avril 2, 17, 26, mai 26, juin 9, 20, août 27, septembre 3. 1771, janvier 4, 21, avril 6. — xxiv. 1772, juin 6, 27, juillet

10, août 28, novembre 6. 1773, février 21, mars 8, 13, mai 9, août 18, 23, 26, 28, 30, septembre 8, 12, 13, 22. — XXVII, décembre 6. — XXVII. 1774, janvier 22, février 14, mars 22, avril 20, mai 2, juin 12, 24, juillet 30, août 14, 17, septembre 17, 21. — XXIX, décembre 16. — XXX. 1775, juillet 6, 8, août 4. — XXXIII, novembre 27, décembre 11.

Voltais (le prévôt de la), député des États de Bretagne. XXXIV. 1787, février 21 (N° 108).

Vougny (de), surnommé Vougny Maurepas. X 1777, février 16, juin 5. — XII. 1778, décembre 1, 17.

Voyard, correcteur d'imprimerie. XXXI. 1775 (addition), août 27.

Voyer-d'Argenson (marquis de). II. 1764, novembre 9. — V. 1770, mars 2. — VII. 1774, septembre 4. — XVII. 1781, avril 7, mai 8. — XVIII, août 30. — XXI. 1782, septembre 26. — XXV. 1784, mars 18.

Vrillière (duc de la) I. 1762, janvier 1, novembre 2. 1763, mai 22, juillet 1, 15, 16, 18, 20, 28, août 10, décembre 31. — II. 1765, février 21, juin 12, 23, juillet 13, octobre 9, décembre 7. — III. 1766, avril 2, 6, 14, 24, septembre 29, décembre 29, 31. 1767, janvier 8, 27, février 20, août 5, 19, octobre 26. 1768, février 3, 9. — IV, avril 24, septembre 4, 10, 13, décembre 6. — IV. 1769, août 22. — V, novembre 27, décembre 8. —V. 1770, janvier 25, 26, juillet 24 (XIX, addition, 30), septembre 17, octobre (XIX, addition, 3) 7, décembre 10. — V. 1771, février 23, mai 24, juillet 14, août 13, octobre 10. 1772, janvier 26, 30, mars 26, avril 19 (XXIV, 26), mai 8 (XXIV, addition, juin 17, octobre 25), novembre 5. — XXIV. 1773 (addition), mars 9. — VII. 1774, janvier 5, février 12, juin 4 (XXVII, addition, 5, 8, 12, 16), juillet 16, 30. — VIII. 1775, mai 18, 27, juin 29, juillet 10, 11, 16, août 13, septembre 14.

W

Wachter, musicien. xx. 1782, février 3. — xxxiii. 1786, décembre 6.

Wagener. viii. 1775, octobre 19. — xxxii (addition), octobre 10.

Wailly (Ch. de), architecte. xiii. 1767, septembre 13 (Lettre iii).— xxiv. 1773 (addition), août 14.—xiii, septembre 21 (Lettre iii). — xiii. 1775, septembre 29 (Lettre iii).— x. 1777, avril 22. — xviii. 1781, décembre 1.—xix (Lettre iii).—xxv. 1784, mai 4.—xxx. 1785, septembre 28 (Lettre iii).

Walpole (Horace), poëte, littérateur. iii. 1766, octobre 20 23. 1767, mars 23.

Walton, fermier anglais. xvi. 1764 (addition), juillet 27.

Warburton, auteur anglais. xxvii. 1773 (addition), décembre 6.

Warens (Mme de), amie de Rousseau. xxxi. 1786, avril 9. — xxxii, juillet 20, 21.

Wargentin (P. Gu.), astronome. xxx. 1785, novembre 12.

Wasa (comte de), fils du roi de Suède. v. 1770, août 30, septembre 7.

Waschke, poëte licencieux. xxii. 1783, janvier 19.

Washington (G.), fondateur de la République des États-Unis. xxv. 1784, janvier 27, février 9. — xxxiv. 1787, janvier 27.

Watelet (Cl.-H.), littérateur et artiste, académicien. i. 1763, janvier 22, avril 25, mai 17, août 25. — iii. 1766, août 11. 1767, août 25.—iv. 1768, décembre 31. 1769, août 25, octobre 12. — xxiv. 1772 (addition), mai 7. — xxvii. 1774 (addition), juin 25. — xv. 1780, juillet 18. —xxxi. 1786, janvier 15, avril 26.— xxxii, août 14.

Watronville, aide des cérémonies du parlement. xx. 1782, avril 26.

Wessenburg, aveugle. xxvii. 1784, novembre 23.

Weyser, peintre en émail. XIII. 1775, septembre 23 (Lettre II). — XXIV. 1783, septembre (Lettre II).

Wielhorski (comte de). IX. 1776, janvier 16, 23.

Wildman, apprivoiseur d'abeilles. VII. 1774, janvier 25, février 26.

Wilkes (J.), pamphlétaire anglais. II. 1764 (XVI, addition, juillet 27), novembre 22. — III. 1766, juillet 29.— III. 1767, mai 1. — IV. 1768, août 2. — IV. 1769, avril 20. — XIX (addition), mai 22, juin 18.

Wilkinson, inventeur. II. 1765, octobre 14.

Wille (J.-G.), graveur. XIII. 1769, septembre 28 (Lettre III). 1771, septembre 13 (Lettre III).

Wille, fils du précédent, peintre. XIII. 1775, septembre 23 (Lettre II). — XI. 1777, septembre 15 (Lettre II). — XIII. 1779, septembre 25 (Lettre III). — XIX. 1781, août 25 (Lettre II). — XXIV. 1783, septembre 13 (Lettre II).—XXX. 1785, septembre 22 (Lettre II).— XXXVI. 1787, août 25 (Lettre II).

Willemain d'Abancourt, auteur dramatique. XXIII. 1785, octobre 23.

William (prince), fils du roi d'Angleterre. XXIII. 1783, juillet 4.

Wimffen (baron de), maréchal des camps et armées du roi. XVIII. 1781, novembre 17, 20.

Winckelmann (J. Joach.), antiquaire. IV. 1768, juillet 16.

Wirtemberg (duc de). X. 1777, mars 25.

Wloa, intendant de la Louisiane. XIX. 1769, avril 12.

Worms, juif accusé d'usure. XXVIII. 1785, février 2.

Wounderlich, musicien. XIV. 1779, avril 6.

Wurmser (baron de), lieutenant général des armées du roi. II. 1764, février 12. — XX. 1782, juin 16.

X

Xaupi (abbé Jo.), littérateur. III. 1769, janvier 3.— XIX. 1770 (addition), novembre 7.— VI. 1772, juillet 24. — XXIV (addition), août 4.

Ximenès (marquis de), auteur dramatique. i. 1762, février 11. 1763, novembre 21. — ii. 1764, juillet 2. 1765, août 7. — iv. 1768, avril 17.

Y

Yart (abbé). i. 1762, juillet 25.
Yemzof (de), littérateur russe. ii. 1766, février 5.
Young (Ed.), poëte et littérateur. xxx. 1785, décembre 28.
Ysabeau (la belle), courtisane. xxii. 1783, avril 8, juin 10.
Yvon (abbé), littérateur. i. 1762, février 4, novembre 6. 1763, septembre 5.—iv. 1768, avril 22.—xxxiii. 1786, octobre 4.
Yzer (vicomte d'). xxxiii. 1786, novembre 12.

Z

Zacharie, poëte allemand. ii. 1764, juin 14.
Zacharie, ingénieur. xvii. 1781, mars 10.
Zacharie (Mlle), danseuse à l'Opéra. xxii. 1783, mars 27. —xxv. 1784, janvier 24.
Zanetti (Jérôme), bibliothécaire de Saint-Marc, à Venise. iii. 1766, novembre 14. — v. 1763, novembre 14.
Zanuzzi (Mlle), danseuse. xiv. 1779, novembre 17.
Zig-Muntowski, musicien. xi. 1778, mars 4.
Zimmerman, officier suisse, amateur de musique. ix. 1776, janvier 30.
Zurlauben (baron de). iii. 1767, mai 3.

FIN

— Etablissements Henri Dupuy, Paris —

www.ingramcontent.com/pod-product-compliance
Lightning Source LLC
Chambersburg PA
CBHW071136160426
43196CB00011B/1913